Ernst Riedel

Lohnpfändung und Insolvenz

RWS-Skript 357

Lohnpfändung und Insolvenz

2. neu bearb. Auflage

2011

von

Dipl.-Rpfl. Ernst Riedel, Starnberg

RWS Verlag Kommunikationsforum GmbH · Köln

Die Deutsche Bibliothek verzeichnet diese Publikation in der Deutschen Nationalbibliografie; detaillierte bibliografische Daten sind im Internet über http://dnb.d-nb.de abrufbar.

© 2011 RWS Verlag Kommunikationsforum GmbH
Postfach 27 01 25, 50508 Köln
E-Mail: info@rws-verlag.de, Internet: http://www.rws-verlag.de

Alle Rechte vorbehalten. Ohne ausdrückliche Genehmigung des Verlages ist es auch nicht gestattet, das Werk oder Teile daraus in irgendeiner Form (durch Fotokopie, Mikrofilm oder ein anderes Verfahren) zu vervielfältigen.

Druck und Verarbeitung: rewi druckhaus, Reiner Winters GmbH

Inhaltsverzeichnis

	Rz.	Seite

Literaturverzeichnis XIII

Teil 1 Einzugsrecht des Insolvenzverwalters/Treuhänders 1 1

A. Grundsätze 1 1

I. Umfang des Einzugsrechts des Insolvenzverwalters/
Treuhänders 1 1

II. Einzugsrecht in der Wohlverhaltensphase 12 3

III. Einzugsrecht des Absonderungsgläubigers 16 3
 1. Einzugsrecht des Pfändungsgläubigers 16 3
 2. Einzugsrecht des Abtretungsempfängers 19 4
 3. Einzugsrecht des Pfandgläubigers 22 4

IV. Streit über den Umfang des Einzugsrechts 23 4
 1. Streitige Massezugehörigkeit 23 4
 2. Insolvenzgerichtliche Zuständigkeiten 26 5

V. Einzugspflicht 33 6

B. Umfang des beschlagnahmten/abgetretenen Einkommens 36 7

I. Rechtsgrundlage 36 7

II. Arbeitseinkommen im Sinne der §§ 850 ff. ZPO 39 7
 1. Legaldefinition 39 7
 2. Einkünfte aus selbstständiger Tätigkeit 45 8
 3. Sachbezüge und Lizenzgebühren 49 9
 4. Bezüge bei oder nach Beendigung des Arbeitsverhältnisses 52 9
 5. Rentenzahlungen aus Versicherungsverträgen 55 10
    a) Wiederkehrende Leistungen 55 10
    b) Kapitalbetrag der Versicherung 58 11
 6. Landwirtschaftliche Einkünfte 61 11

III. Anderweitige Einnahmen 63 12
 1. Steuererstattungsansprüche 63 12
 2. Kindergeld 70 13
 3. Direktversicherung 72 13
 4. Einkünfte aus Kapitalvermögen 76 14
 5. Gefangenenbezüge 79 15

	Rz.	Seite

    6. Trinkgelder 81 15
    7. Lohnersatzleistungen 82 15
IV. Zeitlicher Umfang des beschlagnahmten/abgetretenen Einkommens 83 16
    1. Beginn des Einzugsrechts 83 16
    2. Ende des Einzugsrechts 90 17
V. Unpfändbare Einkommensteile 94 18
    1. Geltungsbereich des § 850a ZPO 94 18
    2. Überstundenentgelt (§ 850a Nr. 1 ZPO) 96 19
        a) Mehrarbeit 96 19
        b) Nebentätigkeiten 102 19
    3. Urlaubsgeld und ähnliche Zuwendungen
       (§ 850a Nr. 2 ZPO) 105 20
        a) Urlaubsgeld 105 20
        b) Urlaubsabgeltung 109 21
        c) Berechnungsgrundsätze 112 22
        d) Treugelder/Bonuszahlungen 115 22
    4. Aufwandsentschädigungen und ähnliche Zahlungen
       (§ 850a Nr. 3 ZPO) 116 23
    5. Weihnachtsgeld (§ 850a Nr. 4 ZPO) 126 24
    6. Heirats- und Geburtsbeihilfen (§ 850a Nr. 5 ZPO) 132 25
    7. Erziehungsgeld, Studienbeihilfen und ähnliche Bezüge
       (§ 850a Nr. 6 ZPO) 133 25
    8. Vermögenswirksame Leistungen
       (§ 2 Abs. 7 des 5. VermBG) 135 25
    9. Altersvorsorgebeiträge (§ 97 EStG) 136 26
    10. Beihilfeleistungen 138 26
VI. Bedingt pfändbare Einkünfte (§ 850b ZPO) 143 27
    1. Allgemeines 143 27
        a) Normaussage 143 27
        b) Massezugehörigkeit 150 28
    2. Invaliditätsrenten (§ 850b Abs. 1 Nr. 1 ZPO) 153 29
        a) Normaussage 153 29
        b) Abgrenzung zur Altersrente 155 29
        c) Schmerzensgeld 156 30
        d) Kapitalabfindung 157 30
        e) Berufsunfähigkeitsversicherung 158 30
    3. Unterhaltsrenten (§ 850b Abs. 1 Nr. 2 ZPO) 167 31
    4. Einkünfte aus Stiftungen u. Ä.
       (§ 850b Abs. 1 Nr. 3 ZPO) 173 32
    5. Unterstützungsleistungen
       (§ 850b Abs. 1 Nr. 4 Halbs. 1 ZPO) 177 33
        a) Normaussage 177 33
        b) Abgrenzung zu Sozialleistungen 180 34

			Rz.	Seite
	c)	Einmalige Leistungen	181	34
	d)	Unterstützungszwecke	184	34
6.	Kleinlebensversicherung auf den Todesfall (§ 850b Abs. 1 Nr. 4 Halbs. 2 ZPO)		188	35
	a)	Anwendungsbereich	188	35
	b)	„Deckelung" der Versicherungssumme	191	36
	c)	Rechte des Insolvenzverwalters/Treuhänders	195	37

VII. Beschränkung der Pfändbarkeit wiederkehrender Einkünfte ... 197 37
   1. Grundsatz 197 37
   2. Berechnung der pfändbaren Einkommensteile 203 38
      a) Übersicht 203 38
      b) Anwendung der Pfändungstabelle 204 39
      c) Bestimmung des maßgebenden Nettoeinkommens 211 41
          aa) Zu berücksichtigende Abzüge 211 41
          bb) Wahl der Steuerklasse 218 42
      d) Lohnvorschüsse und Abschlagszahlungen 223 43
      e) Nachzahlungen 229 44
      f) Naturalleistungen und Sachbezüge (§ 850e Nr. 3 ZPO) 231 45
      g) Berücksichtigung von Unterhaltsverpflichtungen .. 235 46
          aa) Ermittlung der Unterhaltspflichten 235 46
          bb) Tatsächliche Erfüllung der Unterhaltspflichten 243 47
      h) Außerachtlassung von Unterhaltsberechtigten (§ 850c Abs. 4 ZPO) 248 49
          aa) Normaussage 248 49
          bb) Antragserfordernis 251 49
          cc) Art und Höhe des Einkommens 254 50
          dd) Wirkungen der gerichtlichen Anordnung 261 52
          ee) Rechtsmittel 264 53
   3. Zusammenrechnung mehrerer Einkünfte (§ 850e Nr. 2 und Nr. 2a ZPO) 266 53
      a) Normzweck 266 53
      b) Antragserfordernis 269 54
      c) Zusammenrechenbare Einkünfte 270 54
      d) Inhalt der Anordnung 275 55
      e) Wirkungen der Anordnung 277 55
   4. Erhöhung des unpfändbaren Einkommensteils (§ 850f Abs. 1 ZPO) 281 57
      a) Normaussage 281 57
      b) Vergleich mit fiktiven Sozialleistungen 285 58
      c) Besondere Bedürfnisse 296 60
      d) Erweiterte Unterhaltspflichten 299 61

	Rz.	Seite

VIII. Unentgeltliche Arbeitsleistung (§ 850h Abs. 2 ZPO) 301 61
    1. Normaussage 301 61
    2. Einzugsrecht des Insolvenzverwalters/Treuhänders 305 62
    3. Einzugsrecht in der Wohlverhaltensphase 311 63

IX. Lohnzahlung an Dritte (§ 850h Abs. 1 ZPO) 315 64

X. Einmalige Vergütungen 318 64
    1. Begriff 318 64
    2. Pfändungsschutz 324 65
        a) Antragserfordernis 324 65
        b) Anwendungsbereich 326 66
        c) Umfang des Pfändungsschutzes 333 67
            aa) Verweis auf § 850c ZPO 333 67
            bb) Angemessener Zeitraum 335 68
    3. Freigabe des Gewerbebetriebs oder der freiberuflichen Tätigkeit 338 69
        a) Normaussage 338 69
        b) Negative Freigabeerklärung 339 69
        c) Positive Freigabeerklärung 344 70

XI. Sozialleistungen 351 71
    1. Laufende Sozialgeldleistungen 351 71
    2. Unpfändbare laufende Sozialgeldleistungen 355 72
    3. Elterngeld 356 72
    4. Arbeitslosengelder 357 73
    5. Nachzahlungen 358 73
    6. Überwiesene Sozialleistungen 361 74

XII. Versicherungsrenten 367 75
    1. Versicherungsrenten für Selbstständige und Freiberufler 367 75
        a) Laufende Leistungen 368 75
        b) Bildung eines Deckungskapitals 370 75
        c) Anwendungsvoraussetzungen 371 75
        d) Tabelle zu § 851c Abs. 2 Satz 2 ZPO 374 77
    2. Ansprüche gegen berufsständische Versorgungswerke .. 375 78

XIII. Überwiesene Bezüge 379 79
    1. Pfändungsschutzkonto 379 79
        a) Einrichtung eines Pfändungsschutzkontos 379 79
        b) Geschützte Guthaben 381 79
        c) Umfang des Pfändungsschutzes 383 80
    2. Sonstiges Konto 393 82

XIV. Pfändungsschutz nach § 765a ZPO 395 82

		Rz.	Seite

Teil 2 Lohnpfändung contra Einzugsrecht des Insolvenzverwalters/Treuhänders 397 85

A. Lohnpfändung vor Verfahrenseröffnung 397 85

I. Absonderungsrecht 397 85
    1. Bedeutung 397 85
    2. Künftige wiederkehrende Vergütungsansprüche 400 85
        a) Entstehung der Anspruchs 400 85
        b) Begründung eines Pfandrechts 404 86
    3. Künftige einmalige Vergütungsansprüche 414 88

II. Erlöschen der Pfändung 416 88
    1. Bedeutung des § 114 Abs. 3 InsO 416 88
    2. Zeitliche Beschränkung 420 89
    3. Einbezogene Einkünfte 422 89
        a) Laufende Arbeitseinkünfte und Lohnersatzleistungen 422 89
        b) Einkünfte aus freiberuflicher und selbstständiger Tätigkeit 425 90
    4. Pfändung wegen Unterhalts- und Deliktsansprüchen ... 434 92
    5. Wiederaufleben der Pfändung 437 93

III. Wirksamkeit einer vor Verfahrenseröffnung ausgebrachten Pfändung 439 94
    1. Grundsatz 439 94
    2. Vollstreckungsverbot im Eröffnungsverfahren 440 94
        a) Anordnung des Insolvenzgerichts 440 94
        b) Inhalt der Anordnung 444 95
        c) Wirksamwerden der Anordnung 446 95
        d) Betroffene Gläubiger 449 96
            aa) Insolvenzgläubiger 449 96
            bb) Absonderungsgläubiger 450 96
            cc) Unterhalts- und Deliktsgläubiger 453 96
        e) Wirkungen der Anordnung 455 97
            aa) Wirkungen gegenüber den Vollstreckungsorganen 455 97
            bb) Wirkungen gegenüber dem Drittschuldner 458 97
            cc) Zukünftige Vollstreckungsmaßnahmen 463 98
            dd) Rechtsmittel 469 99
    3. Verfügungsverbot 476 100
        a) Kein Vollstreckungshindernis 476 100
        b) Vollstreckung gegen den vorläufigen Insolvenzverwalter/Treuhänder 479 101
    4. Rückschlagsperre 483 101
        a) Sperrfrist 483 101
        b) Betroffene Sicherungsrechte 485 102

			Rz.	Seite
	c)	Betroffene Gläubiger	489	102
	d)	Berechnung der Sperrfrist	490	103
		aa) Maßgebender Eröffnungsantrag	490	103
		bb) Maßgebender Vollstreckungszeitpunkt	494	103
	e)	Wirkungen der Rückschlagsperre	505	105
		aa) Eintritt der Unwirksamkeit	505	105
		bb) Fortbestand der Pfändung	506	105
		cc) Aufhebung der Vollstreckungsmaßnahme	510	106
IV.	Insolvenzrechtliche Anfechtung bei vor Verfahrenseröffnung ausgebrachter Pfändung		513	107
	1. Rückgewähranspruch des Insolvenzverwalters		513	107
	2. Allgemeine Anfechtungsvoraussetzungen		520	108
	3. Deckungsanfechtung nach § 131 InsO		525	109
	a) Inkongruente Deckung		525	109
	b) Erwerb des Absonderungsrechts und erhaltene Zahlungen		530	110
	4. Vorsatzanfechtung nach § 133 InsO		537	111
B.	**Lohnpfändung nach Verfahrenseröffnung**		544	113
I.	Vollstreckungsverbot im eröffneten Verfahren		544	113
	1. Wirksamwerden des Vollstreckungsverbots		544	113
	2. Betroffene Gläubiger		546	113
	a) Insolvenzgläubiger		546	113
	b) Massegläubiger		548	114
	c) Absonderungsgläubiger		549	114
	d) Neugläubiger		555	115
	3. Wirkungen des Vollstreckungsverbots		560	117
II.	Vollstreckungsverbot nach Anzeige der Masseunzulänglichkeit		570	118
III.	Vollstreckungsverbot während der Wohlverhaltensphase		575	119
	1. Insolvenzgläubiger		575	119
	2. Neugläubiger		578	120
	3. Massegläubiger		579	120
Teil 3	**Abtretung und Verpfändung contra Einzugsrecht des Insolvenzverwalters/Treuhänders**		583	121
I.	Absonderungsrecht		583	121
II.	Wirksamkeit der Abtretung/Verpfändung		586	121
	1. Bedeutung des § 114 Abs. 1 InsO		586	121
	2. Anwendungsbereich des § 114 Abs. 1 InsO		592	122
	3. Abtretung/Verpfändung trotz Pfändung – Mehrfache Abtretung		597	123

Inhaltsverzeichnis

		Rz.	Seite
4. Abtretung/Verpfändung trotz Vollstreckungsverbot		599	124
5. Wirksamkeit der Abtretung/Verpfändung bei Wechsel des Arbeitgebers		600	124
III. Umfang der Abtretung/Verpfändung		602	124
1. Allgemein pfändbare Bezüge		602	124
2. Erweiterung der Abtretbarkeit/Verpfändbarkeit		604	125
3. Abtretung an den Treuhänder in der Wohlverhaltensphase		610	126
IV. Wirkungen eines vereinbarten Abtretungsverbots		611	126
V. Folgen der Abtretung/Verpfändung		613	127
VI. Anfechtbarkeit der Abtretung/Verpfändung		617	128
1. Deckungsanfechtung		617	128
2. Anfechtung aufgrund vorsätzlicher Gläubigerbenachteiligung		623	129

Teil 4 Aufrechnung contra Einzugsrecht des Insolvenzverwalters/Treuhänders ... 628 131

I.	Grundsätze	628	131
II.	Erweiterung der Aufrechnungsmöglichkeit	633	131
	1. Aussage des § 114 Abs. 2 InsO	633	131
	2. Anwendungsbereich des § 114 Abs. 2 InsO	635	132
	3. Anwendung in der Wohlverhaltensperiode	636	132
III.	Verrechnung nach § 52 SGB I	638	133
IV.	Sonstige Aufrechnungsmöglichkeiten	642	134
V.	Anfechtbar erworbene Aufrechnungslage	646	135

Stichwortverzeichnis ... 137

Literaturverzeichnis

Bley/Moorbutter
Vergleichordnung (VglO), 4. Aufl., 1981

Braun
Insolvenzordnung, 4. Aufl. 2010

Frege/Keller/Riedel
Insolvenzrecht, 7. Aufl., 2008

Gottwald
Insolvenzrechtshandbuch, 4. Aufl., 2010

Heidelberger Kommentar
Insolvenzordnung, 5. Aufl., 2008

Kübler/Prütting
InsO – Kommentar zu Insolvenzordnung, Loseblatt, Stand 11/2010 (42. Lfg.)

Münchener Kommentar
InsO, 2. Aufl., 2008

Münchener Kommentar
ZPO, 3. Aufl., 2007

Nerlich/Römermann
Insolvenzordnung, Loseblatt, Stand 9/2010 2 (20. Lfg.)

Stein/Jonas
Zivilprozessordnung, 22. Aufl., 2004

Uhlenbruck
Insolvenzordnung, 13. Aufl., 2010

Thomas/Putzo
Zivilprozessordnung (ZPO), 31. Aufl., 2010

Zöller
Zivilprozessordnung, 29. Aufl., 2010

Teil 1 Einzugsrecht des Insolvenzverwalters/Treuhänders
A. Grundsätze
I. Umfang des Einzugsrechts des Insolvenzverwalters/Treuhänders

Der Insolvenzverwalter/Treuhänder ist nach § 81 InsO befugt, die pfändbaren Teile des schuldnerischen Einkommens gegenüber dem **Drittschuldner** geltend zu machen und zur Insolvenzmasse einzuziehen, soweit nicht eine insolvenzfeste Abtretung, Verpfändung, Aufrechnung oder Pfändung i. S. d. § 114 InsO vorliegt. Dasselbe gilt für den vorläufigen Verwalter/Treuhänder, wenn er zum Einzug von Forderungen als „starker" vorläufiger Verwalter/Treuhänder oder aufgrund einer entsprechenden Einzelanordnung des Insolvenzgerichts berechtigt ist (§ 22 InsO). 1

Der Insolvenzverwalter/Treuhänder ist umgekehrt nicht berechtigt, unpfändbare Einkommensteile zur Masse zu ziehen. 2

> LAG Schleswig-Holstein, Urt. v. 18.01.2006 – 3 Sa 549/05, ZVI 2006, 151.

Das Einziehungsrecht steht insoweit ungeachtet der Insolvenzeröffnung dem Schuldner zu. 3

> LAG Düsseldorf, Urt. v. 02.06.2004 – 12 Sa 361/04, ZVI 2004, 484.

Zieht der Insolvenzverwalter/Treuhänder gleichwohl unpfändbare Einkommensteile ein, so darf dieser Massezufluss bei der Bestimmung der Verwalter/Treuhändervergütung nicht berücksichtigt werden. Unpfändbare Lohnanteile gehören weder zur Ist- noch zur Sollmasse. Mithin besteht auch kein Aussonderungsrecht des Schuldners. 4

> Vgl. BGH, Beschl. v. 05.07.2007 – IX ZB 83/03, ZInsO 2007, 766.

Vielmehr wird der Drittschuldner (Arbeitgeber) von seiner Zahlungspflicht nicht befreit, wenn er unpfändbare Einkommensteile an den insoweit nicht verfügungsbefugten Insolvenzverwalter/Treuhänder und nicht an den Schuldner ausbezahlt. Der Anspruch des Schuldners auf Leistung des unpfändbaren Einkommens besteht demnach gegen den Drittschuldner fort. Der Drittschuldner kann seinerseits vom Insolvenzverwalter/Treuhänder die Rückerstattung der zu Unrecht in die Masse gelangten Zahlungen verlangen (§ 55 Abs. 1 Nr. 3 InsO). 5

> Vgl. BGH, Beschl. v. 13.06.2002 – IX ZR 242/01, ZIP 2002, 1419.

Unrichtig ist folglich die in der Praxis anzutreffende Vorgehensweise, bei der der Drittschuldner dem Insolvenzverwalter/Treuhänder das gesamte dem Schuldner gebührende Entgelt mit der Maßgabe ausbezahlt, der Insolvenzverwalter/Treuhänder möge den unpfändbaren Betrag bestimmen und diesen an den Schuldner weiterleiten. 6

> LAG Schleswig-Holstein, Urt. v. 18.01.2006 – 3 Sa 549/05, ZVI 2006, 151.

7 Ein solches Vorgehen ist auch dann nicht gerechtfertigt, wenn das Insolvenzgericht dieses verlangt, um nicht Entscheidungen i. S. v. § 36 Abs. 4 InsO treffen zu müssen. Es darf nicht dem Insolvenzverwalter/Treuhänder überlassen bleiben, etwa darüber zu entscheiden, ob der Ehegatte des Schuldners bei der Berechnung des pfändbaren Lohnanteils berücksichtigt wird (§ 850c Abs. 4 ZPO). Auch ist es nicht Aufgabe des Insolvenzverwalters/Treuhänders, über den medizinisch notwendigen Mehrbedarf des Schuldners zu befinden (§ 850f ZPO).

8 Zahlt umgekehrt der Drittschuldner das gesamte Einkommen des Schuldners an diesen aus, so führt dies unter den Voraussetzungen des § 82 InsO zur Schuldbefreiung des Drittschuldners. Die Leistung muss also in Unkenntnis von der Insolvenzeröffnung erfolgen. Der Schuldner ist in diesem Fall dem Insolvenzverwalter/Treuhänder zur Herausgabe der erlangten, massezugehörigen Einkommensanteile verpflichtet (§ 148 Abs. 2 InsO).

9 Die **Pfändbarkeit** und damit die Massezugehörigkeit des schuldnerischen Einkommens bestimmt sich grundsätzlich nach §§ 850 ff. ZPO (vgl. § 36 Abs. 1 Satz 2 InsO).

> OLG Nürnberg v. 04.10.2004 – 11 WF 2713/04, NJW-RR 2005, 776 = ZInsO 2005, 443.

10 Mithin sind die nach § 850c ZPO allgemein pfändbaren Einkommensteile regelmäßig als massezugehörig anzusehen und unterliegen dem Einzugsrecht des Insolvenzverwalters/Treuhänders.

11 Dagegen gehören die ausschließlich für Unterhalts- und Deliktsgläubiger gem. § 850d ZPO und § 850f Abs. 2 ZPO pfändbaren Einkommensteile nicht zur Insolvenzmasse. Neben diesem sog. Vorrechtsbereich ist auch der dem Schuldner zu belassende Selbstbehalt als grundsätzlich unpfändbar nicht zur Insolvenzmasse zu ziehen.

Notwendiger Eigenbedarf

– wird im Rahmen des § 850d ZPO und § 850f ZPO vom Gericht nach freiem Ermessen festgelegt und bewegt sich, ausgerichtet an den Sozialhilfesätzen bzw. den SGB II-Sätzen, zwischen 750,– und 950,– € –

Vorrechtsbereich

– stellt die Differenz dar zwischen dem allgemein pfändbaren Betrag und dem notwendigen Eigenbedarf –

Allgemein pfändbarer Bereich

– ergibt sich aus der Tabelle zu § 850c ZPO –

II. Einzugsrecht in der Wohlverhaltensphase

Der Treuhänder in der Wohlverhaltensphase ist nach § 292 Abs. 1 InsO gehalten, das an ihn gem. § 287 Abs. 2 InsO abgetretene (pfändbare) Einkommen des Schuldners beim Drittschuldner einzuziehen. 12

An den Treuhänder abgetreten werden gem. § 400 BGB diejenigen Einkommensteile, die nach §§ 850 ff. ZPO der Pfändung unterliegen (vgl. Rz. 602). Der Umfang des Einzugsrechts bestimmt sich damit ebenfalls nach dem Umfang der Pfändbarkeit des schuldnerischen Einkommens. Unpfändbare und damit nicht abtretbare Einkommensteile darf der Treuhänder nicht einziehen. 13

BAG, Urt. v. 30.07.2008 – 10 AZR 459/07, ZVI 2008, 525.

Zahlt der Drittschuldner an den insoweit nicht berechtigten Treuhänder unpfändbare und damit nicht abtretbare Teile des schuldnerischen Einkommens, so ist diese Leistung als nicht schuldbefreiend anzusehen, so dass der Schuldner berechtigt bleibt, den unpfändbaren Lohnanteil beim Drittschuldner einzufordern. Zahlt dagegen der Drittschuldner in Kenntnis der Abtretung dem Schuldner auch den pfändbaren und damit von der Abtretung betroffenen Einkommensanteil aus, so bleibt der Drittschuldner dem Treuhänder verhaftet. 14

Eine befreiende Leistung kann der Drittschuldner nur über § 407 BGB an den Schuldner erbringen, was die Unkenntnis des Drittschuldners von der Abtretung voraussetzt. 15

III. Einzugsrecht des Absonderungsgläubigers

1. Einzugsrecht des Pfändungsgläubigers

Ist das Arbeitseinkommen wirksam **gepfändet und zur Einziehung überwiesen**, ist der absonderungsberechtigte Pfändungsgläubiger im Rahmen des § 114 Abs. 3 InsO zum Einzug berechtigt (vgl. Rz. 397). Dem Insolvenzverwalter/Treuhänder steht kein Einzugsrecht zu (§ 166 Abs. 2 InsO). 16

Ordnet das Insolvenzgericht im Eröffnungsverfahren ein Vollstreckungsverbot nach § 21 Abs. 2 Nr. 3 InsO an, so darf der Drittschuldner das gepfändete und dem Gläubiger zur Einziehung überwiesene pfändbare Einkommen des Schuldners weder an den Gläubiger noch an einen vorläufigen Insolvenzverwalter oder den Schuldner auszahlen (vgl. Rz. 458). Vielmehr ist der Betrag zu hinterlegen oder in Absprache mit den Beteiligten treuhänderisch zu verwalten. Wird das Insolvenzverfahren eröffnet, gebühren die zurückbehaltenen Beträge dem absonderungsberechtigten Gläubiger, soweit dieser das Pfändungspfandrecht wirksam erworben hat (vgl. Rz. 399). 17

Eine Kollision von Pfändungspfandrecht und Einzugsrecht des Treuhänders in der Wohlverhaltensphase ist schon deshalb ausgeschlossen, weil eine Pfän- 18 dung aufgrund der an den Treuhänder vorgenommenen Abtretung der pfändbaren Einkommensteile ins Leere geht (vgl. Rz. 578).

2. Einzugsrecht des Abtretungsempfängers

19 Die Verwertung des durch eine wirksame **Abtretung** oder Verpfändung des Arbeitseinkommens begründeten Absonderungsrechts obliegt gem. § 166 Abs. 2 InsO dem Insolvenzverwalter (vgl. Rz. 584). Die eingezogenen Beträge sind unter Abzug der Kostenanteile dem Abtretungsempfänger auszuzahlen (§ 170 Abs. 1 InsO). Der Treuhänder im vereinfachten Verfahren ist nicht zur Verwertung berechtigt (§ 313 Abs. 3 InsO). Insoweit verbleibt es beim ausschließlichen Einzugsrecht des Abtretungsempfängers.

20 Auch ein im Eröffnungsverfahren erlassenes Vollstreckungsverbot hindert den Abtretungsempfänger nicht daran, die abgetretenen Ansprüche gegen den Drittschuldner geltend zu machen.

BGH, Urt. v. 20.02.2003 – IX ZR 81/02, ZIP 2003, 632,
dazu EWiR 2003, 425 *(R. Schumacher)*.

21 Letztlich ist eine wirksame Abtretung der Einkünfte auch in der Wohlverhaltensphase zu beachten, solange die Zwei-Jahres-Frist des § 114 Abs. 1 InsO nicht abgelaufen ist (vgl. Rz. 588).

3. Einzugsrecht des Pfandgläubigers

22 Für das Einzugsrecht des Pfandgläubigers gelten dieselben Grundsätze wie für den Pfändungsgläubiger (Rz. 583). Nachdem § 166 Abs. 2 InsO nur die zur Sicherheit abgetretenen Forderungen anspricht, steht dem Insolvenzverwalter auch hinsichtlich einer verpfändeten Forderung kein Einzugsrecht zu (vgl. Rz. 614). Damit fällt auch kein Kostenbeitrag i. S. d. §§ 170, 171 InsO an.

IV. Streit über den Umfang des Einzugsrechts

1. Streitige Massezugehörigkeit

23 Besteht zwischen dem Schuldner und dem Insolvenzverwalter/Treuhänder Streit darüber, ob ein Anspruch pfändbar ist und damit zur Masse gehört und dem Einzugsrecht des Insolvenzverwalters/Treuhänders zufällt, so entscheidet darüber nicht das Insolvenz-, sondern das **Prozessgericht**. Dies gilt z. B. für die Frage, ob es sich bei einem Lohnanteil um eine unpfändbare Aufwandsentschädigung i. S. d. § 850a ZPO handelt.

BGH, Beschl. v. 11.05.2010 – IX ZB 268/09, ZIP 2010 1197,
dazu EWiR 2011, 57 *(Vossberg/Klawa)*;
BGH, Urt. v. 10.01.2008 – IX ZR 94/06, ZIP 2008, 417,
dazu EWiR 2008, 311 *(Römermann)*;
BGH, Urt. v. 25.10.1984 – IX ZR 110/83, ZIP 1984, 1501.

Dabei hat der Schuldner gegen den Verwalter/Treuhänder bzw. der Verwalter/ Treuhänder gegen den Schuldner auf positive bzw. negative Feststellung dahin gehend zu klagen, dass ein Vermögenswert (nicht) zur Masse gehört.

Der Streit über die Zugehörigkeit eines Anspruchs zur Insolvenzmasse, der sich zwischen dem Insolvenzverwalter/Treuhänder und dem Drittschuldner ergibt, wird regelmäßig mit der Leistungsklage des Verwalters/Treuhänders gegen den Drittschuldner ausgetragen. Denkbar ist aber auch die Erhebung einer positiven oder negativen Feststellungsklage. Der Drittschuldner kann sich bei Zweifeln über die Person des wahren Berechtigten durch Hinterlegung der streitigen Beträge bei der Hinterlegungsstelle des Amtsgerichts von seiner Leistungspflicht befreien (§ 372 BGB, 853 ZPO). Es bestehen insoweit keine Besonderheiten gegenüber den sonstigen Fällen des Prätendentenstreits.

2. Insolvenzgerichtliche Zuständigkeiten

Dagegen sind dem Insolvenzgericht die Entscheidungen übertragen, die in der Einzelzwangsvollstreckung nach §§ 850 ff. ZPO das Vollstreckungsgericht zu treffen hat (§ 36 Abs. 4 Satz 1 InsO).

BGH, Beschl. v. 11.05.2010 – IX ZB 268/09, ZIP 2010, 1197, dazu EWiR 2011, 57 *(Vossberg/Klawa)*.

Hierzu gehören ggf. auch **klarstellende Beschlussfassungen**, wie sie in der Einzelzwangsvollstreckung auf Antrag des Schuldners, des Drittschuldners oder des Gläubigers durch das Vollstreckungsgericht zu erlassen sind, ohne dass dies explizit kodifiziert ist.

BGH, Beschl. v. 24.01.2006 – VII ZB 93/05, ZVI 2006, 146.

Im Insolvenzverfahren besteht jedoch regelmäßig kein Bedürfnis für eine klarstellende Beschlussfassung, da eine solche nur deklaratorische Feststellungen enthalten und nicht geeignet ist, zwischen dem Schuldner und dem Insolvenzverwalter/Treuhänder bestehende Streitpunkte zu klären. Denkbar ist allenfalls, dass der Schuldner etwa mit der seitens des Insolvenzverwalters/Treuhänders vorgenommenen Berechnung des pfändbaren Einkommens nicht einverstanden ist und deshalb das Insolvenzgericht ersucht, die Berechnung zu überprüfen. Auf Antrag eines Drittschuldners kann das Insolvenzgericht einen klarstellenden Beschluss vor dem Hintergrund erlassen, dass damit für den Drittschuldner eine gewisse Rechtssicherheit geschaffen wird. Derartige klarstellende Beschlüsse bedeuten aber in einem sich ggf. anschließenden Rechtsstreit etwa zwischen Insolvenzverwalter/Treuhänder und Schuldner oder Drittschuldner für das zuständige Prozessgericht keine verbindliche Feststellung eines Rechtsverhältnisses. Für die Beteiligten ist damit aber gleichwohl ein gewisser Schutz verbunden, wenn anschließend etwa die Frage erörtert wird, ob der Drittschuldner schuldbefreiend geleistet hat.

Beispiel:

Der Insolvenzschuldner ist verheiratet und zwei Kindern zum Unterhalt verpflichtet. Die Ehefrau ist mit den Kindern ausgezogen. Der Schuldner hat keinen Kontakt zu seiner Familie und leistet auch keinen Unterhalt. Bei der Bestimmung des pfändbaren Einkommens sind die Ehefrau ebenso wie die Kinder nicht zu berücksichtigen, da der Schuldner tatsächlich keinen Unterhalt leistet. Diese Tatsache kann das Insolvenzgericht z. B. auf Antrag des Drittschuldners mittels eines klarstellenden Beschlusses feststellen.

29 In zumindest entsprechender Anwendung des § 36 Abs. 4 Satz 1 und 3 InsO ist das Insolvenzgericht auch für die Entscheidungen nach §§ 850 ff. ZPO zuständig, wenn in einem gerichtlichen **Schuldenbereinigungsplan** die Abtretung der pfändbaren Dienstbezüge des Schuldners an einen Gläubiger vorgesehen ist.

BGH, Urt. v. 21.02.2008 – IX ZR 202/06, ZVI 2008, 262.

30 Da ein Insolvenzverwalter/Treuhänder in diesem Fall nicht bestellt wird, ist dabei das Antragsrecht des Gläubigers nicht nach § 36 Abs. 4 Satz 2 InsO ausgeschlossen.

31 Nachdem das Insolvenzgericht bei einer Entscheidung nach § 36 Abs. 4 InsO ansonsten dem Vollstreckungsgericht obliegende Aufgaben wahrnimmt, bestimmen sich die gegen die Entscheidungen des Insolvenzgerichts statthaften **Rechtsbehelfe** grundsätzlich nicht nach den Bestimmungen der InsO, sondern nach den für die Einzelzwangsvollstreckung geltenden Vorschriften. Demnach ist gegen die Entscheidungen des Insolvenzgerichts in diesen Fällen regelmäßig die sofortige Beschwerde (§ 793 ZPO) statthaft.

BGH, Beschl. v. 06.07.2006 – IX ZB 220/04, KTS 2007, 353.

32 Nach entsprechender Zulassung ist gegen die Beschwerdeentscheidung die Rechtsbeschwerde statthaft.

BGH, Beschl. v. 05.04.2006 – IX ZB 169/04, ZVI 2007, 78.

V. Einzugspflicht

33 Eng verbunden mit dem Einzugsrecht des Insolvenzverwalters/Treuhänders ist die Frage nach dessen Einzugspflicht. Dass es zu den Pflichten des Insolvenzverwalters/Treuhänders gehört, alle zur Masse gehörenden Ansprüche zu verfolgen und geltend zu machen, steht außer Frage. Gleichwohl ist der Insolvenzverwalter/Treuhänder aber nicht verpflichtet, jede seitens des Arbeitgebers oder sonstigen Drittschuldners vorgenommene Berechnung nachzuprüfen. Allein der damit verbundene Kosten- und Zeitaufwand würde die durchschnittlichen Vergütungssätze, die insbesondere in den Verbraucherinsolvenzverfahren zu erhalten sind, bei weitem überschreiten.

Vgl. OLG Celle, Urt. v. 02.10.2007 – 16 U 29/07, NZI 2008, 52.

Dasselbe gilt für den Treuhänder in der Wohlverhaltensphase, dessen Pflicht 34
zur Geltendmachung der abgetretenen Einkommensteile sich aus § 292 Abs. 1
InsO ergibt.

Abzuraten ist dem Insolvenzverwalter/Treuhänder von einer Absprache mit 35
dem Schuldner, wonach dem Arbeitgeber – um einer evtl. Kündigung des
Arbeitsverhältnisses vorzubeugen – die Insolvenzeröffnung nicht mitgeteilt
wird und der Schuldner seine gesamte Bezüge vereinnahmt, wovon er dann
den pfändbaren Teil an den Insolvenzverwalter/Treuhänder abführt.

B. Umfang des beschlagnahmten/abgetretenen Einkommens

I. Rechtsgrundlage

Die Frage nach dem pfändbaren und damit gem. § 36 Abs. 1 InsO massezu- 36
gehörigen Einkommen beantwortet sich grundsätzlich anhand der Vorschriften der §§ 850 ff. ZPO. Dies auch dann, wenn der Schuldner, über dessen
Vermögen in Deutschland das Insolvenzverfahren eröffnet wurde, sein Arbeitseinkommen im Ausland bezieht („Grenzgänger").

> LG Traunstein, Beschl. v. 03.02.2009 – 4 T 263/09, ZVI 2009, 121.

Der Umfang des an den Treuhänder in der Wohlverhaltensphase gem. § 287 37
Abs. 2 InsO abgetretenen Einkommens bestimmt sich gem. § 400 BGB ebenfalls in Anwendung der §§ 850 ff. ZPO, da nur das hiernach pfändbare Einkommen der Abtretung unterliegt.

> BAG, Urt. v. 30.07.2008 – 10 AZR 459/07, ZVI 2008, 525.

Wie sich aus der Regelung des § 295 Abs. 2 InsO ergibt, umfasst die Abtre- 38
tung an den Treuhänder in der Wohlverhaltensphase jedoch nur den pfändbaren Teil der Bezüge von nicht selbständig tätigen Schuldnern.

> BGH, Urt. v. 11.05.2010 – IX ZR 139/09, ZIP 2010, 1186 = ZVI
> 2010, 261,
> dazu EWiR 2010, 499 *(Loof)*.

II. Arbeitseinkommen im Sinne der §§ 850 ff. ZPO

1. Legaldefinition

Nach der Legaldefinition des § 850 Abs. 2 ZPO gelten neben den Entgeltan- 39
sprüchen aus einem abhängigen Dienst- oder Arbeitsverhältnis auch sonstige
Vergütungsansprüche für Dienstleistungen aller Art als Arbeitseinkommen,
soweit sie die Erwerbstätigkeit des Schuldners vollständig oder zu einem wesentlichen Teil in Anspruch nehmen. Es muss sich demnach um Vergütungen für persönlich erbrachte Arbeits- oder Dienstleistungen handeln. Damit
fallen u. a. Einkünfte aus Kapitalvermögen oder aus Vermietung und Ver-
pachtung nicht unter den Begriff des Arbeitseinkommens (Rz. 83).

> Vgl. BGH, Beschl. v. 21.12.2004 – IXa ZB 228/03, WM 2005, 288.

40 Das „Arbeitseinkommen" i. S. d. §§ 850 ff. ZPO betrifft nicht nur das wiederkehrende Entgelt aus einem abhängigen Arbeitsverhältnis. Vielmehr sind darunter auch alle wiederkehrend oder einmalig zu leistenden Vergütungen zu verstehen, die der Schuldner aufgrund von Arbeits- oder Dienstleistungen vom Drittschuldner als Arbeitgeber oder Dienstberechtigtem beanspruchen kann und die der **Lebensführung des Schuldners** dienen und damit seine Existenzgrundlage bilden.

BGH, Urt. v. 08.12.1977 – II ZR 219/75, NJW 1978, 756.

41 Es muss sich nicht um ein auf Dauer angelegtes Arbeitsverhältnis handeln, so dass z. B. auch der Vergütungsanspruch des Gelegenheitsarbeiters als Lohnforderung bzw. Arbeitseinkommen anzusehen ist.

42 Auf die Benennung der Vergütungsansprüche (Honorar, Gage, Provision, Gehalt, Lohn, Gratifikation, Tantiemen usw.) kommt es ebenfalls nicht an. Ebenso spielt es keine Rolle, ob die Vergütung der **Lohnsteuer** unterliegt. Auch Bezüge, die anstelle des Arbeitslohns im Krankheitsfall aufgrund des Lohnfortzahlungsgesetzes gezahlt werden, gelten als Arbeitseinkommen i. S. d. §§ 850 ff. ZPO.

43 Ohne Bedeutung ist, ob die Einkünfte aufgrund eines Arbeits-, Angestellten-, Berufsausbildungs-, Beamten-, Volontär- oder eines ähnlichen Verhältnisses erzielt werden. Für das Entgelt, das den in **Heimarbeit** Beschäftigten oder den diesen Gleichgestellten gewährt wird, gelten die Vorschriften über den Pfändungsschutz für Vergütungen, die aufgrund eines Arbeits- oder Dienstverhältnisses geschuldet werden, entsprechend (§ 27 Heimarbeitsgesetz, HAG).

44 Als Arbeitseinkommen gelten u. a. auch Ansprüche der Handelsvertreter auf Fixum und Provision sowie die Bezüge des Geschäftsführers einer GmbH oder die Dienst- und Versorgungsbezüge der Vorstandsmitglieder einer Aktiengesellschaft.

BGH, Urt. v. 08.12.1977 – II ZR 219/75, WM 1978, 109.

2. Einkünfte aus selbstständiger Tätigkeit

45 Auch aus einer selbstständigen oder freiberuflichen Tätigkeit sich ergebende Vergütungsansprüche stellen Arbeitseinkommen i. S. d. § 850 ff. ZPO dar. Die Honoraransprüche eines Rechtsanwalts oder eines Arztes gegen seinen Mandanten oder Patienten gelten demnach als Ansprüche auf Arbeitsentgelt. Ebenso die Ansprüche eines selbstständigen Handwerkers gegen den Auftraggeber.

46 Allerdings fallen Einkünfte aus selbstständiger oder freiberuflicher Tätigkeit nicht unter den engeren Begriff des Arbeitseinkommens, so dass zwar die Vorschrift des § 850i ZPO (Rz. 324), nicht aber die Bestimmungen des §§ 850a oder 850c ZPO darauf anzuwenden sind.

47 Daraus ergibt sich u. a., dass die Aufwendungen für selbst gestelltes Arbeitsmaterial i. S. d. § 850a Nr. 3 ZPO bei einem freiberuflich tätigen Schuldner

nicht grundsätzlich pfandfrei gestellt werden. Auch lässt sich der Begriff der Mehrarbeitsstunden i. S. d. § 850a Nr. 1 ZPO bei einer selbstständig oder freiberuflich tätigen Person nicht festmachen. Ebenso ist für einen selbstständig oder freiberuflich Tätigen die Unpfändbarkeit oder teilweise Unpfändbarkeit des Weihnachts- oder Urlaubsgeldes nicht von Bedeutung.

Die Abtretungserklärung nach § 287 Abs. 2 InsO umfasst grundsätzlich nicht die Einkünfte des Schuldners aus dessen selbstständiger Tätigkeit. Dies ergibt sich nach Ansicht des BGH aus der Regelung des § 295 Abs. 2 InsO, wonach der selbständig tätige Schuldner den Treuhänder in der Wohlverhaltensphase mit entsprechenden Zahlungen so zu stellen hat, wie wenn er ein angemessenes Dienstverhältnis eingegangen wäre. 48

BGH, Urt. v. 15.10.2009 – IX ZR 234/08, ZVI 2010, 28.

3. Sachbezüge und Lizenzgebühren

Sachbezüge oder sonstige Leistungen, die der Schuldner als Entgelt für seine Arbeits- oder Dienstleistung erhält, sind ebenfalls als Arbeitseinkommen zu werten (vgl. § 850e Nr. 3 ZPO; Rz. 231). 49

Lizenzgebühren sind nach Ansicht des BGH ebenfalls als Arbeitseinkommen anzusehen und nicht mit der Rechtspacht zu vergleichen, wenn sie aus einer persönlichen Arbeitsleistung herrühren und nicht mittels Kapitaleinsatz begründet wurden. 50

BGH, Beschl. v. 12.12.2003 – IXa ZB 165/03, ZVI 2004, 243.

Dasselbe gilt für Vergütungsansprüche des Schuldners gegen die GEMA oder die VG-Wort. 51

4. Bezüge bei oder nach Beendigung des Arbeitsverhältnisses

Die Übergangsgelder bzw. die (Sozialplan-)**Abfindung** eines Angestellten beim Ausscheiden aus dem Arbeitsverhältnis 52

BAG, Urt. v. 13.11.1991 – 4 AZR 20/91, ZIP 1992, 494,
dazu EWiR 1992, 413 *(Reichold)*

unterliegen der Lohnpfändung; ebenso die sog. Karenzentschädigung, die einem Arbeitnehmer zum Ausgleich von Wettbewerbsbeschränkungen für die Zeit nach Beendigung des Arbeitsverhältnisses bezahlt wird (§ 850 Abs. 3 Buchst. a ZPO). Auch die Übergangsgelder der Zeitsoldaten sowie das Entlassungsgeld der Wehrpflichtigen nach § 9 WehrsoldG gelten als Arbeitseinkommen.

Stein/Jonas/*Brehm*, ZPO, § 850 Rz. 27.

Letztlich erstreckt sich der Begriff des Arbeitseinkommens auch auf wiederkehrende Bezüge, die einem Arbeitnehmer vom bisherigen Arbeitgeber nach seinem **Ausscheiden** aus dem Arbeits- oder Dienstverhältnis in Form von Ru- 53 he-, Vorruhestandsgeld oder Betriebsrenten bezahlt werden. Davon abzugrenzen sind Sozialleistungen, wie etwa die Altersrente, deren Pfändbarkeit sich nach § 54 SGB I richtet (vgl. Rz. 351). Zu den Ansprüchen des ausgeschiedenen Arbeitnehmers aus einer Firmendirektversicherung, vgl. Rz. 72).

54 Zur Möglichkeit, dem Schuldner auf dessen Antrag Pfändungsschutz gem. § 850i ZPO zu gewähren, vgl. Rz. 324.

5. Rentenzahlungen aus Versicherungsverträgen

a) Wiederkehrende Leistungen

55 Wiederkehrende Rentenzahlungen, die aufgrund von Versicherungsverträgen gewährt werden, gelten mit der Folge einer eingeschränkten Pfändbarkeit als Arbeitseinkommen des Versicherungsnehmers bzw. Leistungsberechtigten, wenn der Vertrag zur Versorgung des Versicherungsnehmers oder seiner unterhaltsberechtigten Angehörigen eingegangen ist (§ 850 Abs. 3 Buchst. b ZPO). Der Versorgungscharakter des eingegangen Vertragsverhältnisses spiegelt sich insbesondere in Versicherungsbedingungen wider, die den Eintritt des Versicherungsfalls mit dem Erreichen eines bestimmten Lebensalters des Versicherungsnehmers oder Leistungsberechtigten, dessen Berufsunfähigkeit oder dessen Tod vorsehen.

56 Ihrer systematischen Einordnung entsprechend gilt die Vorschrift nur für (ehemals) **abhängig Beschäftigte**. Fortlaufende Renteneinkünfte freiberuflich oder überhaupt nicht berufstätig gewesener Personen aus entsprechenden Verträgen stellen dagegen kein Arbeitseinkommen in diesem Sinne dar. Solche Einkünfte sind unter den Voraussetzungen des § 851c Abs. 1 ZPO wie Arbeitseinkommen ansonsten im vollen Umfang pfändbar (vgl. Rz. 367).

> BGH, Beschl. v. 15.11.2007 – IX ZB 99/05, ZVI 2008, 215;
> BGH, Beschl. v. 15.11.2007 – IX ZB 34/06, ZIP 2008, 338 = ZVI 2008, 14,
> dazu EWiR 2008, 383 *(Walker)*.

57 Dies hat der BGH wie folgt begründet:

> Pfändungsschutz sieht § 850 Abs. 1 ZPO nach Maßgabe der §§ 850a ff. ZPO nur für Arbeitseinkommen vor. Dazu gehören nach der Legaldefinition des § 850 Abs. 2 ZPO einmal die Dienst- und Versorgungsbezüge der Beamten, zum anderen Arbeits-, und Dienstlöhne, Ruhegelder und ähnliche nach dem Ausscheiden aus dem Dienst- oder Arbeitsverhältnis gewährte fortlaufende Einkünfte, ferner Hinterbliebenenbezüge und schließlich sonstige Vergütungen für Dienstleistungen aller Art, die die Erwerbstätigkeit des Schuldners vollständig oder zu einem wesentlichen Teil in Anspruch nehmen. Neben den aktiven Einkünften der Beamten und Arbeitnehmer erstreckt § 850 Abs. 2 ZPO den Pfändungsschutz auf deren Versorgungsbezüge und Ruhegelder, die – je nach Status des Versorgungsberechtigten – gegen den Dienstherrn oder den Arbeitgeber gerichtet sind. Versorgungsrenten werden von dem Pfändungsschutz folgerichtig nur erfasst, soweit sie auf einem früheren Dienst- oder Arbeitsverhältnis beruhen. Zwar erstreckt § 850 Abs. 2 letzter Halbsatz ZPO den Pfändungsschutz auf gewisse wiederkehrende Vergütungen einen

selbstständigen Beruf ausübender Personen (vgl. etwa BGHZ 96, 324). Da Selbstständige entsprechend ihrem rechtlichen Status weder bei einem Dienstherrn noch einem Arbeitgeber Rentenansprüche erwerben können, ist zu ihren Gunsten im Rahmen des § 850 Abs. 2 ZPO für einen Pfändungsschutz von Renten von vornherein kein Raum. Mithin ist es rechtssystematisch gerechtfertigt, als „Arbeitseinkommen" im engeren Sinn nur die Einkünfte der Beamten und Arbeitnehmer zu bezeichnen.

b) Kapitalbetrag der Versicherung

Unabhängig von der beschränkten Pfändbarkeit der einzelnen Rentenleistungen ist die Frage nach der Massezugehörigkeit der sonstigen, sich aus dem eingegangenen Versicherungsvertrag ergebenden Ansprüche des Schuldners zu beantworten. Nach dem Wortlaut des § 850 Abs. 3 Buchst. b ZPO werden die gewährten Renten dem Arbeitseinkommen gleichgestellt und sind damit als wiederkehrende Leistungen nur im Rahmen des § 850c ZPO der Pfändung unterworfen. Sonstige aus dem Versicherungsverhältnis resultierende Ansprüche und Rechte des Schuldners werden nicht geschützt. Ist somit nach den Vertragsbedingungen die Möglichkeit eröffnet, anstelle von Rentenleistungen eine Kapitalzahlung oder den **Rückkaufswert** zu verlangen, so fallen diese Ansprüche in die Masse und können vom Insolvenzverwalter/Treuhänder geltend gemacht werden. 58

> OLG Brandenburg, Urt. v. 18.07.2002 – 8 U 124/01, WM 2003, 1643,
> dazu EWiR 2003, 979 (Breitling).

Dies auch dann, wenn damit der Wegfall der Rentenzahlung verbunden ist. Dem Schuldner kann in solchen Fällen allenfalls nach § 765a ZPO Vollstreckungsschutz geboten werden (vgl. Rz. 396). 59

> LG Dortmund, Beschl. v. 23.05.2007 – 9 T 10/07, ZInsO 2007, 1357.

Soweit der maßgebende Versicherungsvertrag die Voraussetzungen des § 851c Abs. 1 ZPO erfüllt, ist auch das angesparte Deckungskapital in Höhe des in § 851c Abs. 2 ZPO genannten Betrags einem Zugriff des Insolvenzverwalters/Treuhänders entzogen (vgl. Rz. 370). Zur Firmendirektversicherung vgl. Rz. 72. 60

6. Landwirtschaftliche Einkünfte

Einkünfte, die der Schuldner aus einem von ihm betriebenen landwirtschaftlichen Betrieb erzielt, gehören grundsätzlich zur Insolvenzmasse, soweit sie nicht unpfändbar sind. Die Pfändungsschutzregelung des § 851a ZPO ist ausweislich des § 36 Abs. 1 InsO im Insolvenzverfahren nicht anwendbar, wobei es sich aber wohl wieder um ein Redaktionsversehen handelt. Unter den Voraussetzungen des § 851a ZPO kann dem Schuldner auf Antrag durch das Insolvenzgericht Pfändungsschutz gewährt werden. Darüber hinaus sind 61 bestimmte Einnahmen, wie etwa die Betriebsprämie aus der GAP-Agrarreform kraft entsprechender ausdrücklicher Regelung unpfändbar.

BGH, Beschl. v. 23.10.2008 – VII ZB 92/07, NJW-RR 2009, 411.

62 Daneben ist die Regelung des § 850i ZPO, die in § 36 Abs. 1 InsO ausdrücklich angesprochen wird, auf die Einkünfte des eine Landwirtschaft betreibenden Schuldners anwendbar. Allerdings ist unklar, in welchem Verhältnis die Regelung des § 850i ZPO zu der Vorschrift des § 851a ZPO steht. Geht man davon aus, dass § 851a ZPO die speziellere Regelung darstellt, geht sie der Vorschrift des § 850i ZPO vor (vgl. Rz. 324).

III. Anderweitige Einnahmen

1. Steuererstattungsansprüche

63 Kein Arbeitseinkommen i. S. d. §§ 850 ff. ZPO ist u. a. der Anspruch des Schuldners auf Erstattung zu viel bezahlter Einkommensteuer, auch wenn sich der Anspruch zumindest mittelbar aus einem Arbeits- oder Dienstverhältnis ableitet. Dass sich der Erstattungsanspruch im Einzelfall aus einem vom Arbeitgeber durchgeführten Lohnsteuerjahresausgleich ergibt, ist dabei ohne Bedeutung.

64 Dies hat z. B. zur Folge, dass der Steuererstattungsanspruch von der Abtretung der Einkünfte an den Treuhänder nicht umfasst ist und damit während der Wohlverhaltensperiode allein dem Schuldner zusteht.

BGH, Urt. v. 21.07.2005 – IX ZR 115/04, ZVI 2005, 437.

65 Umgekehrt ist ein Steuererstattungsanspruch, der sich während des eröffneten Verfahrens ergibt, ohne Beschränkungen zur Masse zu ziehen.

BGH, Beschl. v. 12.01.2006 – IX ZB 239/04, ZIP 2006, 340 =
ZVI 2006, 58,
dazu EWiR 2006, 245 *(Beck)*.

66 Hierzu obliegt es dem Insolvenzverwalter/Treuhänder, die erforderliche Steuererklärung zu erstellen (§ 34 Abs. 1 und Abs. 3 AO, § 155 InsO). Dabei ist der Insolvenzverwalter/Treuhänder berechtigt, bei einem verheirateten Schuldner, dessen Wahlrecht hinsichtlich der Veranlagungsart auszuüben, nachdem dieses Wahlrecht kein höchstpersönliches Recht darstellt.

BGH, Beschl. v. 24.05.2007 – IX ZB 8/06, ZVI 2008, 118.

67 Wird das Insolvenzverfahren aufgehoben oder eingestellt, bevor der Steuererstattungsanspruch zur Auszahlung gelangt oder der Veranlagungszeitraum abgelaufen ist, kann dieser Auszahlungsanspruch einer Nachtragsverteilung gem. § 205 InsO vorbehalten werden, wenn der Erstattungsanspruch zur Masse des aufgehobenen oder eingestellten Verfahrens zählt.

BGH, Beschl. v. 12.01.2006 – IX ZB 239/04, ZIP 2006, 340 =
ZVI 2006, 58,
dazu EWiR 2006, 245 *(Beck)*.

Wird die Nachtragsverteilung erst nachträglich angeordnet, wird dadurch 68
eine zwischenzeitliche Aufrechnung, die durch die Finanzverwaltung während der Wohlverhaltensphase erklärt wurde, nicht beeinträchtigt, da der Anordnung der Nachtragsverteilung keine Rückwirkung beizumessen ist.

> BFH, Beschl. v. 04.09.2008 – VII B 239/07, KKZ 2009, 182.

Nach der zum 01.07.2010 erfolgten Neufassung des § 850i ZPO bezieht sich 69
die darin normierte Pfändungsschutzregelung auch auf nicht wiederkehrende Einkünfte des Schuldners, die kein Arbeitseinkommen darstellen. Ob davon auch der Steuererstattungsanspruch des Schuldners umfasst ist, erscheint fraglich (vgl. Rz. 324).

2. Kindergeld

Ebenfalls nicht als Arbeitskommen ist das Kindergeld anzusehen, auch wenn 70
es wie z. B. bei den Bediensteten des öffentlichen Dienstes nicht von der Familienkasse, sondern zusammen mit den Bezügen dem Schuldner geleistet wird. Das Kindergeld ist nur im Rahmen des § 76 EStG bzw. § 54 Abs. 5 SGB I wegen der Unterhaltsansprüche der bei der Berechnung des Kindergelds zu berücksichtigenden Kinder pfändbar. Der Anspruch fällt damit nicht in die Insolvenzmasse.

> FG München, Urt. v. 19.09.2007 – 9 K 4047/06, EFG 2008, 462.

Ebenso gilt der Anspruch nicht im Rahmen des § 287 Abs. 2 InsO als an den 71
Treuhänder in der Wohlverhaltensphase abgetreten.

3. Direktversicherung

Beiträge, die vom Arbeitgeber auf einen zugunsten des Arbeitnehmers abge- 72
schlossenen **Lebensversicherungsvertrag** an den Versicherer geleistet werden, stellen kein Arbeitseinkommen i. S. d. § 850 ZPO dar; der Schuldner hat keinen pfändbaren Anspruch auf Beitragsleistung gegen den Arbeitgeber. Dies gilt auch für den Fall, dass Entgeltansprüche des Arbeitnehmers in unmittelbare Leistungen an den Versicherer umgewandelt werden.

> BAG, Urt. v. 17.02.1998 – 3 AZR 611/97, NZA 1998, 707,
> dazu EWiR 1998, 575 *(Hintzen)*.

Bei einer solchen sog. Direktversicherung ist der Arbeitgeber Versiche- 73
rungsnehmer und der Beschäftigte sowohl Versicherter als auch Begünstigter. Nach § 166 Abs. 1 Satz 2 VVG hat der Versicherungsnehmer im Zweifel die Befugnis, an die Stelle des bezugsberechtigten Dritten einen anderen zu setzen. Bezugsberechtigungen dieser Art sind widerrufliche Bezugsrechte. Der Begünstigte erwirbt, soweit der Versicherungsnehmer (Arbeitgeber) nichts Abweichendes bestimmt hat, das Recht auf die Versicherungsleistungen erst mit dem Eintritt des Versicherungsfalles (§ 166 Abs. 2 VVG). Bis zu diesem Zeitpunkt gehören die sich aus dem Versicherungsverhältnis ergebenden Ansprüche in die Insolvenzmasse des über das Vermögen des Arbeit-

gebers eröffneten Verfahrens. Dies gilt allerdings dann nicht, wenn dem Arbeitnehmer bereits ein unwiderrufliches Bezugsrecht eingeräumt ist. In diesem Fall hat der Arbeitnehmer bereits vor Eintritt des Versicherungsfalles ein vermögenswertes Anwartschaftsrecht erworben. Dieses kann der Arbeitnehmer in der Arbeitgeberinsolvenz aussondern.

> BAG, Urt. v. 31.07.2007 – 3 AZR 446/05, NZA-RR 2008, 32.

74 Hinsichtlich der Möglichkeit, das durch die Zahlungen des Arbeitgebers gebildete Deckungskapital vor Eintritt des Versicherungsfalles im Insolvenzverfahren über das Vermögen des Arbeitnehmers zur Masse zu ziehen, ist § 2 Abs. 2 Satz 4 BetrAVG zu beachten, wonach der ausgeschiedene Arbeitnehmer die Ansprüche aus dem Versicherungsvertrag in Höhe des durch Beitragszahlungen des Arbeitgebers gebildeten geschäftsplanmäßigen Deckungskapitals weder beleihen noch abtreten darf. Hieraus folgt jedoch nur eine Unpfändbarkeit während der Ansparphase (§ 851 ZPO). Der Anspruch auf Kapitalzahlung bei Fälligkeit ist jedoch pfändbar und fällt damit auch in die Insolvenzmasse. Der Insolvenzverwalter/Treuhänder kann somit zwar nicht über das Anwartschaftsrecht verfügen, bei Eintritt des Versicherungsfalles hat er jedoch den Kapitalbetrag zur Masse zu ziehen. Da die Leistung aus der Lebensversicherung bei Eintritt des Versicherungsfalles nicht als Rente, sondern als Kapitalabfindung gewährt wird, greifen auch die Pfändungsschutzvorschriften der §§ 850 ff. ZPO nicht ein. Pfändungsschutz kann allenfalls über § 850i ZPO gewährt werden (vgl. Rz. 326).

> BGH, Beschl. v. 11.11.2010 – VII ZB 87/09, ZIP 2011, 350;
> a. A. OLG Köln, Urt. v. 05.06.2002 – 5 U 267/01, OLGR Köln 2003, 54;
> LG Konstanz, Beschl. v. 17.08.2007 – 62 T 58/06, Rpfleger 2008, 87.

75 Eine Entgeltumwandlung ist nach Verfahrenseröffnung nicht mehr mit Wirkung gegenüber der Insolvenzmasse möglich (§ 81 Abs. 1 Satz 1 InsO). Auch der Umfang der an den Treuhänder abgetretenen Bezüge kann nicht mehr durch eine Entgeltumwandlung reduziert werden (§ 287 Abs. 2 Satz 1 InsO i. V. m. § 398 Satz 2 BGB).

> BAG, Urt. v. 30.07.2008 – 10 AZR 459/07, ZVI 2008, 525.

4. Einkünfte aus Kapitalvermögen

76 Wiederkehrende Einnahmen des Schuldners aus **Kapitalvermögen**, wie Zinsen, Dividenden und Ähnliches gelten nicht als Arbeitseinkommen und sind demnach in vollem Umfang als massezugehörig anzusehen; von der Abtretung des Arbeitseinkommens an den Treuhänder in der Wohlverhaltensperiode sind sie dagegen nicht umfasst. Zur Frage, ob Kapitaleinkünfte unter die Pfändungsschutzregelung des § 850i ZPO fallen, vgl. Rz. 324.

77 Auch Miet- und Pachteinnahmen resultieren nicht aus der Arbeits- oder Dienstleistung des Schuldners; sie sind vielmehr das Ergebnis des Kapitaleinsatzes.

> BGH, Beschl. v. 21.12.2004 – IXa ZB 228/03, WM 2005, 288.

B. III. Anderweitige Einnahmen

Eine Einschränkung der Pfändbarkeit ergibt sich insoweit aus § 851b ZPO, die aber in der Insolvenz allenfalls dann eine Rolle spielen kann, wenn der Insolvenzverwalter/Treuhänder das Grundstück aus der Masse freigibt. Allerdings ist auf § 851b ZPO in § 36 Abs. 1 InsO nicht verwiesen. Gleichwohl wird man das Insolvenzgericht als für die Entscheidung über einen Antrag nach § 851b ZPO zuständig ansehen können. Daneben findet § 850i ZPO auf Miet- und Pachteinnahme des Schuldners wohl keine Anwendung, da § 851b ZPO insoweit die speziellere Vorschrift darstellt, die nach § 850i Abs. 3 ZPO unberührt bleibt (vgl. Rz. 324). 78

5. Gefangenenbezüge

Der Anspruch eines **Strafgefangenen** auf Arbeitsentgelt nach § 43 StVollzG ist unpfändbar. Das gem. § 52 StVollzG hieraus gebildete Eigengeld unterliegt dagegen ohne Beschränkung nach § 850c ZPO der Pfändung und ist demzufolge in vollem Umfang zur Masse zu ziehen. 79

> BGH, Beschl. v. 16.07.2004 – IXa ZB 287/03, ZVI 2004, 735.

Arbeitseinkommen, das im Rahmen eines freien Beschäftigungsverhältnisses außerhalb der Anstalt gem. § 39 Abs. 1 StVollzG verdient wird, ist grundsätzlich im Rahmen des § 850c ZPO pfändbar. Drittschuldner ist der Arbeitgeber. Jedoch kann die Vollzugsbehörde gem. § 39 Abs. 3 StVollzG vom Arbeitgeber verlangen, dass ihr das Entgelt zur Gutschrift für den Gefangenen überwiesen wird. In diesem Fall ist das gebildete Eigengeld ohne Einschränkung pfändbar. Ebenso ohne Einschränkung pfändbar ist dasjenige Eigengeld, das aus Einkünften eines Freigängers erzielt wird, der einem ihm von der Anstalt vermittelten Arbeitsverhältnis nachgeht, also keinen Arbeitsvertrag mit einem Arbeitgeber geschlossen hat. 80

6. Trinkgelder

Hinsichtlich des **Trinkgeldes**, das ein Kellner schenkungsweise unmittelbar vom Gast erhält und abredegemäß nicht an den dienstberechtigten Gastwirt abführen muss, besteht seitens des Schuldners weder gegen den Gast noch gegen den Gastwirt ein Leistungsanspruch, der als massezugehörig angesehen werden könnte. Erhaltene Barleistungen gehören im Rahmen ihrer Pfändbarkeit nach § 811 Abs. 1 Nr. 8 ZPO zur Insolvenzmasse. Von einer Einkommensabtretung an den Treuhänder in der Wohlverhaltensphase sind Trinkgelder mangels abtretbaren Anspruchs nicht umfasst. 81

7. Lohnersatzleistungen

Lohnersatzleistungen, die als Sozialversicherungsansprüche (z. B. Altersrente, Arbeitslosengeld) oder als soziale Transferleistungen (z. B. Sozialhilfe) dem Schuldner gebühren, stellen kein Arbeitseinkommen dar. Aufgrund der Regelung des § 54 SGB I sind sie aber wie Arbeitseinkommen der Pfändung 82 unterworfen, soweit einzelne Leistungen nicht ausdrücklich als unpfändbar beschrieben werden (vgl. Rz. 351).

IV. Zeitlicher Umfang des beschlagnahmten/abgetretenen Einkommens

1. Beginn des Einzugsrechts

83 Die Insolvenzbeschlagnahme bezieht sich auf die zum Zeitpunkt der Verfahrenseröffnung noch ausstehenden und die danach anfallenden pfändbaren Einkommensteile, die dem Schuldner gegen den Drittschuldner zustehen. Diese Ansprüche sind vom Einzugsrecht des Insolvenzverwalters/Treuhänders erfasst.

84 Innerhalb des **bargeldlosen Zahlungsverkehrs** ist mit der Gutschrift auf dem Konto des Schuldners dessen Entgeltanspruch gegen den Drittschuldner erfüllt. Wird dem Schuldner der überwiesene Betrag allerdings erst nach Eröffnung des Insolvenzverfahrens gutgeschrieben, so wird der Drittschuldner von seiner Leistungspflicht nur unter den Voraussetzungen des § 82 InsO befreit. Erfährt der Drittschuldner von der Verfahrenseröffnung zu einem Zeitpunkt, zu dem die Überweisung bereits veranlasst, der überwiesene Betrag aber noch nicht gutgeschrieben war, so wird der Drittschuldner von seiner Leistungspflicht befreit, wenn er die Gutschrift nicht mehr verhindern konnte.

> BGH, Urt. v. 16.07.2009 – IX ZR 118/08, ZIP 2009, 1726,
> dazu EWiR 2009, 685 *(Gundlach/Schirrmeister)*.

85 Haben Unternehmen mit umfangreichem Zahlungsverkehr zur Erfüllung einer Verbindlichkeit an einen Insolvenzschuldner geleistet, ohne dass sie die Eröffnung des Insolvenzverfahrens kannten, hindert sie die Möglichkeit, diese Information durch eine Einzelabfrage aus dem Internet unter www.insolvenzbekanntmachungen.de zu gewinnen, nach Treu und Glauben nicht daran, sich auf ihre Unkenntnis zu berufen. Sie sind auch nicht gehalten, sich wegen der Möglichkeit der Internetabfrage beweismäßig für sämtliche Mitarbeiter zu entlasten.

> BGH, Urt. v. 15.04.2010 – IX ZR 62/09, ZIP 2010, 935 = ZVI 2010, 263,
> dazu EWiR 2010, 615 *(Flitsch)*.

86 Leistet der Drittschuldner nicht schuldbefreiend, muss er nochmals an die Insolvenzmasse Zahlung erbringen. Allerdings kann dies der Insolvenzverwalter wohl erst dann beanspruchen, wenn er seinerseits versucht hat, die der Masse gebührenden Gelder vom Schuldner zu erlangen. Muss der Drittschuldner erneut leisten, steht ihm ein Bereicherungsanspruch gegen den Insolvenzschuldner zu, den dieser aus seinem insolvenzfreien Vermögen zu erfüllen hat.

> BGH, Urt. v. 15.04.2010 – IX ZR 62/09, ZIP 2010, 935 = ZVI 2010, 263,
> dazu EWiR 2010, 615 *(Flitsch)*.

B. IV. Zeitlicher Umfang des beschlagnahmten/abgetretenen Einkommens

Die vom Schuldner an den Treuhänder in der Wohlverhaltensphase abgetretenen Einkommensteile gehen mit der gerichtlichen Bestimmung der Person des Treuhänders auf diesen über. Dies geschieht gem. § 291 Abs. 2 InsO im Rahmen der **Ankündigung der Restschuldbefreiung**. Das Einzugsrecht steht dem Treuhänder in der Wohlverhaltensperiode gleichwohl erst nach wirksamer Aufhebung oder Einstellung des Insolvenzverfahrens zu und nicht bereits mit der Rechtskraft des Ankündigungsbeschlusses. Die mit der Wohlverhaltensphase verbundenen Rechtsfolgen gelten erst ab dem Zeitpunkt der Aufhebung oder Einstellung des Insolvenzverfahrens, nicht bereits mit einem zuvor ergangenen Ankündigungsbeschluss. Jede andere Auslegung führt zu Rechtsunsicherheiten, die der Gesetzgeber ausweislich der Bestimmung des § 289 Abs. 2 Satz 2 InsO tunlichst verhindern wollte. Solange mangels Aufhebung oder Einstellung des Insolvenzverfahrens der Insolvenzverwalter/Treuhänder im Amt ist, hat er die der Masse gebührenden Ansprüche zu verfolgen. Die bis zur wirksamen Aufhebung oder Einstellung des Insolvenzverfahrens anfallenden, pfändbaren Einkommensteile gebühren der Insolvenzmasse und sind im Rahmen der Schlussverteilung oder einer Nachtragsverteilung nach § 205 InsO an die Insolvenzgläubiger auszukehren. 87

BGH, Beschl. v. 15.07.2010 – IX ZB 229/07, ZIP 2010, 1610 = ZVI 2010, 425.

Damit lässt sich die in Praxis verbreitete Vorgehensweise, Massebeträge für die in der Wohlverhaltensphase entstehenden Vergütungsansprüche des Treuhänders zurückzubehalten, nicht vereinbaren. 88

LG Kleve, Beschl. v. 31.07.2006, 4 T 174/06, ZInsO 2006, 1002; a. A. LG Duisburg, Beschl. v. 23.12.2004 – 7 T 282/04, zitiert nach juris.

Im Hinblick auf die ansonsten über die Kostenstundung zu finanzierende Vergütung des Treuhänders ist diese Handhabung zwar durchaus fiskusfreundlich, entspricht aber gleichwohl nicht den gesetzlichen Vorgaben. Die Vergütungsansprüche des Treuhänders in der Wohlverhaltensphase stellen keine Masseverbindlichkeiten dar und dürfen somit auch nicht aus der Masse befriedigt werden. 89

2. Ende des Einzugsrechts

Die Insolvenzbeschlagnahme endet, soweit nicht eine Nachtragsverteilung vorbehalten oder angeordnet wird, mit der Aufhebung oder Einstellung des Insolvenzverfahrens. Damit endet auch das Einzugsrecht des Insolvenzverwalters/Treuhänders. Wirksam wird die Aufhebung des Insolvenzverfahrens mit der entsprechenden Beschlussfassung des Insolvenzgerichts; auf die öffentliche Bekanntmachung der Entscheidung kommt es insoweit nicht an. Ist in dem Beschluss die Stunde der Aufhebung nicht angegeben, so gilt als Zeitpunkt der Aufhebung die Mittagsstunde des Tages, an dem der Beschluss erlassen worden ist. 90

BGH, Beschl. v. 15.07.2010 – IX ZB 229/07, ZIP 2010, 1610 = ZVI 2010, 425.

91 Die Einzugsbefugnis des Insolvenzverwalters/Treuhänders endet auch dann erst mit der Aufhebung oder Einstellung des Verfahrens, wenn zuvor die Abtretungsfrist des § 287 Abs. 3 InsO abgelaufen ist. Gleichwohl darf die Frist des § 287 Abs. 2 InsO nicht unbeachtet bleiben. Denn nach Ablauf der Frist steht der pfändbare Teil seines Arbeitseinkommens wieder dann dem Schuldner zu, wenn ihm die Restschuldbefreiung erteilt wird. Solange nicht rechtskräftig über die Restschuldbefreiung entschieden ist, bleibt allerdings offen, ob der betroffene Neuerwerb in die Masse fällt. Der Insolvenzverwalter hat insoweit die Aufgabe, die mögliche Masse zu sichern und zu erhalten, damit sie ggf. für die Zwecke des Insolvenzverfahrens verwendet werden kann. Nur auf diese Weise kann für die Masse und damit auch für die Gläubiger der Neuerwerb für den Fall der Versagung der Restschuldbefreiung gesichert werden. Steht nach rechtskräftiger Erteilung der Restschuldbefreiung fest, dass der Neuerwerb nicht in die Masse gefallen ist, ist er an den Schuldner auszukehren.

BGH, Beschl. v. 03,12,2009 – IX ZB 247/08, ZVI 2010, 68, dazu EWiR 2010, 221 *(Wallner)*.

92 Wird dem Schuldner – wie wohl regelmäßig üblich – die Restschuldbefreiung vor Ablauf der Abtretungsfrist des § 287 Abs. 2 InsO nach § 291 InsO angekündigt, so endet das Einzugsrecht des Insolvenzverwalters/Treuhänders ebenfalls erst nach Aufhebung oder Einstellung des Verfahrens.

93 Das Einzugsrecht des Treuhänders in der Wohlverhaltensphase endet mit Ablauf der Abtretungsfrist des § 287 Abs. 2 InsO. Dies unabhängig davon, ob zu diesem Zeitpunkt über die Erteilung der Restschuldbefreiung bereits entschieden ist.

V. Unpfändbare Einkommensteile

1. Geltungsbereich des § 850a ZPO

94 Die Regelung des § 850a ZPO zählt einzelne Einkommensteile auf, die einem abhängig beschäftigten Schuldner pfandfrei zu belassen sind und damit weder in die Insolvenzmasse fallen, noch als an den Treuhänder in der Wohlverhaltensphase abgetreten gelten. Die Vorschrift ist auf selbstständig tätige Personen nicht anzuwenden (vgl. Rz. 318).

95 In dem Entwurf eines Gesetzes zur Neustrukturierung und Modernisierung des Pfändungsschutzes (GNeuMoP) vom 16.06.2010 (BT-Drucks. 17/2167) ist vorgesehen, von den zurzeit in § 850a ZPO genannten unpfändbaren Bezügen nur noch den in § 850a Nr. 3 ZPO genannten Ausgleich von Mehraufwand pfandfrei zu stellen. Ob die geplante Reform tatsächlich umgesetzt wird, erscheint indes fraglich.

2. Überstundenentgelt (§ 850a Nr. 1 ZPO)

a) Mehrarbeit

Gemäß § 850a Nr. 1 ZPO sind die für die Leistung von Mehrarbeitsstunden gezahlten Teile des Arbeitseinkommens zur Hälfte unpfändbar. Sie zählen deshalb in diesem Umfang nicht zur Insolvenzmasse und sind auch von der Abtretung des Arbeitseinkommens an den Treuhänder in der Wohlverhaltensphase insoweit nicht umfasst. 96

Unter die Bestimmung des § 850a Nr. 1 ZPO fällt die Vergütung für über die normale Arbeitszeit hinaus geleistete Arbeit, einerlei ob die Mehrarbeit im Anschluss an die tägliche normale Arbeitszeit, zur Nachtzeit oder an Sonn- und Feiertagen geleistet wird. Erbringt der Schuldner seine reguläre Arbeitsleistung an Sonn- oder Feiertagen bzw. zur Nachtzeit, so stellen dafür gewährte Zulagen keine Mehrarbeit i. S. d. § 850a Nr. 1 ZPO dar. Derartige Zulagen fallen ggf. unter die Regelung des § 850a Nr. 3 ZPO. 97

> a. A. MünchKomm-ZPO/*Smid*, § 850a Rz. 15.

Mehrarbeit i. S. d. § 850a Nr. 1 ZPO liegt dann vor, wenn der Schuldner über die im Tarifvertrag, im Arbeitsvertrag oder in der Dienstordnung festgeschriebene Vollbeschäftigungszeit hinaus tätig ist. 98

> Zöller/*Stöber*, ZPO, § 850a Rz. 2.

Mehrarbeit kann auch in Form von Reisezeiten erbracht werden. 99

> LAG München, Urt. v. 30.05.2007 – 7 Sa 1089/06, ZInsO 2008, 760.

Die auf diese Mehrarbeitszeit entfallende Vergütung ist zur Hälfte unpfändbar, wobei der Berechnung die Bruttovergütung zugrunde zu legen ist. 100

> Zöller/*Stöber*, ZPO, § 850a Rz. 2;
> a. A. Thomas/Putzo/*Hüßtege*, ZPO, § 850a Anm. 1c.

Beispiel:

Der Schuldner, der vertraglich 40 Stunden pro Woche zu arbeiten hat, verdient 15,00 EUR pro Stunde brutto. Im Abrechnungszeitraum hat er zehn Überstunden geleistet, für die ihm ein Zuschlag von 10,00 EUR pro Stunde vergütet wurde. Als Vergütung, die auf die Mehrarbeitsstunden entfällt, sind somit 250,00 EUR (10 × 15 + 10 × 10) anzusetzen. Hiervon sind gem. § 850a Nr. 1 ZPO 125,00 EUR unpfändbar.

Wird dem Schuldner die geleistete Mehrarbeit durch einen **Freizeitausgleich** abgegolten, so kommt eine teilweise Unpfändbarkeit der tatsachlich geleisteten Bezüge nicht in Betracht. Dasselbe gilt, wenn der Schuldner zwar Mehrarbeit geleistet hat, hierfür aber keine (zusätzliche) Vergütung erhält. 101

b) Nebentätigkeiten

Für die Anwendung des § 850a Nr. 1 ZPO kommt es nicht darauf an, dass Mehrarbeit regelmäßig geleistet wird. Auch spielt es keine Rolle, ob die 102

Mehrarbeit bei demselben oder bei einem anderen Arbeitgeber in der Form einer Nebentätigkeit außerhalb der üblichen Arbeitszeit erbracht wird.

OLG Hamm AP Nr. 3 zu § 850a ZPO.

103 Soweit der Schuldner einer Nebentätigkeit bei einem weiteren Arbeitgeber nachgeht, liegt darin eine Mehrarbeit i. S. d. § 850a Nr. 1 ZPO, wenn diese Nebentätigkeit außerhalb der üblichen Vollbeschäftigungszeit (ca. 40-Stunden-Woche) verrichtet wird. Zur Zusammenrechnung mehrerer Einkünfte, vgl. Rz. 266.

104 Keine Anwendung findet § 850a Nr. 1 ZPO auf Nebentätigkeiten, die der ansonsten in einem abhängigen Dienst- oder Arbeitsverhältnis stehende Schuldner in selbstständiger Weise ausübt. Übernimmt der angestellte Rechtsanwalt z. B. in seiner Freizeit freiberuflich Mandate, so sind die hieraus resultierenden Honoraransprüche grundsätzlich im vollen Umfang pfändbar; in begründeten Fällen kann auf Antrag Pfändungsschutz nach § 850i ZPO gewährt werden (vgl. Rz. 326).

3. Urlaubsgeld und ähnliche Zuwendungen (§ 850a Nr. 2 ZPO)

a) Urlaubsgeld

105 Die für die Dauer eines Urlaubs über das Arbeitseinkommen hinaus gewährten Bezüge sind unpfändbar, soweit sie den Rahmen des Üblichen nicht übersteigen (§ 850a Nr. 2 ZPO). Dabei ist § 850a Nr. 2 ZPO auch dann anzuwenden, wenn das Urlaubsgeld nicht als Einzelzahlung, sondern z. B. zusammen mit der Juni-Vergütung in einer Summe bezahlt wird.

LAG Nürnberg, Urt. v. 07.11.2006 – 7 Sa 716/05; LAGE § 850a ZPO 2002/Nr. 1.

106 Nicht erforderlich ist es, dass die Zahlung im Zusammenhang mit einem konkreten Urlaubstermin geleistet wird. Daneben unterliegt das Einkommen, das während eines Urlaubs fortgezahlt wird, der Pfändung im Rahmen des § 850c ZPO.

107 Als üblich ist insoweit das anzusehen, was in gleichartigen Betrieben oder mit der Situation des Schuldners vergleichbaren Arbeitsverhältnissen als entsprechende Zuwendung gewährt wird. Um dies festzustellen, kann u. a. auf Tarifverträge zurückgegriffen werden. Im Übrigen obliegt es zunächst dem Drittschuldner, darüber zu entscheiden, was als übliches Urlaubsgeld anzusehen ist.

108 Nach § 20 TVöD werden im Rahmen des neuen Tarifrechts für den öffentlichen Dienst das bisherige Weihnachtsgeld und das Urlaubsgeld zu einer Jahressonderzahlung zusammengefasst, die regelmäßig mit dem Novembergehalt ausbezahlt wird. Damit ist nicht mehr erkennbar, welche Beträge auf das Urlaubs- und welche auf das Weihnachtsgeld i. S. d. § 850a Nr. 2 bzw. § 850a Nr. 4 ZPO entfallen und ob es sich überhaupt um Urlaubs- oder Weih-

nachtsgeld i. S. d. § 850a ZPO handelt. Von der Jahressonderzahlung sind demnach allenfalls 500,00 EUR als unpfändbares Weihnachtsgeld in Abzug zu bringen. Das in der Jahressonderzahlung enthaltene unpfändbare Urlaubsgeld kann mit 300,00 EUR veranschlagt werden.

> Zimmermann/Freeman, ZVI 2008, 275 unter Hinweis auf das Landesamt für Besoldung und Versorgung des Landes NRW; a. A. BayVwGH, Beschl. v. 05.10.2007 – 07.1510, wonach die Sonderzahlung auch wenn sie mit den Dezember-Bezügen geleistet wird, kein Weihnachtsgeld darstellt.

b) Urlaubsabgeltung

109 Verzichtet der Arbeitnehmer auf die Einbringung seines Urlaubs und erhält er hierfür ein zusätzliches Entgelt (Urlaubsabgeltung), so fällt diese Vergütung nicht unter die Regelung des § 850a Nr. 2 ZPO und ist deshalb wie Arbeitseinkommen pfändbar. Zur Bestimmung des nach § 850c ZPO pfändbaren Betrags ist das zusätzliche Entgelt mit dem Einkommen zusammenzurechnen, das der Schuldner in demselben Monat bezieht. Dies gilt insbesondere auch für den Fall, dass der Urlaubsanspruch aufgrund der Beendigung des Arbeitsverhältnisses nicht mehr erfüllt werden kann. Werden dabei allerdings die Abgeltungsbeträge für einen anderen Bezugszeitraum als der Restlohn geleistet, sind die pfändbaren Beträge gem. § 850c ZPO getrennt zu ermitteln.

> Zöller/Stöber, ZPO, § 850a Rz. 3.

110 Entgegen der älteren Rechtsprechung des BAG,

> BAG, Urt. v. 21.01.1988 – 2 AZR 581/86, NJW 1988, 2691, dazu EWiR 1989, 79 (Gravenhorst),

sieht die neuere Rechtsprechung die Forderung auf Urlaubsabgeltung nicht als zweckgebunden und damit nicht als nach § 851 ZPO unpfändbar an.

> BAG, Beschl. v. 28.08.2001 – 9 AZR 611/99, ZIP 2001, 2100 = MDR 2002, 280,
> dazu EWiR 2001, 1139 (Oetker);
> LG Münster, Beschl. v. 11.06.1999 – 5 T 223/99, MDR 1999, 1284,
> dazu EWiR 1999, 975 (Hintzen);
> LAG Hamm, Urt. v. 03.09.1999 – 10 Sa 2657/98, BuW 2000, 168;
> LG Leipzig, Beschl. v. 25.11.2002 – 12 T 3864/02, JurBüro 2003, 215;
> LG Düsseldorf, Beschl. v. 05.02.2003 – 25 T 61/03, JurBüro 2003, 328.

111 Der Urlaubsentschädigungsanspruch gem. § 8 Nr. 8 des Bundesrahmentarifvertrags für das Baugewerbe ist weder gem. § 850a Nr. 2 ZPO noch gem. § 850c Abs. 1 Satz 1 ZPO unpfändbar.

> Hess. LAG, Urt. v. 07.09.2007 – 10 Sa 149/07, zitiert nach juris.

c) Berechnungsgrundsätze

112 Die nach § 850a Nr. 2 ZPO in Abzug zu bringenden Leistungen sind, wie die Mehrarbeitsstundenvergütung, mit dem **Bruttobetrag** zu berücksichtigen.

> LAG Berlin, Urt. v. 14.01.2000 – 19 Sa 2154/99, InVo 2000, 393;
> a. A. ArbG Aachen, Urt. v. 21.02.2006 – 4 Ca 4544/05, FamRZ 2007, 63.

113 Eine fiktive Berechnung von steuerlichen Abzügen ist nicht vorzunehmen. Dem Schuldner muss der unpfändbare Betrag in voller Höhe verbleiben. Die auf die unpfändbaren Leistungen entfallenden Steuern und Abgaben sind in voller Höhe dem übrigen Einkommen zu entnehmen.

> AG Mönchengladbach, Beschl. v. 29.11.2004 – 19 IK 3/99, ZVI 2004, 757.

114 Damit ergibt sich aufgrund der Steuerprogression in dem Monat, in welchem dem Schuldner eine Sonderzahlung gewährt wird, meist ein niedrigerer pfändbarer Betrag als in Monaten ohne Sonderzahlung.

Beispiel:

Der Schuldner bezieht ein regelmäßiges monatliches Bruttoeinkommen von 2.000,00 EUR. Daraus ergibt sich unter Abzug von Steuern und Sozialabgaben in Höhe von 800,00 EUR ein Nettoeinkommen von 1.200,00 EUR, wovon unter Berücksichtigung der bestehenden Unterhaltspflichten 150,40 EUR pfändbar sind. Im Monat Juni erhält der Schuldner zusätzlich 500,00 EUR Urlaubsgeld. An Steuern und Sozialabgaben fallen 1.000,00 EUR an. Von dem Bruttoeinkommen in Höhe von 2.500,00 EUR sind neben den Steuern und Sozialabgaben auch das Urlaubsgeld in Höhe von 500,00 EUR abzuziehen, so dass das Nettoeinkommen nur noch 1.000,00 EUR beträgt, wovon 10,40 EUR pfändbar sind.

Nach der u. a. vom ArbG Aachen vertretenen Ansicht muss in diesem Fall eine verhältnismäßige Berechnung vorgenommen werden. Dies führt dazu, dass das Urlaubsgeld vom Gesamtnettoeinkommen in Höhe von 1.500,00 EUR mit einem Fünftel abgezogen wird und somit das maßgebende Nettoeinkommen wieder 1.200,00 EUR beträgt.

d) Treugelder/Bonuszahlungen

115 Bei einer Sonderzuwendung handelt es sich nicht um unpfändbares Treugeld i. S. v. § 850a Nr. 2 ZPO, wenn mit der Sonderzahlung einerseits die im Bezugszeitraum geleistete Arbeit zusätzlich vergütet werden soll, andererseits aber die Sonderzahlung auch die Honorierung vergangener und/oder zukünftiger Betriebstreue bezweckt. Soll eine in einer Betriebsvereinbarung geregelte Mitarbeiter-Erfolgsvergütung die Belegschaft vor allem am Unternehmenserfolg beteiligen, schließt dies die Annahme eines Treugelds i. S. v. § 850a Nr. 2 ZPO ebenfalls aus.

> BAG, Urt. v. 30.07.2008 – 10 AZR 459/07, ZVI 2008, 525.

4. Aufwandsentschädigungen und ähnliche Zahlungen (§ 850a Nr. 3 ZPO)

Unpfändbar sind Aufwandsentschädigungen, Auslösungsgelder und sonstige soziale Zulagen für auswärtige Beschäftigungen, das Entgelt für selbst gestelltes Arbeitsmaterial, Gefahrenzulagen sowie Schmutz- und Erschwerniszulagen, soweit diese Bezüge den Rahmen des Üblichen nicht übersteigen. In diesem Rahmen gehören die Ansprüche des Schuldners weder zur Insolvenzmasse noch sind sie von der Abtretung des Arbeitseinkommens an den Treuhänder in der Wohlverhaltensphase umfasst. 116

OVG Lüneburg, Beschl. v. 17.09.2009 – 5 Me 186/09, NVwZ-RR 2010, 75.

Nicht nur Erschwernisse aufgrund der Art der Tätigkeit, sondern auch wegen der mit dem zeitlichen Rahmen der verbundenen Tätigkeit gesundheitsschädlichen Auswirkungen werden durch die Vorschrift abgegolten. 117

VG Hannover, Beschl. v. 15.06.2009 – 2 B 1717/09, zitiert nach juris.

Durch § 850a Nr. 3 ZPO sollen Arbeitnehmer, allenfalls noch Einfirmenvertreter i. S. d. § 92a HGB begünstigt werden, soweit sie neben Lohn, Gehalt/Provision ausnahmsweise Entschädigungen für zusätzliche Aufwendungen oder Zulagen für gefährliche oder sonst erschwerte Arbeit erhalten. Deshalb scheidet (auch eine analoge) Anwendung auf den Anspruch des Kassenarztes gegen seine kassenärztliche Vereinigung von vornherein aus. Insoweit kann ggf. auf Antrag nach § 36 Abs. 1 Satz 2 InsO i. V. m. § 850f Abs. 1 Buchst. a ZPO eine Entscheidung des Insolvenzgerichts darüber herbeigeführt werden, welche Beträge des Vergütungsanspruchs als Vergütungsanspruchs als berufsbedingter Aufwand verbleiben sollen. 118

Vgl. BGH, Urt. v. 05.12.1985 – IX ZR 9/85, NJW 1986, 2362.

Soweit die Tätigkeit des Arztes vom Insolvenzverwalter/Treuhänder nicht nach § 35 Abs. 2 InsO freigegeben wird, stellen die im Zusammenhang mit der Tätigkeit des Schuldners notwendigen Ausgaben Masseverbindlichkeiten i. S. d. § 55 Abs. 1 Nr. 1 InsO dar (vgl. Rz. 339). 119

Vgl. BayVGH, Beschl. v. 28.11.2005 – 9 ZB 04.3254, NVwZ-RR 2006, 550.

In diesem Fall bedarf es somit keiner weiteren Anordnungen des Insolvenzgerichts. 120

Ebenfalls nicht unter § 850a Nr. 3 ZPO fällt die Aufwandsentschädigung eines ehrenamtlichen Bürgermeisters. 121

VG Ansbach, Bescheid v. 30.03.2006 – AN 1 K 04.00729, Rpfleger 2006, 419.

122 Eine solche Aufwandsentschädigung ist demnach in den Grenzen des § 850c ZPO der Pfändung unterworfen und fällt damit hinsichtlich des pfändbaren Teils in die Insolvenzmasse und ist auch von der Abtretung des Arbeitseinkommens an den Treuhänder in der Wohlverhaltensphase umfasst. Bei der Pfändung der Ansprüche eines Vorstandsmitglieds eines Anwalt-Vereins auf Sitzungsgeld, Aufwandsentschädigung und -erstattung soll § 850a Nr. 3 ZPO keine Anwendung finden.

> AG Leipzig, Beschl. v. 22.07.2003 – 73 M 7231/03, NJW 2004, 375.

123 Dagegen ist die Vorschrift auf das Sitzungsgeld eines Ratsmitgliedes anwendbar.

> OLG Düsseldorf, Beschl. v. 08.09.1978 – 3 W 225/78, Rpfleger 1978, 461.

124 Als üblich i. S. d. § 850a Nr. 3 ZPO sind die genannten Ersatzleistungen dann anzusehen, wenn sie den Gepflogenheiten des Berufszweiges bzw. den Örtlichkeiten entsprechen. Auch die von den Steuerbehörden als steuerfrei anerkannten Sätze können als Maßstab für das „Übliche" herangezogen werden.

125 Die Entschädigung für einen Ein-Euro-Job unterfällt nach Sinn und Zweck dem Pfändungsverbot des § 850a Nr. 3 ZPO.

> LG Dresden, Beschl. v. 17.06.2008 – 3 T 233/08, NJW-RR 2009, 359 = Rpfleger 2008, 655.

5. Weihnachtsgeld (§ 850a Nr. 4 ZPO)

126 Weihnachtsvergütungen sind bis zum Betrag der Hälfte des monatlichen Arbeitseinkommens, höchstens aber bis zum Betrag von 500,00 EUR unpfändbar und damit weder massezugehörig, noch gelten sie als an den Treuhänder in der Wohlverhaltensphase abgetreten.

127 Als Weihnachtsgeld bzw. -vergütung sind Zuwendungen anzusehen, die vom Arbeitgeber aus Anlass des Weihnachtsfestes geleistet werden und auf die seitens des Arbeitnehmers ein Rechtsanspruch besteht.

> Vgl. Bayer. VGH, Beschl. v. 24.10.2007 – 3 ZB 06.2358, zitiert nach juris.

128 Soweit ein 13./14. Monatsgehalt nicht als Weihnachtsvergütung bezahlt, sondern z. B. in Form von monatlichen Sonderzahlungen gewährt wird, fällt ein solches nicht unter § 850a Nr. 4 ZPO, wobei es aber nicht unbedingt darauf ankommt, dass die Zuwendung im Monat Dezember erfolgt.

> Vgl. VG Karlsruhe, Beschl. v. 06.06.2005 – 3 K 788/04, zitiert nach juris.

Beispiel:

Ein Schuldner, der monatlich 900,00 EUR brutto verdient, erhält ein Weihnachtsgeld von 500,00 EUR, das nur in Höhe von 450,00 EUR unpfändbar ist, da es zwar den Höchstbetrag von 500,00 EUR nicht übersteigt, aber mit 50,00 EUR über der Hälfte des monatlichen Arbeitseinkommens liegt.

Das unpfändbare Weihnachtsgeld in Höhe von 500,00 EUR ist als Nettobetrag anzusehen. 129

> LG Mönchengladbach, Beschl. v. 01.02.2005 – 5 T 631/04, ZVI 2005, 326.

Die auf diesen Betrag entfallenden Abgaben sind dem übrigen Einkommen zu entnehmen. Damit wird die Berechnungsgrundlage für die Bestimmung des pfändbaren Einkommens doppelt reduziert. 130

Zur Zusammenfassung des Weihnachts- und des Urlaubsgeldes zu einer Jahressonderzahlung nach § 20 TVöD, vgl. Rz. 108. 131

6. Heirats- und Geburtsbeihilfen (§ 850a Nr. 5 ZPO)

Es handelt sich um meist einmalige Leistungen des Arbeitgebers aus Anlass der Heirat oder der Geburt eines Kindes des Arbeitnehmers. Diese Leistungen sind grundsätzlich unpfändbar, ohne dass es auf deren Höhe ankommt. Zu Beihilfeleistungen eines Beamten, vgl. nachfolgend Rz. 138. 132

7. Erziehungsgeld, Studienbeihilfen und ähnliche Bezüge (§ 850a Nr. 6 ZPO)

Die in § 850a Nr. 6 ZPO aufgeführten Erziehungsgelder und Studienbeihilfen dienen unmittelbar der Erziehung und Ausbildung der Kinder. Sie sind nicht als Einkommen der Eltern oder Pflegeeltern des Kindes anzusehen. Unpfändbar ist damit auch ein vom Träger der Jugendhilfe als Teil des Pflegegeldes an die Pflegeeltern für ein in deren Haushalt aufgenommenes Kind gem. § 39 Abs. 1 SGB VIII ausgezahlter „Anerkennungsbetrag". 133

> Vgl. BGH, Beschl. v. 04.10.2005 – VII ZB 13/05, ZVI 2005, 588.

Nicht unter § 850a Nr. 6 ZPO fallen das Erziehungsgeld und vergleichbare Leistungen der Länder, denen Lohnersatzfunktion zukommt. Eine eventuelle Unpfändbarkeit solcher Leistungen ergibt sich aus § 54 SGB I (vgl. Rz. 352). Nicht umfasst von der Regelung sind auch solche Beträge, die, wie z. B. die Auszubildendenvergütungen, echtes Arbeitseinkommen des Kindes darstellen. 134

8. Vermögenswirksame Leistungen (§ 2 Abs. 7 des 5. VermBG)

Zahlungen, die der Arbeitgeber zur Vermögensbildung des Arbeitnehmers erbringt, sind ebenso unpfändbar, wie die Teile des Einkommens des Schuld- 135 ners, die der Arbeitgeber zur vermögenswirksamen Anlage vereinbarungsgemäß unmittelbar dieser Anlage gutschreibt. Die Vereinbarung muss vor Insolvenzeröffnung getroffen worden sein. Die aus einer Anlage der vermögenswirksamen Leistungen gegen eine Bank oder Lebensversicherung gerichteten Ansprüche auf Auszahlung angesparter Beträge sind dagegen ohne Einschränkung pfändbar und unterliegen damit grundsätzlich dem Einzugsrecht des Insolvenzverwalters/Treuhänders.

9. Altersvorsorgebeiträge (§ 97 EStG)

136 Altersvorsorgebeiträge, soweit sie nicht nach § 82 EStG gefördert werden, sind nach § 97 EStG („Riester-Rente") nicht übertragbar, damit nicht pfändbar (§ 851 ZPO) und deshalb auch nicht massezugehörig.

    LAG Rheinland-Pfalz, Urt. v. 03.11.2006 – 3 Sa 414/06, VuR 2007, 395.

137 Will der Schuldner nach Verfahrenseröffnung einen geförderten Vertrag abschließen, kann ihm das Insolvenzgericht auf Antrag nach § 850f Abs. 1 ZPO einen entsprechenden monatlichen Betrag als pfandfrei belassen (vgl. Rz. 281).

10. Beihilfeleistungen

138 Beamtenrechtliche Ansprüche auf Beihilfe im Krankheitsfall sind nach ständiger Rechtsprechung des BVerwG höchstpersönlicher Natur und daher weder abtretbar, noch pfändbar, noch einer Aufrechnung zugänglich (§§ 394, 399 BGB, § 851 Abs. 1 ZPO).

    BVerwG, Urt. v. 10.04.1997 – 2 C 7.96, NJW 1997, 3256.

139 Diese Ansprüche gehören damit nicht zur Insolvenzmasse und sind auch von einer Abtretung des Arbeitseinkommens an den Treuhänder in der Wohlverhaltensphase nicht erfasst.

140 Eine Pfändung der Ansprüche auf Beihilfeleistung ist dann zulässig, wenn sie durch einen Gläubiger erfolgt, dessen Forderung den Beihilfanspruch des Schuldners begründet (vgl. § 1 Abs. 3 BhV; „Anlassgläubiger"). Steht dem Beihilfeberechtigten demnach z. B. hinsichtlich einer ärztlichen Behandlung ein Beihilfanspruch zu, so kann der behandelnde Arzt auf diesen Anspruch im Wege der Pfändung Zugriff nehmen.

141 Ausgezahlte Beihilfen des Dienstherrn für Aufwendungen im Krankheitsfall unterliegen dagegen keinen Pfändungsbeschränkungen und gehören zur Insolvenzmasse eines Beamten.

    BGH, Beschl. v. 08.11.2007 – IX ZB 221/03, ZVI 2008, 29;
    BGH, Beschl. v. 05.11.2004 – IXa ZB 17/04, WM 2005, 181.

142 Der BGH hat dies damit begründet, dass der konkrete Beihilfanspruch durch Auszahlung an den Schuldner erloschen ist und sich damit die Zweck-

bindung des Anspruchs erledigt hat. Die Vorschrift des § 851 Abs. 1 ZPO steht damit einer Pfändbarkeit der entsprechenden Zahlungsmittel oder des Kontoguthabens nicht entgegen. Der Anlassgläubiger kann sich durch eine Abtretung des konkreten Anspruchs auf Beihilfeleistung absichern. Eine solche Abtretung verstößt nicht gegen § 91 InsO, da der Anspruch mangels allgemeiner Pfändbarkeit nicht zur Masse gehört. Für den Fall, dass die Abtretung vor Insolvenzeröffnung erfolgt, ist diese mangels Gläubigerbenachteiligung nicht anfechtbar.

BGH, Beschl. v. 08.11.2007 – IX ZB 221/03, ZVI 2008, 29.

VI. Bedingt pfändbare Einkünfte (§ 850b ZPO)

1. Allgemeines

a) Normaussage

Die in § 850b Abs. 1 ZPO aufgeführten Leistungen, wie etwa Invaliditäts- und Unterhaltsrenten oder Einkünfte aus Stiftungen sowie sonstige Unterstützungsleistungen, dienen entweder regelmäßig in vollem Umfang der Sicherung der Existenzgrundlage des Schuldners, oder sind, wie z. B. eine Sterbegeldversicherung oder der Erstattungsanspruch gegen einen privaten Krankenversicherungsträger, dazu bestimmt, unbedingt notwendige Aufwendungen abzudecken. 143

Vgl. BGH, Beschl. v. 04.07.2007 – VII ZB 68/07, ZVI 2007, 521.

Dabei ist die in § 850b Abs. 1 Nr. 4 ZPO genannte Todesfall- oder Sterbegeldversicherung etwas systemfremd in die Regelung einbezogen, die ansonsten nur wiederkehrende Leistungen umfasst. Nach dem Entwurf eines Gesetzes zur Neustrukturierung und Modernisierung des Pfändungsschutzes vom 16.06.2010 (BT-Drucks. 17/2167) ist geplant, die Regelung des § 850b ZPO insgesamt aufzuheben. 144

Aufgrund ihrer grundsätzlichen Unpfändbarkeit, können die in § 850b Abs. 1 ZPO genannten Ansprüche nicht abgetreten werden; auch kann gegen sie keine Aufrechnung erklärt werden. 145

BGH, Urt. v. 04.12.2009 – V ZR 9/09, NJW-RR 2010, 1235;
OLG München, Urt. v. 21.01.2010 – 24 U 539/09, RuS 2010, 305.

Im Einzelfall kann die Pfändung ausnahmsweise zugelassen werden, wenn die Vollstreckung in das sonstige Vermögen des Schuldners fruchtlos war oder voraussichtlich fruchtlos sein wird und die Pfändung der **Billigkeit** entspricht (§ 850b Abs. 2 ZPO). Unter diesen Voraussetzungen ist auch eine Zusammenrechnung mit anderweitigen wiederkehrenden Leistungen gem. § 850e ZPO möglich (vgl. Rz. 270). 146

Über die Zulassung der Pfändung entscheidet im Einzelvollstreckungsverfahren das Vollstreckungsgericht unter Abwägung der widerstreitenden Inte- 147 ressen des Schuldners und des einzelnen Gläubigers mit konstitutiver Wirkung.

> MünchKomm-ZPO/*Smid*, § 850b Rz. 2.

148 Soweit es sich bei den bedingt pfändbaren Einkünften um wiederkehrende Leistungen handelt, unterliegen sie den für Arbeitseinkommen geltenden Pfändungsbeschränkungen des § 850c ZPO. Dies hat das Vollstreckungsgericht in seinem Beschluss festzustellen.

> BGH, Beschl. v. 05.04.2005 – VII ZB 15/05, ZVI 2005, 366.

149 § 850b ZPO ist nicht nur auf Renten, Einkünfte und Bezüge von Arbeitnehmern und Beamten, sondern auch von anderen Personen, insbesondere Selbständigen, anwendbar.

> BGH, Urt. v. 15.07.2010 – IX ZR 132/09, ZIP 2010, 1656, dazu EWiR 2011, 55 *(Lau)*.

b) Massezugehörigkeit

150 Die Frage der Massezugehörigkeit der in § 850b ZPO aufgelisteten bedingt pfändbaren Ansprüche wird vom BGH nicht einheitlich beantwortet. So wird etwa die Massezugehörigkeit der in § 850b Abs. 1 Nr. 4 ZPO genannten Todesfall- oder Sterbegeldversicherung in dem dort genannten Umfang verneint.

> BGH, Beschl. v. 19.03.2009 – IX ZA 2/09, FamRZ 2009,972
> = ZInsO 2009, 915.

151 Dagegen ist eine unter § 850b Abs. 1 Nr. 1 ZPO fallende private Berufsunfähigkeitsrente in den Grenzen des § 850c ZPO als massezugehörig anzusehen. Die Billigkeitsprüfung, bei der alle in Betracht kommenden Umstände des Einzelfalls zu würdigen sind, obliegt dem Insolvenzgericht, wenn der Insolvenzverwalter/Treuhänder beantragt, bedingt pfändbare Bezüge des Schuldners für pfändbar zu erklären, um sie wie Arbeitseinkommen zur Masse zu ziehen. So kann etwa bei der Bestimmung des pfändbaren Betrags auf den Anlass und die Art der Leistung, die der Schuldner bezieht, deren Höhe sowie die ihm im Fall der Pfändung verbleibenden Bezüge Rücksicht genommen werden. Bezieht er beispielsweise eine Rente wegen Verletzung des Körpers oder der Gesundheit, können von ihm dargelegte erhöhte Bedürfnisse in Rechnung gestellt werden. Sind die Bezüge – besonders hoch, kann dies zu einer entsprechend erhöhten Pfändbarkeit führen. Erforderlich ist auch hier eine umfassende und nachvollziehbare Gesamtwürdigung, in die alle in Betracht kommenden Umstände des Einzelfalls einfließen. Sind keine besonderen Umstände ersichtlich, kann die Pfändbarkeit auch anhand der Freigrenzen des § 850c Abs. 1 ZPO bestimmt werden. Diese Vorschrift, auf die in § 36 Abs. 1 Satz 2 InsO ausdrücklich verwiesen ist, belegt im Übrigen auch, dass eine Bestimmung der Pfändbarkeit nach billigem Ermessen dem Insolvenzverfahren durchaus nicht fremd ist. Streiten Insolvenzverwalter und

Schuldner um die Massezugehörigkeit von bedingt pfändbaren Einkünften des Schuldners oder ist die Frage der Pfändbarkeit im Rahmen eines Anfechtungsprozesses zu beantworten, muss die Billigkeitsentscheidung vom Prozessgericht getroffen werden.

> BGH, Urt. v. 03.12.2009 – IX ZR 189/08, ZIP 2010, 293 = ZVI 2010, 102,
> dazu EWiR 2010, 331 *(Fliegner)*;
> BGH, Urt. v. 15.07.2010 – IX ZR 132/09, ZIP 2010, 1656,
> dazu EWiR 2011, 55 *(Lau)*.

Von der Abtretung des Arbeitseinkommens an den Treuhänder in der Wohlverhaltensphase sind diese Ansprüche mangels allgemeiner Pfändbarkeit grundsätzlich nicht umfasst (§ 400 BGB). Jedoch ist davon auszugehen, dass in Anwendung des § 292 Abs. 1 Satz 3 InsO auf Antrag des Treuhänders das Insolvenzgericht darüber zu entscheiden hat, ob es der Billigkeit entspricht, die bedingt pfändbaren wiederkehrenden Leistungen i. S. d. § 850b ZPO als von der Abtretung umfasst anzusehen. Dabei ist dem Schuldner ggf. unter Berücksichtigung weiterer Einkünfte regelmäßig der sich aus § 850c ZPO ergebende unpfändbare Einkommensteil zu belassen. 152

2. Invaliditätsrenten (§ 850b Abs. 1 Nr. 1 ZPO)

a) Normaussage

Renten, die wegen einer Verletzung des Körpers oder der Gesundheit zu entrichten sind und der Sicherung der Existenzgrundlage des Berechtigten dienen, unterliegen nach § 850b Abs. 1 Nr. 1 ZPO der eingeschränkten Pfändbarkeit. Diese Rentenleistungen fallen demnach dann in die Insolvenzmasse, wenn die Billigkeit ihrer Massezugehörigkeit durch das Insolvenzgericht festgestellt wird. Unter derselben Voraussetzung sind sie von der Abtretung an den Treuhänder in der Wohlverhaltensphase umfasst. 153

Zu den nach § 850b Abs. 1 Nr. 1 ZPO beschränkt pfändbaren Leistungen gehören z. B. Rentenansprüche nach §§ 618 Abs. 3, 253 BGB; § 8 HaftPflG, § 13 StVG, § 38 LuftVG, § 30 AtomG, § 60 BSeuchG, § 62 Abs. 3 HGB sowie auf vertraglicher Grundlage vom Arbeitgeber oder einer privaten Versicherung gewährte Unfall- und Invaliditätsrenten. 154

> BGH, Urt. v. 25.01.1978 – VIII ZR 137/76, WM 1978, 356.

b) Abgrenzung zur Altersrente

Ansprüche aus der gesetzlichen Rentenversicherung kommen insoweit nicht in Betracht. Sie stellen Sozialleistungen dar und sind gem. § 54 SGB I in den Grenzen des § 850c ZPO pfändbar (vgl. Rz. 352). Auch eine Altersrente, die einem vormals abhängig Beschäftigten aus einem privaten Versicherungsvertrag bezahlt wird, fällt nicht unter § 850b Nr. 1 ZPO. Als Arbeitseinkommen i. S. d. § 850 Abs. 3 Buchst. b ZPO sind solche Renten ebenfalls im Rahmen des § 850c ZPO der Pfändung unterworfen (vgl. Rz. 55). 155

c) Schmerzensgeld

156 Für Schmerzensgeld in Rentenform ist § 850b Abs. 1 Nr. 1 ZPO ebenfalls nicht anzuwenden, da dieses nicht der Sicherung der Existenzgrundlage des Schuldners zu dienen bestimmt ist. Schmerzensgeldansprüche i. S. d. § 253 Abs. 2 BGB sind nach Wegfall des § 847 BGB uneingeschränkt pfändbar und damit massezugehörig.

> LG Bochum, Beschl. v. 19.01.2007 – 10 T 68/06, ZInsO 2007, 1156.

d) Kapitalabfindung

157 Wird statt einer Rente eine Kapitalabfindung geleistet, ist diese unbeschränkt pfändbar; bei aufgelaufenen Rentenrückständen handelt es sich jedoch weiterhin um – wenn auch kapitalisierte – Rentenzahlungen, die nach § 850b Abs. 1 Nr. 1 ZPO nur eingeschränkt pfändbar sind.

> Vgl. BGH, Urt. v. 11.11.1959 – IV ZR 88/59, NJW 1960, 572.

e) Berufsunfähigkeitsversicherung

158 Ansprüche aus einer privaten Berufsunfähigkeitsversicherung unterliegen ebenfalls der beschränkten Pfändbarkeit nach § 850b Abs. 1 Nr. 1 ZPO.

> BGH, Urt. v. 03.12.2009 – IX ZR 189/08, ZIP 2010, 292 = ZVI 2010, 102,
> dazu EWiR 2010, 331 *(Fliegner)*.

159 Dies gilt zum einen für den Fall, dass die Berufsunfähigkeit bereits eingetreten ist und Zahlungen an den Schuldner geleistet werden. Zum anderen unterliegen die Ansprüche aus einer Berufsunfähigkeitsversicherung aber auch schon vor Eintritt des Versicherungsfalles dem Pfändungsschutz des § 850b ZPO.

> OLG Jena, Beschl. v. 19.05.2000 – 5 W 129/00, VersR 2000, 1005.

160 Die Berufsunfähigkeitsrente fällt im Übrigen, wenn die dort genannten Voraussetzungen vorliegen, primär unter den Pfändungsschutz des § 851c ZPO.

> BGH, Urt. v. 15.07.2010 – IX ZR 132/09, ZIP 2010, 1656,
> dazu EWiR 2011, 55 *(Lau)*.

161 Bei abhängig beschäftigen Personen kommt auch eine Unpfändbarkeit nach § 850 Abs. 3 Buchst. b ZPO in Betracht.

> BGH, Beschl. v. 15.11.2007 – IX ZB 34/06, ZIP 2008, 338 = ZVI 2008, 14,
> dazu EWiR 2008, 383 *(Walkner)*.

162 Bei einer mit einer Lebensversicherung kombinierten **Berufsunfähigkeitszusatzversicherung** ist davon auszugehen, dass die Ansprüche aus der Berufsunfähigkeitsversicherung gem. § 850b Abs. 1 Nr. 1 ZPO nur beschränkt pfändbar sind.

Die Ansprüche aus der Lebensversicherung sind dagegen uneingeschränkt pfändbar, soweit sie nicht der Versorgung des Versicherungsnehmers oder seiner unterhaltsberechtigten Angehörigen i. S. v. § 850 Abs. 3 Buchst. b ZPO (Rz. 55) oder § 851c ZPO (Rz. 368 f.) dienen und in Form von Rentenleistungen ausbezahlt werden. 163

> Vgl. OLG Saarbrücken, Urt. v. 09.11.1995 – 5 U 69/94, VersR 1995, 1227.

Problematisch ist die mit einer Lebensversicherung kombinierte Berufsunfähigkeitszusatzversicherung im Hinblick darauf, dass die **Kündigung** der Lebensversicherung auch die **Berufsunfähigkeitsversicherung umfasst**. Um der Berufsunfähigkeitsversicherung den gesetzlich normierten Pfändungsschutz zukommen zu lassen, wäre davon auszugehen, dass das Recht zur Kündigung der Lebensversicherung nur dann ausgeübt werden kann, wenn die Voraussetzungen für eine der Billigkeit entsprechende Pfändung vorliegen. 164

Demgegenüber steht nach Ansicht des BGH die Einheitlichkeit des Vertrags, der zusammen mit einer Kapitallebensversicherung den Abschluss einer Berufsunfähigkeits-Zusatzversicherung vorsieht, in der Regel weder der Abtretung von Ansprüchen allein aus der Lebensversicherung noch einer Übertragung des Kündigungsrechts für die Lebensversicherung entgegen. 165

> BGH, Urt. v. 04.12.2009 – V ZR 9/09, NJW-RR 2010, 1235.

In der Insolvenz des Versicherungsnehmers bedeutet dies, dass der Insolvenzverwalter die mit einer Berufsunfähigkeitszusatzversicherung kombinierte Lebensversicherung kündigen kann, um einen eventuellen Rückkaufswert zur Masse zu ziehen. Dies auch dann, wenn die Kündigung der Lebensversicherung das Erlöschen der Berufsunfähigkeitsversicherung zur Folge hat. 166

3. Unterhaltsrenten (§ 850b Abs. 1 Nr. 2 ZPO)

Unterhaltsrenten, die auf gesetzlicher Vorschrift beruhen und von einer privaten Person zu leisten sind, sowie die wegen Entziehung einer solchen Forderung zu entrichtenden Renten können nur unter den Voraussetzungen des § 850b Abs. 2 ZPO gepfändet werden. 167

Derartige wiederkehrende Leistungen gehören demnach dann zur Insolvenzmasse, wenn dies der Billigkeit entspricht. Unter denselben Voraussetzungen sind sie von der Abtretung an den Treuhänder in der Wohlverhaltensphase umfasst. 168

Unter § 850b Abs. 1 Nr. 2 ZPO fallen alle dem Grunde und der Höhe nach auf gesetzlicher Verpflichtung beruhenden laufenden Unterhaltsrenten, gleichgültig ob sie aufgrund vertraglicher Grundlage, gerichtlicher Entscheidung oder aufgrund einstweiliger Verfügung geschuldet werden. Umfasst sind insbesondere die zwischen Verwandten in gerader Linie gem. § 1601 BGB 169 und zwischen den Ehegatten nach §§ 1360 ff. BGB zu leistenden Unterhaltszahlungen, zu denen auch der **Taschengeldanspruch** des in Ehegemeinschaft lebenden Ehegatten gehört.

BGH, Beschl. v. 19.03.2004 – IXa ZB 57/03, ZVI 2004, 338.

170 Der haushaltsführende Ehegatte hat, sofern nicht das Familieneinkommen durch den notwendigen Grundbedarf der Familienmitglieder restlos aufgezehrt wird, gegen den anderen Anspruch auf Zahlung eines Taschengelds, das in der Regel 5–7 % des verfügbaren Nettoeinkommens ausmacht.

OLG Frankfurt/M., Urt. v. 10.09.2008 – 6 UF 1/08, FamRZ 2009, 703.

171 Einmalige Zahlungen, die zur Abgeltung gesetzlicher Unterhaltsverpflichtungen oder zum Ausgleich von Unterhaltsrückständen zu leisten sind, fallen ebenfalls unter die Regelung des § 850b Abs. 1 Nr. 2 ZPO.

OLG Bamberg, Urt. v. 07.03.1996 – 2 UF 202/95, FamRZ 1996, 1487.

172 Unterhaltsleistungen, die nach dem Unterhaltsvorschussgesetz durch die öffentliche Hand erbracht werden, zählen dagegen nicht zu den in § 850b Abs. 1 Nr. 2 ZPO genannten Renten. Ihre Pfändbarkeit bestimmt sich nach § 54 SGB I (vgl. Rz. 352).

4. Einkünfte aus Stiftungen u. Ä. (§ 850b Abs. 1 Nr. 3 ZPO)

173 Fortlaufende Einkünfte, die ein Schuldner aus Stiftungen oder sonst aufgrund der Fürsorge oder Freigiebigkeit eines Dritten oder aufgrund eines Altenteils oder Auszugsvertrags bezieht, unterliegen dem Pfändungsschutz des § 850b Abs. 1 Nr. 3 ZPO.

174 Die fortlaufende Zuwendung kann auch auf einer letztwilligen Verfügung (Vermächtnis) beruhen. Der Pfändungsschutz gilt ebenso für ein Leibgeding bzw. Altenteil (vgl. § 49 GBO), wobei es nicht darauf ankommt, ob es sich hierbei um ein dingliches oder nur schuldrechtlich vereinbartes Recht handelt.

BGH, Urt. v. 04.12.2009 – V ZR 9/09, NJW-RR 2010, 1235;
BGH, Urt. v. 31.10.1969 – V ZR 138/66, WM 1969, 1492.

175 Zum Begriff des Altenteils i. S. d. § 850b Abs. 1 Nr. 3 hat der BGH Folgendes ausgeführt:

> Der Begriff des Altenteils ist gesetzlich nicht definiert. Es handelt sich um einen historisch gewachsenen Rechtsbegriff, der in verschiedenen Bestimmungen als gegeben und bekannt vorausgesetzt wird (vgl. Art. 96 EGBGB, § 49 GBO, § 850b Abs. 1 Nr. 3 ZPO). Nach der vor allem zu Art. 96 EGBGB ergangenen Rechtsprechung hat ein Altenteilsvertrag in der Regel die Gewährung von Unterhalt zum Inhalt, wobei dem Altenteiler ein Wohnrecht an einem bestimmten Teil eines überlassenen Grundstücks gewährt wird. Dem Übernehmer soll ein Gut oder ein Grundstück überlassen werden, kraft dessen Nutzung er sich eine eigene Lebensgrundlage schaffen und gleichzeitig den dem Altenteiler geschuldeten Unterhalt gewinnen kann. Der wesentliche

Grundzug eines Altenteils besteht somit in einem Nachrücken der folgenden Generation in eine wenigstens teilweise Existenz begründende Wirtschaftseinheit. Erforderlich ist, dass ein Beteiligter einem anderen nach Art einer vorweggenommenen Erbfolge seine wirtschaftliche Lebensgrundlage überträgt, um dafür in die persönliche Gebundenheit eines abhängigen Versorgungsverhältnisses einzutreten, während der Übernehmer eine wirtschaftlich selbstständige Stellung erlangt (BGH, Urteile vom 25. Oktober 2002 – V ZR 293/01, NJW 2003, 1325; vom 28. Januar 2000 – V ZR 252/98, WM 2000, 586 und vom 28. Oktober 1988 – V ZR 60/87, NJW-RR 1989, 451). Auch städtische Grundstücke können mit einem Altenteil belastet werden; dann kann sich der Unterhalt auf einen Teil des gesamten notwendigen Unterhalts des Altenteilers, etwa auf die Gewährung der Wohnung, beschränken (BGH, Urteil vom 19. Juni 1964 – V ZR 4/63, MDR 1964, 741). Dieser Versorgungszweck des Vertrags lässt das sonst übliche Gleichgewichtsverhältnis von Leistung und Gegenleistung in den Hintergrund treten (vgl. BayObLG, MDR 1975, 941). Tritt dagegen bei einer Versorgungsvereinbarung der Charakter eines gegenseitigen Vertrags mit beiderseitigen, etwa gleichwertig gedachten Leistungen in den Vordergrund, handelt es sich nicht um einen Altenteilsvertrag (BGH, Urteile vom 3. April 1981 – V ZR 55/80, NJW 1981, 2568; vom 31. Oktober 1969 – V ZR 138/66, BGHZ 53, 41 und vom 19. Juni 1964 – V ZR 4/63, MDR 1964, 741). Das gilt auch dann, wenn ein Teil der Gegenleistung für die Grundstücksübereignung Züge aufweist, die auch einem Altenteil eigen sind (BGH, Urteil vom 3. April 1981 – V ZR 55/80, a.a.O.). Eine Grundstücksübertragung wird noch nicht allein durch eine Wohnrechtsgewährung mit Pflege- und Versorgungsverpflichtungen zum Altenteilsvertrag (BGH, Urteil vom 28. Oktober 1988 – V ZR 60/87, NJW-RR 1989, 451).

Vgl. BGH, Beschl. v. 04.07.2007 – VII ZB 86/06, ZVI 2007, 553.

Nicht unter die Regelung des § 850b Abs. 1 Nr. 3 ZPO fallen die bei einem Verkauf auf Rentenbasis vereinbarten Geldrenten. **176**

OLG Hamm, Beschl. v. 12.08.1969 – 14 W 39/69, Rpfleger 1969, 396.

5. Unterstützungsleistungen (§ 850b Abs. 1 Nr. 4 Halbs. 1 ZPO)

a) Normaussage

Bezüge aus Witwen-, Waisen-, Hilfs- und Krankenkassen, die ausschließlich oder zu einem wesentlichen Teil zu Unterstützungszwecken gewährt werden, sind nach § 850b Abs. 1 Nr. 4 ZPO nur eingeschränkt pfändbar und gehören demnach dann zur Insolvenzmasse des bezugsberechtigten Insolvenzschuldners, wenn dies der Billigkeit entspricht. **177**

Geschützt sind Bezüge, die aufgrund von Versicherungsverträgen geleistet werden, die ein in abhängigem Arbeitsverhältnis tätiger Versicherungsnehmer abgeschlossen hat, um sich, seine Ehefrau oder seine Kinder für den Fall zu versorgen, dass keine anderen Mittel zur Verfügung stehen. Dass bei Eintritt des Versicherungsfalles tatsächlich keine anderen Mittel zur Verfügung stehen, ist aber nicht Voraussetzung für die Anwendbarkeit des § 850b Abs. 1 Nr. 4 ZPO. **178**

Stein/Jonas/*Brehm*, ZPO, § 850b Rz. 18.

179 Bezüge aus einem Versicherungsverhältnis, das ein selbstständig tätiger Versicherungsnehmer eingegangen ist, werden nicht geschützt.

> OLG Frankfurt/M., Beschl. v. 22.02.1995 – 23 U 158/94, VersR 1996, 614.

b) Abgrenzung zu Sozialleistungen

180 Unter § 850b Abs. 1 Nr. 4 ZPO fallen nur Ansprüche, die keine Sozialleistungen darstellen. So sind z. B. die Leistungen der gesetzlichen Krankenversicherung oder die **gesetzliche Witwenrente** hier nicht angesprochen, da sich deren Pfändbarkeit ausschließlich über § 54 SGB I regelt (vgl. Rz. 352).

c) Einmalige Leistungen

181 Für die Anwendung des § 850b Abs. 1 Nr. 1 ZPO spielt es keine Rolle, ob es sich um einmalige oder fortlaufende Leistungen handelt. Auch der einmalige Aufwendungsersatz privater Krankenkassen fällt demnach unter § 850b Abs. 1 Nr. 4 ZPO. Nach Überweisung auf ein Konto des Anspruchsinhabers ist der gutgeschriebene Erstattungsbetrag jedoch uneingeschränkt pfändbar und damit auch massezugehörig.

> BGH, Urt. v. 30.05.1988 – II ZR 373/87, ZIP 1988, 897, dazu EWiR 1989, 297 *(Grunsky)*.

182 Zu den bedingt pfändbaren Bezügen aus einer Krankenkasse i. S. d. § 850b Abs. 1 Nr. 4 ZPO gehören auch einmalige Ansprüche des Schuldners gegen einen privaten Krankenversicherungsträger, die auf Erstattung von Kosten für erbrachte ärztliche Behandlungsmaßnahmen im Krankheitsfall gerichtet sind.

> BGH, Beschl. v. 04.07.2007 – VII ZB 68/06, ZVI 2007, 521.

183 Derartige Ansprüche gehören demnach unter der Voraussetzung des § 850b Abs. 2 ZPO zur Insolvenzmasse.

d) Unterstützungszwecke

184 Maßgebend für die Anwendbarkeit des § 850b Abs. 1 Nr. 4 ZPO ist, dass die Leistungen Unterstützungszwecken dienen, ohne dass es darauf ankommt, ob sie tatsächlich benötigt werden (z. B. ob die von der Krankenkasse erstatteten Arztkosten noch offen sind). Umgekehrt ist z. B. ein Anspruch auf Krankenhaustagegeld dann uneingeschränkt pfändbar, wenn dieses Tagegeld nicht dazu gedacht ist, die Deckungslücke zwischen den entstehenden Kosten und einem bestehenden Versicherungsschutz zu schließen, sondern die erlittene Einbuße an Lebensfreude ausgleichen soll.

185 Ist ein Krankenhaustagegeld dagegen dazu bestimmt, einen **krankheitsbedingten Verdienstausfall** abzusichern, sind neben der beschränkten Pfändbarkeit des Anspruchs gem. § 850b Abs. 2 ZPO auch die Pfändungsfreigren-

zen des § 850c ZPO zu beachten. Ein über diese Pfändungsfreigrenzen hinausgehendes Krankenhaustagegeld ist demnach uneingeschränkt pfändbar und ist damit auch zur Insolvenzmasse zu ziehen.

LG Trier, Beschl. v. 28.04.1986 – 5 T 10/86, RuS 1986, 194.

Leistungen aus einer **Zusatzversicherung** für privatärztliche Behandlungen oder für Wahlleistungen unterliegen ebenfalls der eingeschränkten Pfändbarkeit. 186

LG Hannover, Beschl. v. 19.04.1995 – 11 T 36/95, Rpfleger 1995, 511.

Der Anspruch des Versicherten aus der **Pflegeversicherung** auf Leistung von Pflegegeld ist grundsätzlich unpfändbar. Für das gesetzliche Pflegegeld folgt dies aus § 54 Abs. 3 Nr. 3 SGB I. Für das vertragliche Pflegegeld ist dies aus der Zweckbindung zu entnehmen, die gem. § 851 ZPO zur Unpfändbarkeit führt. Bezüge aus einer privaten Unfallversicherung, die im Falle einer Aufhebung oder Minderung der Erwerbsfähigkeit geleistet werden, fallen unter § 850b Abs. 1 Nr. 1 ZPO (vgl. Rz. 153). 187

6. Kleinlebensversicherung auf den Todesfall (§ 850b Abs. 1 Nr. 4 Halbs. 2 ZPO)

a) Anwendungsbereich

Ansprüche aus Lebensversicherungen, die auf den Todesfall des Versicherungsnehmers abgeschlossen sind und bei denen die Versicherungssumme den Betrag von 3.579,00 EUR nicht übersteigt, unterliegen der eingeschränkten Pfändbarkeit nach § 850b Abs. 1 Nr. 4 ZPO. Aus der Sicht der gegebenen Zweckbindung wäre auch an eine Unpfändbarkeit nach § 851 ZPO zu denken. 188

Derartige Lebensversicherungen dienen regelmäßig dazu, die Begräbniskosten und sonstige aus Anlass des Todes des Versicherungsnehmers entstehende Aufwendungen abzudecken. Sie sollen den Erben bzw. den Bezugsberechtigten vor zusätzlichen Ausgaben bewahren. Der Schutz des § 850b ZPO bezieht sich nur auf solche Lebensversicherungen, die ausschließlich auf den Todesfall abgeschlossen sind. Sobald daneben auch der Erlebensfall vereinbart wurde, findet § 850b Abs. 1 Nr. 4 ZPO keine Anwendung. 189

BVerfG, Nichtannahmebeschl. v. 03.05.2004 – 1 BvR 479/04, WM 2004, 1190.

Die in § 850b Abs. 1 Nr. 4 ZPO genannten Todesfall- oder Sterbegeldversicherungen fallen grundsätzlich nicht in die Insolvenzmasse. Dabei ist es unschädlich, wenn Berechtigter einer solchen Versicherung ein Dritter ist, der nicht zwingend ein Angehöriger des Versicherungsnehmers sein muss. 190

BGH, Beschl. v. 19.03.2009 – IX ZA 2/09, ZInsO 2009, 915.

b) „Deckelung" der Versicherungssumme

191 Für den Fall, dass die Versicherungssumme den Betrag von 3.579,00 EUR übersteigt, ist die Regelung des § 850b Abs. 1 Nr. 4 ZPO dahin gehend auszulegen, dass die abgeschlossene Versicherung grundsätzlich bis zur Versicherungssumme von 3.759,00 EUR unpfändbar ist.

BGH, Beschl. v. 12.12.2007 – VII ZB 47/07, ZVI 2008, 49.

192 Dies hat der BGH wie folgt begründet:

Aus der Entstehungsgeschichte der Vorschrift kann gefolgert werden, dass es sich bei der Verwendung des Wortes „wenn" statt eines „soweit" um ein redaktionelles Versehen handelt. § 850b Abs. 1 Nr. 4 ZPO ist durch das Gesetz über Maßnahmen auf dem Gebiete der Zwangsvollstreckung vom 20. August 1953 (BGBl. I, S. 952) eingefügt worden. Der Gesetzesentwurf der Bundesregierung sah vorbehaltlich des Absatzes 2 des § 850b ZPO die Unpfändbarkeit für „Ansprüche aus Sterbegeldversicherungen, soweit sie den Betrag von 1.500,00 DM nicht übersteigen", vor (BT-Drucks. Nr. 3284 vom 5. April 1953, S. 20). Die später beschlossene Fassung des Gesetzes geht auf einen Vorschlag des Ausschusses für Rechtswesen und Verfassungsrecht (BT-Drucks. Nr. 4452, S. 20) zurück. Damit sollte festgelegt werden, dass die Versicherungsansprüche nur dann der Pfändung entzogen seien, wenn die Zweckbestimmung – „Deckung" der beim Tod des Versicherungsnehmers anfallenden Ausgaben, insbesondere der Bestattungskosten – hinreichend gesichert sei. Gemischte Versicherungen sollten auch dann nicht unter diese Vorschrift fallen, wenn der Erlebensfall unwahrscheinlich sei (BT-Drucks. 4452, S. 3). Die geänderte Fassung sollte dementsprechend nur deutlich machen, dass von der Pfändbarkeit ausschließlich auf den Todesfall abgeschlossene Lebensversicherungen ausgenommen sind. Argumente dafür, dass mit der geänderten Formulierung eine sonstige Beschränkung der Schutzvorschrift erstrebt wurde, sind nicht ersichtlich. Gesetzgeberisches Ziel war somit trotz der geänderten Fassung des § 850b Abs. 1 Nr. 4 ZPO, die durch die Lebensversicherung abgesicherten Todesfallkosten in der für erforderlich gehaltenen Höhe von damals 1.500,00 DM grundsätzlich von der Pfändbarkeit auszunehmen. Wenn daher in die endgültige Gesetzesfassung statt des im Entwurf der Bundesregierung vorgesehenen „soweit" ein „wenn" eingeflossen ist, ohne dass sich an der Absicht des Gesetzgebers zur sozialen Absicherung des Schuldners etwas geändert hätte, lässt dies den Schluss zu, dass es sich insoweit um ein redaktionelles Versehen handelt. Dieser Wertung steht nicht entgegen, dass der Gesetzgeber bei den nachfolgenden Änderungen des § 850b Abs. 1 Nr. 4 ZPO, die er wegen der gestiegenen Todesfallkosten für erforderlich gehalten hat, keine entsprechende Korrektur vorgenommen hat.

193 Entsprechendes gilt für den Fall, dass der Schuldner mehrere Kleinlebensversicherungsverträge auf den Todesfall abgeschlossen hat, die in Summe den Betrag von 3.759,00 EUR übersteigen.

LG Bochum, Beschl. v. 28.11.2003 – 5 S 149/03, KKZ 2006, 128.

194 Ein Zusammenrechnungsbeschluss entsprechend § 850e Nr. 2 ZPO ist hierfür wohl dann erforderlich, wenn die Versicherungsverträge bei verschiedenen Gesellschaften abgeschlossen wurden. Dabei hat das Insolvenzgericht den oder die Verträge zu bestimmen, die dem Schuldner zu verbleiben haben (vgl. Rz. 266).

c) Rechte des Insolvenzverwalters/Treuhänders

Der Insolvenzverwalter/Treuhänder kann eine auf den Todesfall abgeschlossene Lebensversicherung hinsichtlich der den Betrag von 3.579,00 EUR übersteigenden Versicherungssumme bei Eintritt des Versicherungsfalles, also mit dem Tod der versicherten Person, geltend machen, wenn der Insolvenzschuldner Erbe des Versicherungsnehmers oder Bezugsberechtigter i. S. d. § 159 VVG ist. Ist der Insolvenzschuldner Versicherungsnehmer, kann der Insolvenzverwalter/Treuhänder bis zum Eintritt des Versicherungsfalles die sonstigen Rechte aus der Lebensversicherung realisieren. Hierzu gehört insbesondere die Geltendmachung des Rückkaufswerts (§ 169 VVG), der auf den 3.579,00 EUR übersteigenden Teil der Versicherung entfällt. Daneben könnte wohl auch von dem Recht Gebrauch gemacht werden, eine widerrufliche Bezugsberechtigung i. S. d. § 159 Abs. 2 VVG zu widerrufen.

Beispiel:

Der Schuldner ist Berechtigter einer Sterbegeldversicherung mit einer Versicherungssumme von 6.000,00 EUR. Im Zeitpunkt der Insolvenzeröffnung beträgt der Rückkaufswert der Versicherung 500,00 EUR. Von diesem Rückkaufswert kann der Insolvenzverwalter/Treuhänder den Betrag einfordern, der rechnerisch auf die Differenz zwischen 6.000,00 EUR und 3.579,00 EUR entfällt (6000,00 zu 3.579,– wie 500,00 zu x).

Soweit die Versicherungssumme den Betrag von 3.579,00 EUR nicht übersteigt, gehören Ansprüche aus dem Versicherungsvertragsverhältnis nicht zur Insolvenzmasse. Voraussetzung ist insoweit nur, dass Versicherungsnehmer und versicherte Person identisch sind. Der Bezugsberechtigte kann auch ein Dritter sein, dem es obliegt, mit der Versicherungssumme die Beerdigungskosten des Versicherungsnehmers zu bezahlen.

BGH, Beschl. v. 19.03.2009 – IX ZA 2/09, FamRZ 2009,972.

VII. Beschränkung der Pfändbarkeit wiederkehrender Einkünfte

1. Grundsatz

Um dem Schuldner die Lebensgrundlage nicht zu entziehen, müssen ihm von seinem Einkommen die Teile verbleiben, die er benötigt, um sich und seine Angehörigen zu unterhalten. Dazu enthält das Gesetz verschiedene Regelungen, die im Ergebnis darauf hinauslaufen, dass von dem Arbeitseinkommen des Schuldners nur Teilbeträge der Pfändung unterliegen und demzufolge nur diese in die Insolvenzmasse fallen. Auch die Abtretung des Arbeitseinkommens an den Treuhänder in der Wohlverhaltensphase bezieht sich nur auf die der Pfändung unterliegenden Teilbeträge.

Allerdings unterscheidet das Gesetz bei der Gewährung von Pfändungsschutz zwischen wiederkehrenden und nicht wiederkehrenden Vergütungen. Für **wiederkehrende Einkünfte** enthält § 850c ZPO eine kraft Gesetzes geltende **Pfändungsbeschränkung**, wohingegen nicht wiederkehrende Vergütungen nur auf Antrag und kraft entsprechender gerichtlicher Entscheidung gem. § 850i ZPO Pfändungsschutz erfahren können (vgl. Rz. 324).

199 Dagegen kommt es für die Anwendung des § 850c ZPO nicht darauf an, dass die wiederkehrenden Leistungen aufgrund eines abhängigen Dienst- oder Arbeitsverhältnisses gewährt werden. Soweit eine selbstständige Tätigkeit stets gegenüber ein und demselben Dienstberechtigten erbracht wird, stehen die hieraus resultierenden Vergütungsansprüche unter dem Pfändungsschutz des § 850c ZPO.

> LG Kaiserslautern, Beschl. v. 24.06.2005 – 1 T 332/04, zitiert nach juris.

200 Dies trifft z. B. für die Erfüllung eines Dauermandats eines selbstständigen Rechtsanwalts zu.

> BGH, Beschl. v. 12.12.2003 – IXa ZB 165/03, ZVI 2004, 243.

201 Ebenso für den Fall, dass wiederkehrende Lizenzgebühren von einem einzigen Drittschuldner an den Insolvenzschuldner zu leisten sind.

> Vgl. BGH, Beschl. v. 12.12.2003 – IXa ZB 165/03, ZVI 2004, 243.

202 Die Unterscheidung zwischen einem Pfändungsschutz nach § 850c ZPO (Pfändung wegen gewöhnlicher Ansprüche) und einem solchen nach § 850d ZPO (privilegierte Pfändung wegen Unterhaltsansprüchen) spielt für die Frage der Massezugehörigkeit von Entgeltansprüchen keine Rolle, da nach § 36 Abs. 1 Satz 1 InsO nur die nach § 850c ZPO pfändbaren Ansprüche in die Masse fallen.

2. Berechnung der pfändbaren Einkommensteile

a) Übersicht

203

Bruttoeinkommen …	_____ EUR
+ Wert evtl. Naturalleistungen …	_____ EUR
Summe Bruttoeinkommen …	_____ EUR
./. Unpfändbare Einkommensteile	
– Überstundenvergütung (zur Hälfte)…	_____ EUR
– Aufwandsentschädigung …	_____ EUR
– Auslösegelder …	_____ EUR
– Zulagen (für auswärtige Beschäftigung, Gefahren-, Schmutz- und Erschwerniszulagen …	_____ EUR
– Treugelder, Jubiläumszuwendungen …	_____ EUR
– Weihnachtsgeld (max. Hälfte des mtl. Einkommens, höchstens 500)	_____ EUR

B. VII. Beschränkung der Pfändbarkeit wiederkehrender Einkünfte

– Urlaubsgeld ...	_____ EUR
– Beihilfen (Heirats-, Geburts- oder Studienbeihilfen) ...	_____ EUR
– Entgelt für selbstgestelltes Arbeitsmaterial ...	_____ EUR
– Sterbe- und Gnadenbezüge ...	_____ EUR
Summe unpfändbarer Einkommensteile ...	_____ EUR
./. Steuern und Sozialabgaben	
– Lohnsteuer ...	_____ EUR
– Solidaritätszuschlag ...	_____ EUR
– Kirchensteuer ...	_____ EUR
– Sozialversicherungsbeiträge ...	_____ EUR
– Beiträge zur privaten Krankenversicherung ...	_____ EUR
Summe Steuern und Sozialabgaben ...	_____ EUR
./. Vermögenswirksam angelegte Einkommensteile ...	_____ EUR
Summe Abzugsbeträge ...	_____ EUR
Maßgebendes Nettoeinkommen ...	_____ EUR
Anzahl der Unterhaltsberechtigten ...	
Pfändungsbetrag lt. Tabelle ...	_____ EUR
+ Differenz zwischen Nettoeinkommen und 3.020,06 EUR ...	_____ EUR
Summe pfändbarer Betrag ...	_____ EUR

b) Anwendung der Pfändungstabelle

Die Berechnung der pfändbaren Teile eines wiederkehrend zahlbaren Entgelts des Schuldners aus einem auf Dauer angelegten Dienst- oder Arbeitsverhältnis hat grundsätzlich der **Drittschuldner**, also der Arbeitgeber oder Dienstberechtigte, vorzunehmen. Bei Lohnersatzleistungen trifft die Verpflichtung die jeweilige Leistungsstelle. Um dem Drittschuldner die Berechnung der pfändbaren Einkommensteile zu erleichtern, enthält die ZPO eine Tabelle zu § 850c (**Pfändungstabelle,** § 850c Abs. 3 ZPO), an die sich der Drittschuldner zu halten hat. Die sich daraus ergebenden pfändbaren Einkommensteile hat der Drittschuldner an den Insolvenzverwalter/Treuhänder abzuführen. 204

Die Höhe der pfändbaren Einkommensteile ist an die Entwicklung des Grundfreibetrags nach § 32a Abs. 1 Nr. 1 EStG geknüpft und wird jeweils zum 1. Juli jeden zweiten Jahres angepasst. Dies geschah zuletzt mit Wirkung zum 01.07.2005 (BGBl I, 493). Zum Termin vom 01.07.2009 ergab sich keine Änderung; die Freibeträge bleiben demnach bis zum 30.06.2011 unverändert (Bekanntmachung vom 15.05.2009 – BGBl I, 1141). 205

Untergliedert ist die Pfändungstabelle zunächst nach den Zeitabschnitten, zu denen der Schuldner Lohnzahlungen erhält (täglich, wöchentlich, monat- 206 lich). Die Pfändungsgrenze für einen Vergütungsanspruch, der nach dem Arbeitsvertrag monatlich fällig wird, bestimmt sich auch dann nach dem monatlichen Nettoeinkommen, wenn der Arbeitnehmer in dem betreffenden Monat nicht die ganze Zeit gearbeitet hat. Entscheidend ist der regelmäßige monatliche Auszahlungszeitraum. Die Pfändungsgrenzen für Arbeitsentgelt, das wöchentlich oder täglich geschuldet wird, sind nicht maßgeblich.

BAG, Urt. v. 24.03.2009 – 9 AZR 733/07, ZInsO 2009, 1412.

207 Innerhalb der jeweiligen Zeitabschnitte enthält die Tabelle insgesamt sechs Spalten bzw. Stufen, die die Anzahl der Personen beinhalten, denen der Schuldner zum Unterhalt verpflichtet ist. Ab der fünften unterhaltsberechtigen Person gibt es keine weitere Untergliederung, so dass der pfändbare Betrag durch mehr als fünf Unterhaltsberechtigte nicht weiter gemindert wird. Es besteht für einen Schuldner, der mehr als fünf Personen Unterhalt zu gewähren hat, jedoch die Möglichkeit, einen Antrag beim Insolvenzgericht zu stellen, der auf die Freistellung weiterer Einkommensteile gerichtet ist (§ 36 Abs. 1 und Abs. 4 InsO i. V. m. § 850f Abs. 1 ZPO, vgl. Rz. 281).

208 Bei der Bestimmung des nach § 850c ZPO pfändbaren Einkommens ist von dem bereinigten Nettoeinkommen auszugehen (vgl. Rz. 211 ff.). Übersteigt das Nettoeinkommen des Schuldners den Betrag von 3.020,06 EUR monatlich, so ist der diesen Betrag übersteigende Teil des Nettoeinkommens voll pfändbar. Auf die Anzahl der Unterhaltsberechtigten kommt es dabei nicht an (§ 850c Abs. 2 Satz 2 ZPO).

Beispiel:

Der Schuldner ist drei Personen zum Unterhalt verpflichtet. Sein Nettolohn beträgt 3.200,00 EUR monatlich. Nach der Pfändungstabelle sind zunächst 375,29 EUR pfändbar. Hinzu kommt der Differenzbetrag zwischen 3.200,00 EUR und 3.020,60 EUR, also 179,40 EUR. Insgesamt gehören damit 554,69 EUR zur Insolvenzmasse.

209 Nicht anwendbar ist insoweit die Regelung des § 850f Abs. 3 ZPO, da § 36 Abs. 1 Satz 2 InsO hierauf nicht verweist. Beträgt das monatliche Nettoeinkommen des Schuldners demnach mehr als 2.985,00 EUR, so ergibt sich keine Möglichkeit einer gerichtlichen Anordnung im Hinblick auf die Zuweisung der überschießenden Beträge zur Insolvenzmasse. Auch ist der Treuhänder in der Wohlverhaltensphase nicht befugt, eine entsprechende gerichtliche Entscheidung zu beantragen. Die sich ergebenden praktischen Folgen halten sich jedoch in Grenzen. Letztlich geht es nur um den Differenzbetrag zwischen 3.020,60 EUR und 2.985,00 EUR, also um 35,60 EUR, die zusätzlich zur Insolvenzmasse gezogen werden könnten, wenn in § 36 Abs. 1 Satz 2 InsO eine entsprechende Verweisung enthalten wäre.

210 Damit eröffnet sich jedoch die Möglichkeit, diesen Betrag durch einen Neugläubiger pfänden zu lassen. Das Pfändungsverbot des § 89 Abs. 1 InsO steht einer solchen Pfändung ebenso wenig entgegen wie die Regelung des

B. VII. Beschränkung der Pfändbarkeit wiederkehrender Einkünfte

§ 89 Abs. 2 Satz 1 InsO, die die Zwangsvollstreckung in Bezüge aus Dienst- oder Arbeitsverhältnis für Neugläubiger nur insoweit verbietet, als der Schuldner in die Lage versetzt werden soll, seine pfändbaren Einkommensteile nach Beendigung des Insolvenzverfahrens zur Erlangung der Restschuldbefreiung an einen Treuhänder abzutreten.

BGH, Beschl. v. 15.11.2007 – IX ZB 4/06, ZInsO 2008, 39.

c) Bestimmung des maßgebenden Nettoeinkommens

aa) Zu berücksichtigende Abzüge

Zur Anwendung der Tabelle hat der Drittschuldner das maßgebende Nettoeinkommen im Sinne der Pfändungstabelle zu ermitteln, um dann den hieraus pfändbaren Betrag der Tabelle zu entnehmen (§ 850e Nr. 1 ZPO). Dazu sind vom Bruttoeinkommen zunächst die **unpfändbaren Einkommensteile** abzuziehen (vgl. Rz. 94 ff.). 211

Gemäß § 850e Nr. 1 ZPO sind daneben solche Beträge in Abzug zu bringen, die unmittelbar aufgrund **steuerlicher oder sozialrechtlicher Vorschriften** zur Erfüllung gesetzlicher Verpflichtungen des Schuldners abzuführen sind. Nicht abzuziehen sind dabei Steueranteile, die nicht vom Arbeitgeber einzubehalten sind bzw. unmittelbar abgeführt werden, wozu u. a. Einkommensteuervorauszahlungen bzw. -nachzahlungen gehören. 212

Ebenso können Steuern, die vom Schuldner an einen **ausländischen Fiskus** abzuführen sind, nicht abgezogen werden. 213

BAG, Urt. v. 15.10.1985 – 3 AZR 502/83, NJW 1986, 2208.

Derartige Belastungen können im Einzelfall jedoch im Rahmen des § 850f Abs. 1 ZPO zu einer Erhöhung des unpfändbaren Betrags führen (vgl. Rz. 297). 214

Zu den Abzügen aufgrund sozialrechtlicher Vorschriften gehören u. a. die Arbeitnehmeranteile an der gesetzlichen Renten-, Kranken-, Pflege- und Arbeitslosenversicherung. Gleichgestellt sind diesen Abgaben gem. § 850e Nr. 1 Satz 2 ZPO die Beiträge, die der Schuldner nach den Vorschriften der Sozialversicherung zur Weiterversicherung entrichtet oder an eine Ersatzkasse oder eine **private Krankenversicherung** leistet, soweit sie den Rahmen des Üblichen nicht übersteigen. Zur Bestimmung der insoweit „üblichen" Beträge können die Versicherungsbeitragssätze zur gesetzlichen Krankenversicherung herangezogen werden. 215

LG Berlin, Beschl. v. 30.03.1994 – 81 T 483/93, Rpfleger 1994, 426.

In Abzug zu bringen sind in diesem Rahmen auch die Arbeitnehmerbeiträge zur Pflichtversicherung bei der Versorgungsanstalt des Bundes und der Länder. 216

BGH, Beschl. v. 15.10.2009 – VII ZB 1/09, NJW-RR 2010, 785.

217 Die durch den Insolvenzschuldner aufgrund einer nach Insolvenzeröffnung ausgeübten nichtselbständigen Tätigkeit begründeten Einkommensteuerverbindlichkeiten sind nicht gegenüber dem Insolvenzverwalter/Treuhänder festzusetzen, da es sich nicht um Masseverbindlichkeiten handelt.

> FG Schleswig-Holstein, Urt. v. 24.02.2010 – 2 K 90/08, ZInsO 2010, 819.

bb) Wahl der Steuerklasse

218 Zu den Abzügen aufgrund steuerlicher Vorschriften gehört insbesondere die vom Arbeitgeber einzubehaltende und an das Finanzamt abzuführende Lohnsteuer. Nachdem insoweit die anzuwendende Steuerklasse für die Höhe der Abzüge von Bedeutung ist, kann insbesondere der verheiratete Schuldner durch die **Wahl der Steuerklasse** maßgeblichen Einfluss auf die Höhe der Abzüge nehmen.

219 Wählt der Schuldner die Steuerklasse V mit der Folge, dass das Einkommen seines Ehegatten nach Steuerklasse III zu versteuern ist, und erfolgte diese Wahl in der Absicht, die Gläubiger zu benachteiligen, so ist in entsprechender Anwendung des § 850h ZPO der Arbeitgeber gehalten, bei der Berechnung des pfändbaren Teils des Arbeitsentgelts das sich unter Berücksichtigung der günstigeren Steuerklasse, also der Steuerklasse IV, ergebende Nettoeinkommen zugrunde zu legen.

> BGH, Beschl. v. 04.10.2005 – VII ZB 26/05, ZVI 2005, 587.

220 Für die Beurteilung der Gläubigerbenachteiligungsabsicht des Schuldners sind alle maßgeblichen Umstände des Einzelfalls zu berücksichtigen, also insbesondere die Höhe der Einkommen beider Ehegatten, Kenntnis des Schuldners von der Höhe seiner Verschuldung und einer drohenden Zwangsvollstreckung bzw. Insolvenz. In diesem Fall bezieht sich die in entsprechender Anwendung des § 850h ZPO vom Insolvenzgericht auf Antrag des Insolvenzverwalters/Treuhänders zu treffende Anordnung bereits auf das bei Insolvenzeröffnung laufende Jahr. Fehlt es an einem Nachweis der Gläubigerbenachteiligungsabsicht, so ist bezüglich des laufenden Kalenderjahrs die vor der Insolvenzeröffnung getroffene Wahl der Steuerklasse hinzunehmen.

221 Die Anordnung kann dann nur für die der Insolvenzeröffnung folgenden Jahre getroffen werden, wobei es genügt, wenn für die vom Schuldner getroffene Wahl der Steuerklasse kein objektiv sachlich rechtfertigender Grund gegeben ist. Insoweit ist jedoch eine Anordnung des Insolvenzgerichts wohl nicht erforderlich. Vielmehr ist der Insolvenzverwalter/Treuhänder als befugt anzusehen, das ansonsten dem Schuldner zustehende Wahlrecht gegenüber den Finanzbehörden auszuüben.

> Vgl. BGH, Urt. v. 24.05.2007 – IX ZR 8/06, ZIP 2007, 1917 zu Wahlrecht des Insolvenzverwalters hinsichtlich der Getrennt- oder Zusammenveranlagung von Eheleuten.

Liegt jedoch ein sachlicher Grund für die Wahl der Steuerklasse vor, so kommt eine Korrektur über § 850h ZPO nicht in Betracht. Ergibt sich für den Ehegatten des Schuldners ein deutlich höheres Einkommen als bei diesem, so liegt ein sachlich rechtfertigender Grund dafür vor, dass das Einkommen des Schuldners in der Steuerklasse V versteuert wird. Eine entsprechende Wahl kann der Schuldner auch nach Insolvenzeröffnung treffen. 222

LG Dortmund, Beschl. v. 23.03.2010 – 9 T 106/10, NZI 2010, 581.

d) Lohnvorschüsse und Abschlagszahlungen

Maßgeblich für die Berechnung des pfändbaren, massezugehörigen Einkommens sind grundsätzlich die Bezüge, die der Schuldner nach Insolvenzeröffnung beanspruchen kann. 223

Lohnvorschüsse und Abschlagszahlungen, die der Schuldner **vor Insolvenzeröffnung** für Zeiträume erhalten hat, die nach der Insolvenzeröffnung liegen, sind bei der Berechnung des pfändbaren Teils des Arbeitseinkommens zu berücksichtigen. 224

Vgl. BAG, Urt. v. 11.02.1987 – 4 AZR 144/86, WM 1987, 769.

Hat demnach der Schuldner z. B. am 01.05. einen Lohnvorschuss auf die am 01.06. fällige Lohnzahlung erhalten und erfolgt am 31.05. die Eröffnung des Insolvenzverfahrens, so ist der erhaltene Vorschuss bei der Berechnung des pfändbaren Arbeitseinkommens einzubeziehen. Dem Schuldner ist nur noch das um den gezahlten Vorschuss und den abzuführenden Pfändungsbetrag verminderte Einkommen auszubezahlen, wobei dem Schuldner aber so viel verbleiben sollte, wie er für den notwendigen Unterhalt i. S. d. § 850d ZPO benötigt. 225

Für **Abschlagszahlungen** gelten grundsätzlich dieselben Grundsätze wie für Lohnvorschüsse. Während Lohnvorschüsse auf demnächst fällige Lohnansprüche gezahlt werden, sind Abschlagszahlungen Zahlungen auf bereits fällige Ansprüche, deren Abrechnung hinausgeschoben wird. Lohnvorschüssen und Abschlagszahlungen ist gemein, dass mit ihnen der Lohnanspruch des Arbeitnehmers noch nicht vollständig erfüllt ist, weil er noch nicht abgerechnet ist. 226

Beispiel:

Der Schuldner hat ein monatliches Nettoeinkommen von 1.900,00 EUR, das jeweils am 15. eines Monats für den vorausgegangenen Monat gezahlt wird. Am 10.02. erfolgt die Insolvenzeröffnung. Am 20.01. hat der Schuldner einen Gehaltsvorschuss i. H. v. 1.000,00 EUR auf das am 15.02. fällige Einkommen erhalten. Der Berechnung des pfändbaren Teils des Einkommens, der an den Insolvenzverwalter/Treuhänder am 15.02. abgeführt werden muss, ist ein Nettoeinkommen von 1.900,00 EUR zugrunde zu legen. Die Tatsache, dass dem Schuldner mithin nur 900,00 EUR abzüglich des ermittelten Pfändungsbetrags ausgezahlt werden, ist dabei unbeachtlich.

227 Vorschussleistungen und Abschlagszahlungen, die **nach Insolvenzeröffnung** vom Drittschuldner geleistet werden, reduzieren den zum Abrechnungstag sich ergebenden pfändbaren Betrag nicht. Der Insolvenzverwalter/Treuhänder hat demnach einen Anspruch auf Auszahlung des Betrags, der sich als pfändbarer Teil des Einkommens ergibt, das der Schuldner ohne Berücksichtigung geleisteter Vorschüsse oder Abschlagszahlungen beanspruchen könnte.

228 Abzugrenzen sind Lohnvorschüsse und Abschlagszahlungen von **Darlehen**, die der Arbeitgeber dem Arbeitnehmer vor der Insolvenzeröffnung gewährt hat und die durch Verrechnung mit dem künftigen Lohnanspruch getilgt werden sollen. Eine derartige Verrechnungsvereinbarung ist im Zeitrahmen des § 114 Abs. 1 InsO gegenüber der Insolvenzmasse gem. § 114 Abs. 2 InsO insoweit wirksam, als die jeweilige Tilgungsrate aus dem pfändbaren Teil des Einkommens vorweg zu entnehmen ist und der Insolvenzmasse mithin nur der verbleibende Rest gebührt (vgl. Rz. 633).

Beispiel:

Am 04.05. gewährt der Drittschuldner D dem Schuldner S ein Darlehen in Höhe von 3.000,00 EUR. Es wird vereinbart, dass das Darlehen durch monatliche Lohneinbehalte in Höhe von 150,00 EUR getilgt werden soll. Der pfändbare Teil des Einkommens des S beträgt ca. 200,00 EUR. Am 06.07. wird das Insolvenzverfahren über das Vermögen des S eröffnet. Ab dem nächsten Lohnzahlungstermin sind an den Insolvenzverwalter 50,00 EUR auszuzahlen. Erst nach Ablauf von zwei Jahren oder bei früherer Tilgung des Darlehens erhält der Insolvenzverwalter den gesamten pfändbaren Lohnanteil.

e) Nachzahlungen

229 Erhält der Schuldner Nachzahlungen für bereits abgerechnete Zeiträume, so sind diese Nachzahlungen dem Abrechnungszeitraum zuzuordnen, für den sie geleistet werden. Ggf. begründet eine dem Schuldner anzuweisende Nachzahlung demnach auch eine Nachzahlungsverpflichtung gegenüber der Insolvenzmasse.

230 Erfolgt eine Nachzahlung jedoch nach Insolvenzeröffnung für einen Zeitraum, der davor lag, so ist dem Schuldner von dieser Nachzahlung nur der Betrag zu belassen, der sich unter Berücksichtigung der Nachzahlung als unpfändbares Einkommen ergibt und dem Schuldner noch nicht ausgezahlt wurde.

Beispiel:

Der Schuldner hat ein monatliches Nettoeinkommen von 1.900,00 EUR, das jeweils am 15. eines Monats für den vorausgegangenen Monat gezahlt wird. Am 10.02. erfolgt die Insolvenzeröffnung. Aufgrund einer Lohnerhöhung von monatlich 100,00 EUR, die zum 15.01. wirksam wird, erhält der Schuldner mit dem Februargehalt eine Nachzahlung in Höhe von 100,00 EUR für den Monat Januar. Zunächst ist der Berechnung der pfändbaren Einkommensteile, die am 15.02. an den Insolvenzverwalter/Treuhänder auszubezahlen sind, ein Einkommen von 2.000,00 EUR zugrunde zu legen. Darüber hinaus erhält die Insolvenzmasse von der Nachzahlung auf das Januargehalt den Betrag, um den diese Nachzahlung zusammen mit dem bereits ausbezahlten Januargehalt den Betrag übersteigt, der bei einem Einkommen von 2.000,00 EUR unpfändbar ist. Hätte der Schuldner z. B. drei Unterhaltsberechtigte und wären mithin bei einem Nettoeinkommen von 2.000,00 EUR 1.930,71 EUR unpfändbar, so erhält der Insolvenzverwalter/Treuhänder von der auf den Januar entfallenden Nachzahlung 69,29 EUR, da der Schuldner im Januar mit 1.900,00 EUR nur 30,71 EUR weniger bekommen hat, als ihm bei einem Nettoeinkommen von 2.000,00 EUR pfandfrei zu belassen ist. Hätte der Schuldner nur zwei Unterhaltsberechtigte und wären somit von 2.000,00 EUR nur 1.824,99 EUR pfandfrei, dann würde der Insolvenzverwalter/Treuhänder die auf den Januar entfallende Nachzahlung in voller Höhe von 100,00 EUR bekommen, da der Schuldner mit dem Januargehalt bereits 1.900,00 EUR bekommen hat und damit über dem pfandfreien Betrag von 1.824,99 EUR liegt.

f) Naturalleistungen und Sachbezüge (§ 850e Nr. 3 ZPO)

Erhält der Schuldner von **demselben Arbeitgeber** neben seinem in Geld zahlbaren Einkommen auch wiederkehrende Naturalleistungen, so sind Geld- und Naturalleistungen zur Bestimmung des nach § 850c ZPO pfändbaren Einkommensteils gem. § 850e Nr. 3 ZPO vom Drittschuldner zusammenzurechnen, ohne dass es eines ausdrücklichen Beschlusses des Insolvenzgerichts bedarf. 231

Der in Geld zahlbare Betrag der Einkünfte ist in diesem Fall insoweit pfändbar, als die unpfändbaren Einkommensteile durch den Wert der Naturalleistungen gedeckt sind. 232

Beispiel:

Der verheiratete Schuldner bezieht ein Nettoeinkommen von 1.800,00 EUR monatlich; daneben bewohnt er eine Dienstwohnung, die mit 600,00 EUR monatlich bewertet werden kann. Bei Zusammenrechnung von Sach- und Geldleistungen ergibt sich bei einem Einkommen von 2.400,00 EUR und einer Unterhaltsverpflichtung ein pfändbarer Betrag von 522,05 EUR. Unpfändbar sind mithin 1.877,95 EUR. Dieser Betrag ist nach § 850e Nr. 3 Satz 2 ZPO zunächst auf die Naturalleistung anzurechnen. Demnach sind von dem in Geld zu zahlenden Teil nur 1.277,95 EUR unpfändbar (1.800,00 ./. [2.400,00 ./. 1.877,95]). Für die Insolvenzmasse bleiben demnach 522,05 EUR pfändbares Geldeinkommen.

Der Geldwert von Sachbezügen bestimmt sich nach der Sozialversicherungsentgeltverordnung v. 21.12.2006 (BGBl I, 3385), mit der die Sachbezugsver- 233 ordnung abgelöst wurde. Danach ist z. B. im Jahr 2011 der Wert einer zur Verfügung gestellten Verpflegung, bestehend aus Frühstück, Mittag- und Abendessen mit monatlich 217,00 EUR anzusetzen.

234 Der monatliche geldwerte Vorteil der Möglichkeit der Privatnutzung eines Dienstwagens kann bei der Berechnung des pfändbaren Einkommens entsprechend den lohnsteuerrechtlichen Verwaltungsvorschriften mit 1 % auf volle 100 des aufgerundeten Verkaufslistenpreises des Dienstwagens geschätzt werden.

LAG Niedersachsen, Urt. v. 19.12.2006 – 12 Sa 1208/05, LAGE 850e ZPO 2002 Nr. 1;
AG Zossen, Beschl. v. 05.08.2009 – 31 M 2192/07, JurBüro 2009, 660;
Hess. LAG, Urt. v. 15.10.2008 – 6 Sa 1025/07, ZVI 2009, 408.

g) Berücksichtigung von Unterhaltsverpflichtungen

aa) Ermittlung der Unterhaltspflichten

235 Die Höhe des nach § 850c ZPO pfändbaren Einkommensteils hängt maßgeblich von der Anzahl der Unterhaltsverpflichtungen des Schuldners ab. Dabei sind jedoch nur solche Unterhaltspflichten beachtlich, die – wie z. B. zwischen Verwandten – in gerader Linie kraft Gesetzes bestehen. Vertragliche oder aus moralischen Gründen übernommene Verpflichtungen bleiben unberücksichtigt.

LG Osnabrück, Beschl. v. 04.09.1998 – 7 T 86/09, JurBüro 1999, 45.

236 Die Ermittlung der Anzahl der unterhaltsberechtigten Personen obliegt grundsätzlich dem Drittschuldner, der sich u. a. auf die Angaben des Schuldners stützen kann.

BAG, Urt. v. 26.11.1986 – 4 AZR 786/85, NJW 1987, 1573.

237 Daneben sollte sich der Drittschuldner aber im Einzelfall durch die Vorlage einer Geburts- oder Heiratsurkunde von der tatsächlichen Anzahl der Unterhaltsberechtigten weitgehende Überzeugung verschaffen. Bestehen Zweifel hinsichtlich der Anzahl der zu berücksichtigenden Unterhaltspflichten, hat das Insolvenzgericht auf Antrag eines Beteiligten in Anwendung des § 850g ZPO zu entscheiden.

BGH, Urt. v. 21.02.2008 – IX ZR 202/06, ZVI 2008, 262.

238 Schon um späteren Regressansprüchen des Insolvenzschuldners zu entgehen, sollte von diesem eine schriftliche Erklärung über die Anzahl seiner Unterhaltsverpflichtungen verlangt werden.

239 Der vom Schuldner getrennt lebende Ehegatte/Lebenspartner ist als Unterhaltsberechtigter ebenso zu berücksichtigen wie volljährige Kinder, soweit der Schuldner tatsächlich Unterhalt leistet.

LG Göttingen, Beschl. v. 08.01.1999 – 5 T 261/98, JurBüro 1999, 271.

B. VII. Beschränkung der Pfändbarkeit wiederkehrender Einkünfte

Ob der tatsächlich geleistete Unterhalt in Geld oder in Naturalien geleistet wird, ist ebenso unbeachtlich wie die Höhe des geleisteten Unterhalts, der mithin auch unter dem jeweiligen Freibetrag liegen kann, der sich aus der Tabelle zu § 850c ZPO ergibt (vgl. Rz. 204). 240

> BGH, Beschl. v. 28.03.2007 – VII ZB 94/06, WM 2007, 1420;
> BGH Beschl. v. 23.09.2010 – VII ZB 23/09, WM 2010, 2231.

Beispiel:

Der ledige Schuldner verdient monatlich netto 1.500,00 EUR. Für seine Tochter, die sich in einer Pflegefamilie befindet, leistet er einen monatlichen Pflegezuschuss i.H.v. 26,00 EUR. Ungeachtet der geringen Unterhaltsleistung, ist die Tochter des Schuldners ist bei der Berechnung des pfändbaren Einkommens in vollem Umfang zu berücksichtigen.

Ohne Bedeutung ist daneben, ob der Schuldner freiwillig oder zwangsweise seinen Unterhaltspflichten nachkommt. 241

> OLG Düsseldorf, Urt. v. 12.03.1981 – 12 U 116/80, DAVorm 1981, 483.

Auch die Tatsache, dass eine unterhaltsberechtigte Person über **eigenes Einkommen** verfügt, führt grundsätzlich zu keiner Reduzierung der Freibeträge. Im Rahmen einer entsprechenden Beschlussfassung gem. § 850c Abs. 4 ZPO kann jedoch durch das Insolvenzgericht angeordnet werden, dass ein Unterhaltsberechtigter bei der Bestimmung der unpfändbaren Einkommensteile unberücksichtigt bleibt (vgl. Rz. 248). 242

bb) Tatsächliche Erfüllung der Unterhaltspflichten

Ob der Schuldner seinen Unterhaltsverpflichtungen tatsächlich nachkommt, hat der Drittschuldner nicht nachzuprüfen. Ist dem Drittschuldner jedoch zweifelsfrei bekannt, dass der Schuldner gegebene Unterhaltspflichten nicht erfüllt, so darf der Drittschuldner die betroffenen Unterhaltsberechtigten bei der Bestimmung des pfändbaren Einkommens nicht berücksichtigen. 243

> LG Dresden, Beschl. v. 09.05.2007 – 2 T 373/07, JurBüro 2007, 442.

Auf Antrag des Insolvenzverwalters/Treuhänders oder des Schuldners erlässt das Insolvenzgericht einen klarstellenden Beschluss, mittels dessen die Nichtberücksichtigung eines Unterhaltsberechtigten aufgrund der Tatsache festgestellt wird, dass der Schuldner tatsächlich keinen Unterhalt leistet. 244

> Vgl. LG Chemnitz, Beschl. v. 03.05.2004 – 3 T 1678/04, JurBüro 2004, 447.

In diesem Rahmen ist das Insolvenzgericht gestützt auf § 97 InsO berechtigt, vom Schuldner einen Nachweis über geleistete Unterhaltszahlungen einzufordern. 245

Beispiel:

Der Schuldner lebt von seinem Ehegatten getrennt. Der aktuelle Aufenthaltsort seines Ehegatten ist dem Schuldner nicht bekannt. Er kann auch keinen Nachweis für eine Unterhaltsleistung vorlegen. Somit hat das Insolvenzgericht festzustellen, dass der Ehegatte bei der Berechnung des pfändbaren Einkommens unberücksichtigt bleibt.

246 Um bei der Berechnung des pfändbaren Einkommens Berücksichtigung zu finden, muss die Unterhaltsverpflichtung nicht freiwillig erfüllt werden. Auch die aufgrund von Zwangsvollstreckungsmaßnahmen gegen den Schuldner fließende Leistung ist eine Leistung des Schuldners und damit als Unterhaltsgewährung anzusehen.

Beispiel:

Der Schuldner S hat seinem getrennt lebenden Ehegatten unstreitig keinen Unterhalt geleistet. Der Drittschuldner D hat deshalb den pfändbaren Betrag des Einkommens des S an den Treuhänder abgeführt, der sich aus der Tabelle zu § 850c ZPO unter Außerachtlassung des Ehegatten des S ergibt. Wegen der seit Eröffnung des Insolvenzverfahrens aufgelaufenen Rückstände sowie wegen der zukünftigen Unterhaltsansprüche pfändet der Ehegatte nunmehr in den gem. § 850d ZPO für andere Gläubiger nicht pfändbaren Teil des Einkommens des S. Soweit der pfändende Ehegatte nunmehr wegen solcher Unterhaltsansprüche Leistungen erhält, die auf die Zeiträume entfallen für die die Masse Einkommensanteile erhalten hat, die sich unter Außerachtlassung der Ehefrau errechneten, ist nachträglich betrachtet die Masse bereichert worden. Gleichwohl steht dem S kein Anspruch gegen die Masse zu. Dies allein schon deshalb, weil S zumindest stillschweigend mit der Abführung der erhöhten Einkommensteile einverstanden war und sich deshalb nicht nachträglich zu seinem eigenen Verhalten in Gegensatz setzen kann.

247 Von dem Fall, in dem der Schuldner weder freiwillig noch im Rahmen von Vollstreckungsmaßnahmen Leistungen auf seine Unterhaltsverpflichtungen erbringt, sind diejenigen Sachverhalte abzugrenzen, denen eine Leistung des Schuldners zugrunde liegt, die den Betrag unterschreitet, der nach der Pfändungstabelle zu § 850c ZPO als Freibetrag für einen Unterhaltsberechtigten vorgesehen ist. In diesem Fall ist der Unterhaltsberechtigte bei der Berechnung des pfändbaren Einkommens gleichwohl voll zu berücksichtigen.

BGH, Beschl. v. 23.09.2010 – VII ZB 23/09, WM 2010, 2231;
BGH, Beschl. v. 28.03.2007 – VII ZB 94/06, WM 2007, 1420.

Beispiel:

Bei einem Nettoeinkommen von monatlich 1.600,00 EUR ergibt sich aus der Differenz zwischen der ersten und zweiten Spalte der Tabelle zu § 850c ZPO ein Freibetrag für den ersten Unterhaltsberechtigten von 308,35 EUR. Leistet der Schuldner z. B. seiner getrennt lebenden Ehefrau einen geringeren Unter-

haltsbetrag, so ist die Ehefrau gleichwohl als erste Unterhaltsberechtigte im vollen Umfang bei der Bestimmung des pfändbaren Einkommens zu berücksichtigen.

h) Außerachtlassung von Unterhaltsberechtigten (§ 850c Abs. 4 ZPO)

aa) Normaussage

Hat ein Unterhaltsberechtigter des Schuldners, der bei der Berechnung des pfändbaren Einkommens zu berücksichtigen ist, eigene Einkünfte, so kann das Insolvenzgericht auf **Antrag des Insolvenzverwalters/Treuhänders** nach billigem Ermessen bestimmen, dass diese Person bei der Berechnung des unpfändbaren Teils des Arbeitseinkommens ganz oder teilweise unberücksichtigt bleibt (§ 36 Abs. 1 Satz 2 InsO, § 850c Abs. 4 ZPO). 248

Die Vorschrift findet auf die an den Treuhänder in der Wohlverhaltensphase abgetretenen Einkommensteile entsprechende Anwendung (§ 292 Abs. 1 Satz 3 InsO). Ebenso findet die Vorschrift Anwendung, wenn im Rahmen eines gerichtlichen Schuldenbereinigungsplans die pfändbaren Lohnansprüche an einen Gläubiger abgetreten wurden. 249

> BGH, Urt. v. 21.02.2008 – IX ZR 202/06, ZVI 2008, 262.

Erfüllt der Schuldner seine Unterhaltsverpflichtung gegenüber einem Berechtigten nicht, so stellt dies keinen Fall des § 850c Abs. 4 ZPO dar. Vielmehr ist der betroffene Berechtigte in diesem Fall auch ohne eine Anordnung des Gerichts bei der Berechnung des pfändbaren Einkommens unberücksichtigt zu lassen. Auf Antrag hat das Insolvenzgericht einen klarstellenden Beschluss zu erlassen (vgl. Rz. 27). 250

> Vgl. LG Chemnitz, Beschl. v. 03.05.2004 – 3 T 1678/04, JurBüro 2004, 447.

bb) Antragserfordernis

Die Nichtberücksichtigung eines Unterhaltsberechtigten bei der Berechnung des pfändbaren und damit in die Insolvenzmasse fallenden Einkommens bedarf der Entscheidung des Insolvenzgerichts. 251

> AG Göttingen, Beschl. v. 27.07.2006 – 74 IK 108/05, ZInsO 2006, 952;
> Uhlenbruck/*Vallender*, InsO, § 292 Rz. 53;
> a. A. MünchKomm-ZPO/*Smid*, § 850c Rz. 19, wonach der Insolvenzverwalter/Treuhänder befugt und verpflichtet sei, von § 850c Abs. 4 ZPO auszugehen.

Der Insolvenzverwalter/Treuhänder hat die für die Entscheidung des Insolvenzgerichts nach § 850c Abs. 4 ZPO maßgebenden Angaben schlüssig vor- 252 zutragen, wobei auf ein vom Schuldner vorgelegtes Vermögensverzeichnis Bezug genommen werden kann. Zu den insoweit erforderlichen Mindestangaben gehören:

- Ungefähre Höhe der Eigeneinkünfte des Unterhaltsberechtigten;
- Art der Einkünfte;
- Rechtsverhältnis des Unterhaltsberechtigten zum Schuldner;
- Zahl der unterhaltsberechtigten Personen insgesamt;
- Nettoeinkommen des Schuldners.

253 Das Insolvenzgericht sollte den Schuldner zum Antrag des Insolvenzverwalters/Treuhänders anhören. Eine Anhörung des in Rede stehenden Unterhaltsberechtigten kommt grundsätzlich nicht in Betracht. Die Ausübung des Ermessens hat das Gericht in seiner Beschlussfassung dadurch zum Ausdruck zu bringen, dass es nicht an schematischen Berechnungen festhält, sondern die Besonderheiten des Einzelfalles bewertet.

cc) Art und Höhe des Einkommens

254 Als eigene Einkünfte i. S. d. § 850c Abs. 4 ZPO gelten nicht nur das Entgelt für erbrachte Dienst- oder Arbeitsleistungen aus abhängiger oder selbstständiger Erwerbstätigkeit. Zu berücksichtigen sind vielmehr auch sonstige Einkünfte, wie z. B. Unterhaltszahlungen, die von dritter Seite gewährt werden.

BGH, Beschl. v. 07.05.2009 – IX ZB 211/08, ZVI 2009, 331.

255 Als Dritter gilt insoweit auch der Ehegatte des Schuldners, der den gemeinsamen Kindern zum Unterhalt verpflichtet ist. Auch Einkünfte aus Kapitalvermögen sind einzubeziehen. Dagegen bleiben nach § 54 SGB I unpfändbare Sozialleistungen ebenso unberücksichtigt wie der grundsätzlich unpfändbare Anspruch auf Kindergeld.

Bay. LSG, Beschl. v. 07.06.2001 – L 13 B 130/01, InVo 2002, 157.

256 In welcher Höhe der Unterhaltsberechtigte über eigene Einkünfte verfügen muss, um bei der Berechnung der unpfändbaren Einkommensteile gänzlich unberücksichtigt zu bleiben, ist nicht abschließend geklärt. Einen Anhaltspunkt bietet der **Grundfreibetrag** des § 850c Abs. 1 Satz 1 ZPO für den alleinstehenden Schuldner in Höhe von derzeit 985,15 EUR. Hat ein Unterhaltsberechtigter eigene Einkünfte in dieser Höhe, so kann er bei der Bestimmung des pfändbaren Teils des Arbeitseinkommens des Schuldners ganz außer Acht gelassen werden, wenn im Übrigen keine besonderen Bedürfnisse des Unterhaltsberechtigten bestehen. Ein schematisches Abstellen auf den genannten Grundfreibetrag ist nicht zulässig. Zu berücksichtigen hat das Insolvenzgericht auch die Besonderheiten des Einzelfalles.

BGH, Beschl. v. 05.11.2009 – IX ZB 101/09, ZInsO 2009, 2351.

B. VII. Beschränkung der Pfändbarkeit wiederkehrender Einkünfte

Mindestens den Grundfreibetrag in Höhe von 985,15 EUR muss der Unterhaltsberechtigte allerdings nur dann zur Verfügung haben, wenn er einen **eigenen Haushalt** führt und aus seinem Einkommen Mietzahlungen zu leisten und die weiteren Grundkosten des Haushalts zu decken hat. Lebt der Unterhaltsberechtigte dagegen mit dem Schuldner in einem Haushalt, womit die Wohnkosten nicht proportional ansteigen, kann die Berechnung des Freibetrags des Unterhaltsberechtigten an den sozialrechtlichen Regelungen zur Existenzsicherung ausgerichtet werden, wobei regelmäßig ein Zuschlag in einer Größenordnung von 30–50 % zu gewähren sein wird. 257

BGH, Beschl. v. 05.04.2005 – VII ZB 28/05, ZVI 2005, 254.

Ausgehend von einem derzeit nach § 28 SGB XII geltenden Regelsatz in Höhe von ca. 360,00 EUR bedeutet dies, dass der Ehegatte, der mit dem Schuldner in einem Haushalt lebt, dann bei der Berechnung des pfändbaren Schuldnereinkommens außer Betracht bleiben kann, wenn er über ein Einkommen von etwa 450,00 bis 500,00 EUR verfügt und keine besonderen Bedürfnis vorliegen. 258

LG Bochum, Beschl. v. 26.02.2007 – 10 T 72/06, zitiert nach juris.

Bei unterhaltsberechtigten Kindern wird man je nach Alter von eigenen Bezügen in Höhe von etwa 300,00 bis 400,00 EUR ausgehen können, wobei das Kindergeld nicht als Einkommen des Kindes anzusehen ist, da der Kindergeldbezug durch den Gesetzgeber bereits bei der Bestimmung der pfändbaren Beträge nach § 850c ZPO berücksichtigt wurde. Allerdings reduziert das an den Unterhaltsverpflichteten geleistete Kindergeld den Unterhaltsbedarf des Kindes. 259

BGH, Beschl. v. 04.10.2005 – VII ZB 24/05, ZVI 2006, 19;
BGH, Beschl. v. 07.05.2009 – IX ZB 211/08, ZVI 2009, 331.

Werden die genannten Beträge nicht erreicht, so kommt die teilweise Außerachtlassung eines Unterhaltsberechtigten in Betracht. Dabei ist von dem ermittelten Unterhaltsbedarf des Angehörigen dessen eigenes Einkommen in Abzug zu bringen und der Differenzbetrag dem Schuldner zusätzlich zu dem Freibetrag zu belassen, der ihm nach der Tabelle zu § 850c ZPO zustünde, wenn er dem Angehörigen nicht zum Unterhalt verpflichtet wäre. 260

OLG Oldenburg, Beschl. v. 26.09.1994 – 2 W 95/94, Rpfleger 1995, 262.

Beispiel:

Der verheiratete Schuldner hat zwei Kinder, die in seinem Haushalt leben; sein monatliches Nettoeinkommen beträgt 1.900,00 EUR. Für die Kinder erhält er jeweils 184,00 EUR Kindergeld. Eines der Kinder erhält eine Ausbildungsvergütung i. H. v. 160,00 EUR. Der Insolvenzverwalter/Treuhänder beantragt, das Kind ganz oder zumindest teilweise unberücksichtigt zu lassen. Das Insolvenzgericht ordnet an, dass das Kind teilweise unberücksichtigt bleibt und dem Schuldner ein Freibetrag von 70,00 EUR zusätzlich zu dem Betrag zu gewähren ist, der ihm nach der Tabelle zu § 850c ZPO verbleibt, wenn das Kind bei der Berechnung des pfandfreien Einkommens nicht berücksichtigt wird. Dies hat zur Folge, dass der Masse folgende Beträge zufließen: Der Pfändungsbetrag bei Berücksichtigung von zwei Unterhaltsberechtigten: 135,01 EUR abzgl. 70,00 EUR; insgesamt also 65,01 EUR.

dd) Wirkungen der gerichtlichen Anordnung

261 Die Entscheidung des Insolvenzgerichts hat konstitutive Wirkung. Bis zu einer entsprechenden Beschlussfassung hat der Drittschuldner bei der Berechnung der Pfändungsfreigrenzen sämtliche Unterhaltsberechtigten in vollem Umfang zu berücksichtigen und den sich hieraus ergebenden pfandfreien Betrag an den Schuldner abzuführen.

262 Bestimmt das Gericht, dass der Ehegatte des Schuldners bei der Berechnung des pfändbaren Teils des Arbeitseinkommens nicht zu berücksichtigen ist, so bleibt der erhöhte Freibetrag der ersten Stufe der Pfändungstabelle nicht unbesetzt; vielmehr rückt der nachfolgende Unterhaltsberechtigte in diese Stufe auf.

> Vgl. BGH, Beschl. v. 19.05.2004 – IXa ZB 310/03, ZVI 2004, 494.

263 Ist das Arbeitseinkommen des Schuldners gem. § 114 Abs. 1 InsO insolvenzfest abgetreten und bestimmt das Insolvenzgericht, dass ein Unterhaltsberechtigter bei der Bestimmung des nach § 850c ZPO pfändbaren Anteils außer Betracht zu bleiben hat, so wird die Abtretung hiervon nicht berührt. Bei der Bestimmung des Abtretungsumfangs ist der betroffene Unterhaltsberechtigte weiterhin zu berücksichtigen. Allerdings ist die Regelung des § 850c Abs. 4 ZPO auf die Abtretung in der Weise entsprechend anwendbar, dass die Parteien der Abtretungsvereinbarung sich darauf verständigen können, dass Unterhaltsberechtigte bei der Bestimmung des pfändbaren und damit abtretbaren Einkommens ganz oder teilweise unberücksichtigt bleiben, wenn sie über eigenes Einkommen verfügen. Meist werden solche Vereinbarungen nicht ausdrücklich getroffen. Es ist dann dem Prozessgericht überlassen, getroffene Vereinbarungen auszulegen und zu ermitteln, ob die Parteien die Außerachtlassung von Unterhaltsberechtigten gewollt haben. .

> BGH, Urt. v. 19.05.2009 – IX ZR 37/06, ZVI 2009, 374;
> für die Abtretung von Sozialleistungsansprüchen wird von der sozialgerichtlichen Judikatur die Meinung vertreten, dass die Sozialgerichte auf Antrag des Abtretungsempfängers eine entsprechende Feststellung treffen können, vgl.
> BSG, Urt. v. 09.04.1987 – 5b RJ 12/86, SozR 1300 § 63 Nr. 10.

Beispiel:

Insolvenzschuldner S ist verheiratet und einem Kind zum Unterhalt verpflichtet. Er hat im Vorfeld des Insolvenzverfahrens der Bank B seine Arbeitseinkünfte zur Sicherheit für ein gewährtes Darlehen abgetreten. Als Angestellter verdient S 1.600,00 EUR netto monatlich. Die Ehefrau E des S verfügt über ein eigenes

Einkommen in Höhe von 700,00 EUR netto monatlich. Auf Antrag des Treuhänders ordnet das Insolvenzgericht an, dass E bei der Berechnung des pfändbaren Einkommens unberücksichtigt bleibt. Die Anordnung hat zur Folge, dass der pfändbare Differenzbetrag zwischen der zweiten und der dritten Stufe der Pfändungstabelle (= 107,40 EUR) zur Insolvenzmasse gezogen werden kann. Haben sich S und die B-Bank allerdings darauf verständigt, dass sich der Umfang der abgetretenen Arbeitseinkünfte ohne Berücksichtigung der Ehefrau E des S bestimmen soll, so ist auch der erhöhte Betrag von der Abtretung umfasst.

ee) Rechtsmittel

Der **Rechtsmittelzug** richtet sich im Falle des § 36 Abs. 1 Satz 2 InsO nach allgemeinen vollstreckungsrechtlichen Vorschriften, wenn das Insolvenzgericht kraft besonderer Zuweisung funktional als Vollstreckungsgericht entscheidet. **264**

> BGH, Beschl. v. 05.02.2004 – IX ZB 97/03, ZIP 2004, 732 = ZVI 2004, 197,
> dazu EWiR 2004, 1231 *(Lüke/Ellke)*.

Der Schuldner, der zu einem Antrag des Insolvenzverwalters/Treuhänders nicht gehört wurde, kann demnach gegen den Beschluss, der die Außerachtlassung eines Unterhaltsberechtigten enthält, die Vollstreckungserinnerung nach § 766 ZPO einlegen, die an keine Frist gebunden ist. Wurde der Beschluss nach § 850c Abs. 4 ZPO erst nach Anhörung des Schuldners erlassen, so kann sich dieser mit der sofortigen Beschwerde gem. § 793 ZPO dagegen wehren und muss dabei die zweiwöchige Frist beachten. Der Unterhaltsberechtigte, der aufgrund eigenen Einkommens (teilweise) unberücksichtigt bleibt, ist nicht Beteiligter und demnach nicht rechtsmittelberechtigt. **265**

3. Zusammenrechnung mehrerer Einkünfte (§ 850e Nr. 2 und Nr. 2a ZPO)

a) Normzweck

Bezieht der Schuldner mehrere wiederkehrende Arbeitseinkünfte bei **demselben** Drittschuldner, so ist der pfändbare Anteil durch den Drittschuldner aus dem Gesamtbetrag der Einkünfte unter Anwendung des § 850c ZPO zu errechnen. Erzielt der Schuldner mehrere Einkünfte dagegen bei **verschiedenen** Drittschuldnern, so ist der unpfändbare Anteile für die einzelnen Bezüge gesondert unter Anwendung der Tabelle zu § 850c ZPO zu bestimmen. **266**

Die Regelung des § 850e Nr. 2 ZPO eröffnet die Möglichkeit, auf gerichtliche Anordnung mehrere Arbeitseinkommen, die bei verschiedenen Drittschuldnern bezogen werden, zusammenzurechnen und somit den nach § 850c ZPO unpfändbaren Betrag aus dem Gesamteinkommen zu bestimmen. Damit ergibt sich im Vergleich zu einer gesonderten Berechnung ein insgesamt deutlich geringerer Pfändungsfreibetrag. **267**

268 Werden dem Schuldner vom Arbeitgeber neben dem Arbeitsentgelt auch Lohnzuschüsse der ARGE ausbezahlt, so handelt es sich gleichwohl um zwei getrennte Drittschuldner, sodass die Zusammenrechnung des Arbeitseinkommens und der ARGE-Leistungen eine entsprechende gerichtliche Beschlussfassung voraussetzt.

LAG Hamburg, Urt. v. 18.11.2009 – 5 Sa 39/09, ZInsO 2010, 591
= NZI 2010, 335.

b) Antragserfordernis

269 Über den Antrag des Insolvenzverwalters/Treuhänders, die Zusammenrechnung mehrerer Einkünfte des Insolvenzschuldners anzuordnen, entscheidet das Insolvenzgericht (§ 36 Abs. 1 Satz 2 und Abs. 4 InsO). Die Vorschrift ist auf die an den Treuhänder in der Wohlverhaltensphase abgetretenen Einkünfte entsprechend anwendbar (§ 292 Abs. 1 Satz 3 InsO). Der Antrag muss enthalten:

- die genaue Bezeichnung der verschiedenen Drittschuldner,
- die Art und die ungefähre Höhe der verschiedenen Einkommen,
- die Anzahl der unterhaltsberechtigten Personen.

c) Zusammenrechenbare Einkünfte

270 Als Arbeitseinkommen i. S. d. § 850e Nr. 2 ZPO gelten sämtliche Einkünfte, die ein Schuldner erzielt. Auch Lohnersatzleistungen können untereinander oder mit sonstigen Einkünften zusammengerechnet werden, soweit diese der Pfändung unterworfen sind (vgl. § 850e Nr. 2a ZPO; Rz. 351 ff.).

BGH, Beschl. v. 05.04.2005 – VII ZB 20/05, ZVI 2006, 20.

271 Unterliegen die in § 850b Abs. 1 ZPO genannten Bezüge unter den Voraussetzungen des § 850b Abs. 2 ZPO der Pfändung, so können auch sie mit anderen wiederkehrenden Einkünften zusammengerechnet werden. Nachdem die in § 850b Abs. 1 ZPO genannten Bezüge zur Insolvenzmasse gehören (vgl. Rz. 150), wenn dies der Billigkeit entspricht, kommt insoweit auch eine Zusammenrechnung auf Antrag des Insolvenzverwalters/Treuhänders in Betracht.

272 Es kommt für die Anwendbarkeit des § 850e Nr. 2 ZPO nicht darauf an, dass die einzelnen Arbeiten jeweils die Erwerbstätigkeit des Schuldners vollständig oder zu einem wesentlichen Teil in Anspruch nehmen. Denkbar ist mithin auch die Zusammenrechnung von Kleinsteinkünften aus einer Vielzahl von einzelnen Tätigkeiten (z. B. mehrere Putzstellen u. Ä.). Dabei spielt es für eine Zusammenrechnung auch keine Rolle, ob der Schuldner korrekt steuerlich und abgabenrechtlich gemeldet ist.

Handelt es sich bei einer der mehreren Tätigkeiten um eine Vollzeitbeschäftigung, so stellen die Einkünfte aus weiteren Arbeits- oder Dienstleistungen Mehrarbeit i. S. d. § 850a Nr. 1 ZPO dar, die zur Hälfte unpfändbar sind (vgl. Rz. 96). Der Berechnung des unpfändbaren Betrags ist damit nach angeordneter Zusammenrechnung nur die verbleibende Hälfte der Einkünfte zugrunde zu legen. 273

Eine Zusammenrechnung kann auch im Rahmen einer Entscheidung nach § 850i ZPO hinsichtlich mehrerer einmaliger Einkünfte erfolgen, insoweit ist aber keine ausdrückliche Anordnung des Insolvenzgerichts erforderlich. Vielmehr wird die Zusammenrechnung innerhalb der gem. § 850i ZPO zu treffenden Ermessensentscheidung vorgenommen. Eine Zusammenrechnung von wiederkehrenden und einmaligen Leistungen kommt dagegen mangels einheitlicher Anwendbarkeit des § 850c ZPO nicht in Betracht. 274

d) Inhalt der Anordnung

Bei der Zusammenrechnung ist gem. § 850e Nr. 2 Satz 2 ZPO der unpfändbare Grundbetrag i. S. d. § 850c Abs. 1 ZPO zunächst aus dem Einkommen zu entnehmen, das die wesentliche Grundlage der Lebenshaltung des Schuldners bildet. Das Insolvenzgericht hat zu bestimmen, welches von mehreren Einkommen diese Grundlage darstellt. Dabei ist nicht nur die Höhe der verschiedenen Einkommen, sondern auch deren Sicherheit und Stetigkeit von Bedeutung. Liegt demnach z. B. ein Beamter auf Lebenszeit mit seinem nebenberuflichen Einkommen als Versicherungsvertreter deutlich über dem Staatssalär, so ist dennoch das Beamtengehalt als das Einkommen zu benennen, das die wesentliche Lebensgrundlage bildet und dem mithin der unpfändbare Grundbetrag zu entnehmen ist. Aus dem „Nebeneinkommen" verbleibt dem Schuldner nur noch der unpfändbare Mehrbetrag nach § 850c Abs. 2 ZPO. 275

Der Schuldner ist zu dem Antrag auf Zusammenrechnung zu hören. Er kann gegen die Beschlussfassung die sofortige Beschwerde nach § 793 ZPO erheben. Dieselbe Möglichkeit ist gegen die ablehnende Entscheidung für den Insolvenzverwalter/Treuhänder eröffnet. 276

e) Wirkungen der Anordnung

Als Folge der angeordneten Zusammenrechnung hat derjenige Drittschuldner, bei dem der Schuldner das Einkommen bezieht, aus dem nicht der unpfändbare Grundbetrag zu entnehmen ist, daraus nur den unpfändbaren Mehrbetrag i. S. d. § 850c Abs. 2 InsO zu entnehmen und den Restbetrag an den Insolvenzverwalter/Treuhänder abzuführen. 277

Beispiel:

Der Schuldner ist verheiratet, hat keine weiteren Unterhaltsverpflichtungen, verdient bei Arbeitgeber A ca. 1.200,00 EUR und bei Arbeitgeber B ca. 600,00 EUR netto monatlich. Da das Einkommen bei Arbeitgeber A den unpfändbaren

Grundbetrag in Höhe von 1.355,91 EUR (985,15 EUR + 370,76 EUR) nicht abdeckt und dem Schuldner deshalb aus dem Einkommen bei Arbeitgeber B der Differenzbetrag von 155,91 EUR zu belassen ist, genügt es in diesem Fall nicht, wenn das Insolvenzgericht anordnet, dass der unpfändbare Grundbetrag dem beim Arbeitgeber A erzielten Einkommen zu entnehmen ist. Eine derartige Anordnung hätte nämlich zur Folge, dass aus dem Einkommen bei Arbeitgeber B dem Schuldner nur noch der unpfändbare Mehrbetrag in Höhe von 5/10, also 300,00 EUR, ausbezahlt werden würde. Deshalb hat das Insolvenzgericht in diesem Fall zusätzlich anzuordnen, dass sich die beiden Arbeitgeber hinsichtlich der Deckung des unpfändbaren Grundbetrags abzusprechen haben.

278 Die angeordnete Zusammenrechnung wirkt nicht zugunsten einer vor der Insolvenzeröffnung erfolgten Abtretung des Arbeitseinkommens. Nach § 400 BGB kann nur das allgemein pfändbare Einkommen abgetreten werden. Erst aufgrund gerichtlicher Anordnung pfändbare Beträge sind der Abtretung entzogen. Dies gilt auch für den vom Insolvenzverwalter/Treuhänder veranlassten Pfändungserweiterungsbeschluss.

Wischemeyer, ZVI 2008, 238.

279 Möglich ist allerdings, dass sich die Parteien der Abtretungsvereinbarung ausdrücklich oder stillschweigend dahin gehend einigen, dass zur Bestimmung des abtretbaren Einkommens mehrere Einkünfte zusammenzurechnen sind. Ob eine stillschweigende Übereinkunft von den Parteien der Abtretungsvereinbarung gewollt ist bzw. gewollt war, hat ggf. das Prozessgericht im Wege der Auslegung zu ermitteln.

BGH, Urt. v. 19.05.2009 – IX ZR 37/06, ZIP 2010, 2120 = ZVI 2009, 374;
BGH, Beschl. v. 31.10.2003 – IXa ZB 194/03, WM 2003, 2483.

280 Dafür müssen sich aus der Abtretungsvereinbarung aber konkrete Anhaltspunkte ergeben. Die allgemeine Formulierung einer Abtretung „in Höhe des der Pfändung unterworfenen Teils" ist nicht ausreichend. Ansonsten besteht für den Insolvenzverwalter/Treuhänder die Möglichkeit, trotz einer gem. § 114 Abs. 1 InsO insolvenzfesten Abtretung Teile des Arbeitseinkommens zur Masse zu ziehen.

Beispiel:

Die Schuldnerin S ist verwitwet und keinen Unterhaltsverpflichtungen ausgesetzt. Sie verdient als Angestellte monatlich 1.200,00 EUR netto. Daneben bezieht sie eine gesetzliche Witwenrente von 300,00 EUR. S hat ihre Einkünfte an die Bank B zur Sicherung eines Darlehens abgetreten. Auf Antrag des im eröffneten Insolvenzverfahren bestellten Treuhänders ordnet das Insolvenzgericht die Zusammenrechnung des Einkommens mit den wiederkehrenden Sozialleistungen an. Aufgrund dieser Anordnung ergibt sich ein pfändbarer Einkommensanteil in Höhe von 360,40 EUR. Ohne Zusammenrechnung pfändbar und somit wirksam abgetreten sind 150,40 EUR. Damit können 210,00 EUR zur Masse gezogen werden.

4. Erhöhung des unpfändbaren Einkommensteils (§ 850f Abs. 1 ZPO)

a) Normaussage

Nach § 36 Abs. 1 Satz 2 InsO i. V. m. § 850f Abs. 1 ZPO kann das Insolvenzgericht dem Schuldner auf substantiierten Antrag (Ausnahme bei § 850f Abs. 1 Buchstabe a ZPO: Nachweis erforderlich) hin von dem nach den Bestimmungen der §§ 850c, 850d und 850i ZPO pfändbaren Teil seines Arbeitseinkommens einen weiteren Teil belassen, 281

- wenn der Schuldner nachweist, dass bei Anwendung der Pfändungsfreigrenzen entsprechend der Anlage zu § 850c ZPO der notwendige Lebensunterhalt im Sinne des Dritten und Elften Kapitels des SGB XII oder nach Kapitel 3 Abschnitt 2 des SGB II für sich und für die Personen, denen er Unterhalt zu gewähren hat, nicht gedeckt ist;
- besondere Bedürfnisse des Schuldners aus persönlichen oder beruflichen Gründen
- oder der besondere Umfang der gesetzlichen Unterhaltspflichten des Schuldners, insbesondere die Zahl der Unterhaltsberechtigten, dies erfordern.

Die darüber hinaus in § 850f Abs. 1 ZPO geforderte Voraussetzung, dass überwiegende Belange des Gläubigers nicht entgegenstehen, bleibt im Insolvenzverfahren unbeachtet, weil eine solche Abwägung gegenüber der Gesamtheit der Insolvenzgläubiger nicht möglich ist. 282

Unter denselben Voraussetzungen kann das Insolvenzgericht auf Antrag des Schuldners während der Wohlverhaltensperiode anordnen, dass dem Schuldner von den an den Treuhänder abgetretenen Einkünften ein weiterer Betrag verbleiben soll (§ 292 Abs. 1 Satz 3 InsO). 283

> Vgl. AG Braunschweig, Beschl. v. 11.05.2007 – 274 IK 249/04, ZInsO 2007, 950.

Es fällt auf, dass § 850f Abs. 1 ZPO zwar auf § 850i ZPO verweist, des weiteren aber nur eine (teilweise) Freistellung des **Arbeitseinkommens** vorsieht. Damit können dem Schuldner von sonstigen Einkünften, die kein Arbeitseinkommen sind, keine über § 850c ZPO hinausgehende Beträge belassen werden. Dies dürfte aber wiederum nur ein Versehen des Gesetzgebers darstellen. Die Vorschrift des § 850f Abs. 1 ZPO ist demnach auch auf die Einkünfte anzuwenden, die z. B. unter Einsatz von Personal erwirtschaftet wurden. Auch hiervon kann dem Schuldner unter den Voraussetzungen des § 850f Abs. 1 ZPO ein über die in § 850c ZPO genannten Beträge hinausgehender Teil belassen werden. 284

b) Vergleich mit fiktiven Sozialleistungen

285 § 850f Abs. 1 Buchst. a ZPO wurde mit Wirkung vom 1.7.1992 in das Gesetz eingefügt und soll verhindern, dass der Schuldner aufgrund der Pfändung seines Arbeitseinkommens oder gleichgestellter Leistungen einen Anspruch auf ergänzende Sozialgeldleistungen erwirbt und damit letztlich die Gemeinschaft die Ansprüche der Gläubiger befriedigt.

> BGH, Beschl. v. 12.12.2003 – IXa ZB 209/03, ZVI 2004, 179.

286 Sofern die Pfändungsfreibeträge nach der amtlichen Lohnpfändungstabelle (zu § 850c ZPO) unter die Höhe des notwendigen Lebensunterhaltes im Sinne des SGB II (Arbeitslosengeld II) oder des SGB XII (Sozialhilfe) fallen, kann das Insolvenzgericht auf Antrag des Schuldners diesem einen weiteren Teil seiner Einkünfte als pfandfrei belassen.

287 Den Nachweis der Höhe der jeweiligen Sozialgeldsätze führt der Schuldner durch eine **Bescheinigung des Leistungsträgers**.

> Vgl. BT-Drucks. 12/1754, S. 17.

288 Darin sind die Leistungen zum Lebensunterhalt im Sinne des dritten Kapitels des SGB XII bzw. die Leistungen zur Sicherung des Lebensunterhalts im Sinne des Kapitels 3 Abschnitt 2 des SGB II, die für den Schuldner in Betracht kommen, nach Art und Höhe auszuführen. An die in der Bescheinigung des Leistungsträgers angegebenen Beträge (z. B. Wohnkosten) ist das Insolvenzgericht aber nicht gebunden.

> Vgl. OLG Köln, Beschl. v. 13.08.1999 – 2 W 165/99, JurBüro 1999, 606.

289 Die Regelleistung des Arbeitslosengelds II nach § 20 SGB II beträgt für Personen, die alleinstehend oder alleinerziehend sind oder deren Partner minderjährig ist, 364,00 EUR (§ 20 Abs. 2 Satz 1; Stand: 01.01.2011). Haben zwei Angehörige der Bedarfsgemeinschaft das 18. Lebensjahr vollendet, beträgt die Regelleistung jeweils 90 % der Regelleistung nach § 20 Abs. 2 SGB II (§ 20 Abs. 3 SGB II). Die Regelleistung für sonstige erwerbsfähige Angehörige der Bedarfsgemeinschaft beträgt 80 % der Regelleistung (§ 20 Abs. 2 Satz 2 SGB II). Nicht erwerbsfähige Angehörige, die mit dem erwerbsfähigen Hilfebedürftigen in Bedarfsgemeinschaft leben, erhalten Sozialgeld, das bei Kindern bis zur Vollendung des 14. Lebensjahrs 60 % und im 15. Lebensjahr 80 % der Regelleistung nach § 20 Abs. 2 SGB II beträgt (§ 28 Abs. 1 Nr. 1 SGB II).

Beispiel:

Der verheiratete Schuldner, der mit seiner Ehefrau und zwei Kindern unter 14 Jahren eine Bedarfsgemeinschaft bildet, erhält unter Abzug des Kindergeldes Regelleistungen in Höhe von ca. 765,00 EUR.

B. VII. Beschränkung der Pfändbarkeit wiederkehrender Einkünfte

Hinsichtlich solcher laufender Leistungen, die sich nach dem tatsächlichen Aufwand richten (z. B. Unterkunft, Heizung), muss der Schuldner entsprechende Nachweise vorlegen. Diese Leistungen könnten von dem zuständigen Leistungsträger nur dann bescheinigt werden, wenn dem Schuldner tatsächlich laufende Sozialgeldleistungen ausbezahlt werden; dies ist aber nicht Voraussetzung für die Anwendbarkeit der Härteklausel des § 850f Abs. 1 Buchst. a ZPO. Es handelt sich vielmehr um die fiktive Berechnung des für den Schuldner in Betracht kommenden Geldleistungsanspruchs. Zu berücksichtigen sind die Kosten für Unterkunft und Heizung in angemessener Höhe (§ 22 Abs. 1 Satz 1 SGB II; § 29 SGB XII). Anhaltspunkte für die Höhe der zu berücksichtigenden Kosten bietet § 8 WoGG. Die Wohnkosten kann das Gericht aber auch anhand von örtlichen Mietdatenbanken oder einem Mietspiegel ermitteln. 290

> BGH, Beschl. v. 23.07.2009 – VII ZB 103/08, NZI 2009, 655.

Dem Schuldner muss bei einer Pfändung seiner Einkünfte immer so viel für sich und seine Unterhaltsverpflichteten verbleiben, dass er nicht der Sozialhilfe anheimfällt. 291

> OLG Stuttgart, Beschl. v. 15.01.1987 – 8 W 406/86, NJW-RR 1987, 758.

Daher ist die Auffassung unzutreffend, wonach eine Änderung der dem Schuldner zu verbleibenden Freibeträge nicht dazu führen dürfe, dass das ganze Arbeitseinkommen gänzlich unpfändbar wird. 292

> LG Duisburg, Beschl. v. 18.03.1998 – 24 T 285/97, Rpfleger 1998, 355.

Vielmehr kann die Entscheidung des Insolvenzgerichts auch zur Folge haben, dass das gesamte Einkommen dem Schuldner pfandfrei verbleibt. 293

> Vgl. BGH, Beschl. v. 12.12.2003 – IXa ZB 209/03, BGHReport 2004, 629.

Bei der Entscheidung über einen Antrag nach § 850f Abs. 1 Buchst. a ZPO ist die Differenz zu bilden zwischen dem fiktiv zu bestimmenden Arbeitslosengeld II oder der fiktiven Sozialhilfe und dem Einkommensteil, der dem Schuldner nach Abzug der nach § 850c ZPO pfändbaren Beträge verbleibt. Der sich ergebende Betrag ist dem Schuldner zusätzlich zu belassen. Der erweiterte Freibetrag kann auf Dauer oder nur für einen bestimmten Zeitraum gewährt werden. Veränderungen innerhalb der Lebens- oder Einkommensverhältnisse des Schuldners führen regelmäßig zu der Möglichkeit, eine Abänderung der Entscheidung zu verfolgen. Die zu treffende Entscheidung hat den Betrag zu benennen, der dem Schuldner zusätzlich pfandfrei zu belassen ist. Gegen den Beschluss ist die sofortige Beschwerde statthaft (§ 793 ZPO). 294

Mit der nunmehr gesetzlich normierten Koppelung der Pfändungsfreibeträge an das steuerliche Existenzminimum, ist die Gefahr, dass der pfandfreie Betrag unterhalb der Sozialhilfebeträge liegt, weitgehend gebannt. 295

c) Besondere Bedürfnisse

296 Dem Schuldner ist ein über den nach §§ 850c, 850i ZPO unpfändbaren Teil hinausgehender Betrag seines Arbeitseinkommens oder seiner Einkünfte, die kein Arbeitseinkommen sind, zu belassen, wenn dieser aus persönlichen oder beruflichen Gründen außerordentliche Aufwendungen zu erbringen hat, die eine solche Erhöhung rechtfertigen.

297 Besondere Bedürfnisse des Schuldners i. S. d. § 850f Abs. 1 Buchst. b ZPO rechtfertigen eine Erhöhung des unpfändbaren Einkommensteils z. B. dann,

- wenn zusätzliche Ausgaben wegen einer körperlichen Behinderung anfallen;

    LG Hamburg, Beschl. v. 26.08.1991 – 302 T 72, 91, Rpfleger 1991, 515;

- wenn ein Mehrbedarf für ärztlich verordnete Diätverpflegung gegeben ist, für die kein Versicherungsschutz besteht;

    LG Mainz, Beschl. v. 30.05.1990 – 8 T 42/90, Rpfleger 1990, 470;

    die Kosten für medizinische Behandlungsmethoden, die von der gesetzlichen Krankenkasse nicht übernommen werden, rechtfertigen in der Regel auch keine Erhöhung des unpfändbaren Teils des Arbeitseinkommens,

    BGH, Beschl. v. 23.04.2009 – IX ZB 35/08, ZVI 2009, 290;

- wenn aus beruflichen Gründen erhöhte, den üblichen Rahmen übersteigende Fahrtkosten zum Arbeitsplatz erforderlich sind;

    LG Bonn, Beschl. v. 02.04.2009 – 6 T 321/08, JurBüro 2009, 550;
    LG Marburg, Beschl. v. 16.07.1999 – 3 T 127/99 JurBüro 1999, 661;

    eine Freistellung für die Kosten der Anschaffung und Unterhaltung eines Pkw setzt jedoch voraus, dass das Fahrzeug selbst nach § 811 Abs. 1 Nr. 5 ZPO unpfändbar ist;

    OLG Zweibrücken, Beschl. v. 07.03.1988 – 3 W 24/88, JurBüro 1988, 934;

- wenn für eine berufliche Umschulung besondere Kosten anfallen;

- wenn eine Auslandssteuerschuld zu begleichen ist, die bei der Berechnung des Netto-Einkommens gem. § 850e Nr. 1 ZPO nicht zu berücksichtigen ist.

298 Der Schuldner hat mit seinem Antrag detailliert anzugeben und zu belegen, welchen besonderen Belastungen er ausgesetzt ist. Bedürfnisse, die bereits bei Bemessung der Freibeträge nach § 850c ZPO berücksichtigt sind, bleiben außer Acht.

d) Erweiterte Unterhaltspflichten

Die Zahl der Unterhaltsberechtigten führt auf Antrag des Schuldners immer dann zu einer Änderung des pfändbaren Teils des Arbeitseinkommens, wenn der Schuldner per Gesetz mehr als fünf Personen gegenüber unterhaltsverpflichtet ist, da die amtliche Lohnpfändungstabelle maximal nur fünf Unterhaltsverpflichtete berücksichtigt. Auch ein **höherer Ausbildungsbedarf** kann nach § 850f Abs. 1 Buchst. c ZPO zu einer Änderung führen. Freiwillig übernommene Unterhaltspflichten stellen jedoch keinen Abänderungsgrund dar, es muss sich grundsätzlich um gesetzliche Unterhaltspflichten handeln. 299

> LG Schweinfurt, Beschl. v. 17.10.1983 – 2 T 93/83, Rpfleger 1984, 69.

Jedoch findet § 850f Abs. 1 ZPO dort analoge Anwendung, wo das Sozialrecht zu einer faktischen Unterhaltspflicht führt, was etwa dann der Fall ist, wenn der Schuldner zusammen mit seinem nichtehelichen Lebenspartner eine sog. Bedarfsgemeinschaft bildet. 300

> OLG Frankfurt, Urt. v. 04.07.2008 – 24 U 146/07, ZVI 2008, 384;
> a. A. VG Hannover, Beschl. v. 15.06.2009 – 2 B 1717/09, zitiert nach juris.

VIII. Unentgeltliche Arbeitsleistung (§ 850h Abs. 2 ZPO)

1. Normaussage

Erhält der Schuldner für seine ständigen Arbeits- oder Dienstleistungen von dem Drittschuldner vereinbarungsgemäß keine oder eine unverhältnismäßig geringe Vergütung, so wird der Drittschuldner im Verhältnis zu einem Pfändungsgläubiger so behandelt, als stünde dem Schuldner ein angemessener Vergütungsanspruch zu (§ 850h Abs. 2 ZPO; Lohnverschleierung). 301

Von einer unverhältnismäßigen Vergütung kann regelmäßig dann ausgegangen werden, wenn sie weniger als 75 % der ortsüblichen Vergütung beträgt. Jedoch müssen die Umstände des Einzelfalles berücksichtigt werden. 302

> BAG, Urt. v. 22.10.2008 – 10 AZR 703/07, ZIP 2009, 292 = ZInsO 2009, 344.

Über die Regelung des § 36 Abs. 1 Satz 2 InsO findet die Bestimmung auch im Insolvenzverfahren Anwendung, ohne dass auf die allgemeine Verweisungsnorm des § 4 InsO zurückzugreifen wäre. 303

Von der vereinbarten geringen oder entfallenden Entlohnung i. S. d. § 850h Abs. 2 ZPO ist der Fall zu unterscheiden, in dem der Drittschuldner den Anspruch auf Zahlung des vereinbarten (angemessenen) Lohns nicht erfüllt und demnach dem Schuldner ein klagbarer Anspruch zusteht, der auch für die Zeit vor Verfahrenseröffnung vom Insolvenzverwalter geltend zu machen ist. 304

2. Einzugsrecht des Insolvenzverwalters/Treuhänders

305 Ergibt sich aus der zwischen Schuldner und Drittschuldner getroffenen Vereinbarung eine unverhältnismäßig geringe Vergütung, so wird der Drittschuldner gegenüber dem Insolvenzverwalter so behandelt, als würde er den angemessenen Lohn schulden. Der Drittschuldner muss damit an die Insolvenzmasse den Betrag abführen, der bei der Leistung einer angemessenen Vergütung pfändbar wäre. Einer Anordnung des Insolvenzgerichts bedarf es insoweit nicht. Allerdings bezieht sich das Einzugsrecht des Insolvenzverwalters/Treuhänders nur auf die nach Insolvenzeröffnung entstandenen Ansprüche.

> BAG, Urt. v. 12.03.2008 – 10 AZR 148/07, ZIP 2008, 979 = ZVI 2008, 401,
> dazu EWiR 2008, 479 *(Holzer)*;
> LAG Hamburg, Urt. v. 24.01.2007 – 5 Sa 24/06, zitiert nach juris.

306 Hat der Schuldner vor Eröffnung des Insolvenzverfahrens unentgeltlich oder gegen eine unverhältnismäßig geringe Vergütung i. S. v. § 850h Abs. 2 Satz 1 ZPO gearbeitet, ist das bis zur Insolvenzeröffnung verschleierte Arbeitseinkommen mangels eines eigenen Anspruchs des Schuldners auf die fiktive Vergütung nicht Teil seines Vermögens i. S. v. § 35 InsO. Nachdem die Arbeitskraft des Schuldners nicht zur Insolvenzmasse gehört, kommt insoweit mangels Gläubigerbenachteiligung auch keine Anfechtung nach § 134 InsO in Betracht.

> BGH, Urt. v. 26.06.2008 – IX ZR 144/05, ZIP 2008, 1435 = ZVI 2008, 389,
> dazu EWiR 2008, 689 *(Eckardt)*;
> BGH, Urt. v. 11.12.1986 – IX ZR 78/86, ZIP 1987, 305,
> dazu EWiR 1987, 209 *(Balz)*.

307 Hat dagegen der Schuldner selbst, z. B. kraft Tarifbindung (§ 3 Abs. 1 TVG) oder Allgemeinverbindlicherklärung (§ 5 Abs. 4 TVG), einen unabdingbaren Anspruch auf Arbeitsentgelt in angemessener Höhe, sind die Anwendungsvoraussetzungen des § 850h Abs. 2 Satz 1 ZPO nicht erfüllt.

> Vgl. BAG, Urt. 24.05.1965 – 3 AZR 287/64, BAGE 17, 172.

308 In einem solchen Fall erfasst das Insolvenzverfahren den Anspruch des Schuldners auf Vergütung, die dieser während des Insolvenzverfahrens im Wege des Neuerwerbs i. S. v. § 35 InsO erlangt.

309 Zu beachten ist, dass nicht nur bei der Pfändung realen Arbeitseinkommens, sondern auch bei der Pfändung fiktiver Arbeitsvergütung nicht die angemessene Bruttovergütung, sondern nur die Nettovergütung als pfändbar angesehen wird, die Pfändungsschutzvorschriften (§§ 850a, 850b, 850c ZPO) zu berücksichtigen sind und der Insolvenzverwalter somit nur auf die pfändbaren Teile der fiktiven Nettovergütung Zugriff nehmen kann.

> Vgl. BGH, Urt. v. 15.11.1990 – IX ZR 17/90, ZIP 1990, 1626,
> dazu EWiR 1991, 309 *(Münzberg)*.

B. VIII. Unentgeltliche Arbeitsleistung (§ 850h Abs. 2 ZPO)

Soweit eine im Vorfeld der Insolvenzeröffnung ausgebrachte Pfändung nach § 114 Abs. 3 InsO nach Verfahrenseröffnung wirksam ist (vgl. Rz. 399), ist diese Pfändung als vorrangig zu beachten; sie kann im Rahmen des § 850h ZPO auch dann nicht „überholt" werden, wenn der Pfändungsgläubiger den fiktiven Lohnanspruch nicht geltend macht. **310**

> Vgl. BAG, Urt. v. 15.06.1994 – 4 AZR 317/93, NJW 1995, 414, dazu EWiR 1994, 1253 *(Hintzen)*.

Beispiel:

Das Insolvenzverfahren über das Vermögen des Schuldners wurde am 13.12.2010 eröffnet. Seit 01.01.2009 arbeitet der Schuldner als kaufmännischer Mitarbeiter und Projektleiter beim Drittschuldner. Mit schriftlichem Arbeitsvertrag wurde ein monatlicher Bruttolohn von 850,00 EUR, zahlbar monatlich nachträglich, und eine Arbeitszeit von 40 Wochenstunden vereinbart. Unter Berücksichtigung dieser Arbeitszeit und der mit der Tätigkeit verbundenen Aufgaben des Schuldners ist ein monatliches Bruttoeinkommen von 2.000,00 EUR als vom Drittschuldner geschuldet anzunehmen. Daraus ergibt sich ein monatliches fingiertes Nettoeinkommen von ca. 1.200,00 EUR und damit ein pfändbarer Betrag von ca. 150,00 EUR. Aufgrund der Insolvenzeröffnung am 13.12.2010 ist der Insolvenzverwalter berechtigt, ab 01.12.2010 diesen pfändbaren Betrag vom Drittschuldner einzufordern. Dagegen steht ihm kein Anspruch auf Zahlung dieses Monatsbetrags für die Zeit vor Verfahrenseröffnung zu. Dies hat das BAG (Rz. 305) damit begründet, dass die Insolvenzeröffnung wie die Pfändung und Überweisung in der Einzelzwangsvollstreckung wirkt und dem Insolvenzverwalter demnach nicht mehr Rechte gebühren als dem Gläubiger in der Einzelzwangsvollstreckung.

3. Einzugsrecht in der Wohlverhaltensphase

Mit § 850h Abs. 2 ZPO werden keine eigenen Rechte des Schuldners gegen den Arbeitgeber begründet. Somit werden die sich aus § 850h Abs. 2 ZPO ergebenden Ansprüche auch von einer Lohnabtretung nicht umfasst. **311**

> Hess. LAG, Urt. v. 07.09.1990 – 13 Sa 452/88, DB 1991, 1388.

Fraglich ist demnach, ob der Treuhänder in der **Wohlverhaltensperiode** die sich aus § 850h Abs. 2 ZPO ergebenden Ansprüche geltend machen kann. § 292 Abs. 1 Satz 3 InsO verweist zwar insgesamt auf § 36 Abs. 1 Satz 2 InsO und bringt damit auch die entsprechende Anwendung von § 850h ZPO zum Ausdruck. Gleichwohl bezieht sich das Einzugsrecht des Treuhänders gem. § 292 Abs. 1 Satz 2 InsO nur auf die an ihn abgetretenen Einkommensteile, also regelmäßig auf die nach § 850c ZPO pfändbaren Bezüge. **312**

Wie den Gesetzesmaterialien zu entnehmen, sollte mit der Einfügung des § 292 Abs. 1 Satz 3 InsO bewirkt werden, dass das Insolvenzgericht auch in der Wohlverhaltensphase diejenigen Entscheidungen treffen kann, die im eröffneten Verfahren zur Höhe des pfändbaren Einkommens möglich sind. **313**

> BT-Drucks. 14/6468, S. 18.

314 Nachdem im Rahmen des § 850h ZPO aber keine gerichtliche Entscheidung gefordert oder notwendig ist, ist auch aus dieser Sicht die Vorschrift in der Wohlverhaltensphase nicht anwendbar. Ein entsprechendes Verhalten des Schuldners wird jedoch auf Antrag eines Gläubigers dazu führen können, dass dem Schuldner die Restschuldbefreiung versagt wird (§ 295 Abs. 1 Nr. 1 InsO).

> Vgl. BGH, Beschl. v. 03.03.2005 – IX ZB 277/03, ZVI 2005, 276.

IX. Lohnzahlung an Dritte (§ 850h Abs. 1 ZPO)

315 Um den Lohnanspruch des Schuldners vor einem Zugriff der Gläubiger oder des Insolvenzverwalters/Treuhänders zu schützen, könnte der Schuldner mit seinem Arbeitgeber eine Vereinbarung treffen, nach der das gesamte Einkommen des Schuldners nicht an diesen, sondern an eine Dritte Person (z. B. die Ehefrau) bezahlt wird (Lohnschiebung). Eine derartige Vereinbarung ist gem. § 850h Abs. 1 ZPO der Insolvenzmasse gegenüber unwirksam. Der Drittschuldner muss die pfändbaren Einkommensteile an die Masse auskehren, ohne sich auf die getroffene Vereinbarung berufen zu können. Hat der Drittschuldner im Vorfeld der Insolvenzeröffnung bereits an den bezeichneten Dritten geleistet, so kommt eine Anfechtung dieser Leistungen gem. § 134 InsO in Betracht. Der Insolvenzverwalter kann von dem Dritten die Herausgabe der Vergütung verlangen, soweit sie als Arbeitseinkommen des Insolvenzschuldners pfändbar wäre.

316 Zu unterscheiden ist die **Lohnschiebung** von der **Abtretung** des (pfändbaren) Lohnanteils, die eine Vereinbarung zwischen dem Schuldner und einem Dritten darstellt, also anders als die Lohnschiebung nicht zwischen dem Schuldner und seinem Arbeitgeber getroffen wird. Zur Insolvenzfestigkeit einer Abtretung, vgl. Rz. 586 ff.

317 Für die Frage, ob § 850h Abs. 1 ZPO auch auf die an die Treuhänder in der Wohlverhaltensphase abgetretenen Einkommensteile anzuwenden ist, gelten die obigen zu § 850h Abs. 2 ZPO gemachten Ausführungen entsprechend (Rz. 314).

X. Einmalige Vergütungen

1. Begriff

318 Bezieht der Schuldner keine regelmäßig wiederkehrenden Einkünfte, sondern z. B. als freiberuflich Tätiger oder als Handwerker einmalige Vergütungen für persönlich geleistete Arbeiten oder Dienste von unterschiedlichen Drittschuldnern, so sind diese Vergütungen grundsätzlich ohne Einschränkung pfändbar und fallen damit im vollen Umfang in die Insolvenzmasse.

> BGH, Beschl. v. 20.03.2003 – IX ZB 388/02, ZVI 2003, 170,
> dazu EWiR 2003, 593 *(Tetzlaff)*;
> BGH, Beschl. v. 05.04.2006 – IX ZB 169/04, ZVI 2007, 78.

B. X. Einmalige Vergütungen

Als einmalige Bezüge gelten auch nicht wiederkehrende Einkünfte, die im Zusammenhang mit einem abhängigen Arbeitsverhältnis stehen, wie z. B. Leistungen, die aus Anlass der Beendigung eines Arbeitsverhältnisses bezahlt werden, 319

- etwa eine Abgangsentschädigung nach §§ 9,10 KSchG

    BAG, Urt. v. 13.11.1991 – 4 AZR 39/91, zitiert nach juris

- oder eine Sozialabfindung nach §§ 112, 113 BetrVG;

    BAG, Urt. v. 13.11.1991 – 4 AZR 20/91, ZIP 1992, 494.

- das Entlassungsgeld eines Wehrpflichtigen.

    OLG Dresden, Beschl. v. 19.02.1999 – 13 W 1457/98, Rpfleger 1999, 283.

Dagegen ist das Weihnachts- oder Urlaubsgeld, auch wenn es nur einmal jährlich bezahlt wird, als wiederkehrende Leistung anzusehen (Rz. 108). 320

Von der Abtretung an den Treuhänder in der Wohlverhaltensphase sind einmalige Bezüge nur insoweit umfasst, als sie, etwa in Form einer Abfindung einem abhängig Beschäftigten zustehen, also Arbeitseinkommen im weitesten Sinne darstellen, wozu jedoch z. B. Steuererstattungsansprüche nicht gehören. 321

BGH, Urt. v. 11.05.2010 – IX ZR 139/09, ZIP 2010, 1186 = ZVI 2010, 261,
dazu EWiR 2010, 499 *(Loof)*.

Dagegen gilt für selbstständig Tätige die Vorschrift des § 295 Abs. 2 InsO. 322

BGH, Urt. v. 15.10.2009 – IX ZR 234/08, ZVI 2010, 28.

Werden einmalige Vergütungen ungeachtet der Verfahrenseröffnung und ihrer Massezugehörigkeit an den Schuldner bezahlt, wird der Drittschuldner nur dann von seiner Leistungspflicht befreit, wenn er beweisen kann, dass er entgegen der Vermutung des § 82 Satz 2 InsO keine Kenntnis von der Verfahrenseröffnung hatte. 323

BGH, Urt. v. 16.07.2009 – IX ZR 118/08, ZIP 2009, 1726,
dazu EWiR 2009, 685 *(Gundlach/Schirrmeister)*;
BGH, Urt. v. 15.04.2010 – IX ZR 62/09, ZIP 2010, 935 = ZVI 2010, 263,
dazu EWiR 2010, 615 *(Flitsch)*.

2. Pfändungsschutz

a) Antragserfordernis

Auf einmalige Bezüge ist die Regelung des § 850c ZPO nicht anwendbar (vgl. Rz. 198). Die (teilweise) Unpfändbarkeit der Vergütung etwa für Mehrarbeit oder der Urlaubs- und Weihnachtsgelder muss bereits aus tatsächlichen Gründen unbeachtet bleiben (vgl. Rz. 45 ff.). Ein Pfändungsschutz kommt deshalb nur über die Vorschrift des § 850i ZPO in Betracht. Die ent- 324 sprechende Entscheidung trifft auf Antrag des Schuldners das Insolvenzgericht (§ 36 Abs. 1 Satz 2 InsO). Antragsberechtigt sind daneben der Insolvenzverwalter/Treuhänder sowie die dem Schuldner gegenüber Unterhaltsberechtigten.

325 Der Antrag auf Pfändungsschutz kann sich nur auf solche Vergütungen beziehen, die vom Drittschuldner noch nicht an die Insolvenzmasse abgeführt wurden. Bis zu einer entsprechenden Anordnung des Insolvenzgerichts steht der Vergütungsanspruch im vollen Umfang der Masse zu. Daran ändert ein später erlassener Beschluss des Insolvenzgerichts nichts. Insbesondere ergibt sich nicht nachträglich ein Bereicherungsanspruch des Schuldners. Für die Einzelzwangsvollstreckung sieht § 835 Abs. 4 ZPO deshalb vor, dass der Drittschuldner erst vier Wochen nach Zustellung des Überweisungsbeschlusses an den Gläubiger leisten darf, wenn es sich um Einkünfte i. S. d. § 850i Abs. 1 ZPO handelt. Auch wenn dieses Verwertungsmoratorium im Insolvenzverfahren nicht anwendbar ist, so muss auch dem Insolvenzschuldner die Möglichkeit eröffnet werden, einen Schutzantrag nach § 850i ZPO zustellen. Es ist deshalb davon auszugehen, dass die in § 850i ZPO genannten Einkünfte zunächst auch ohne entsprechende gerichtliche Anordnung im Umfang des § 850c ZPO unpfändbar sind und damit nicht zur Masse gehören.

> BGH, Urt. v. 20.07.2010 – IX ZR 37/09, ZIP 2010, 1552 = ZVI 2010, 382 zur vergleichbaren Regelung des § 835 Abs. 3 im Zusammenhang mit einem Schutzantrag nach § 850k ZPO (jetzt: § 850l ZPO),
> dazu auch EWiR 2010, 537 *(Vosberg)*.

b) Anwendungsbereich

326 Die Vorschrift des § 850i Abs. 1 ZPO findet zum einen Anwendung auf einmalige Vergütungsansprüche von abhängig Beschäftigten (z. B. Abfindungszahlungen nach §§ 9, 10 KSchG oder § 2 BetrAVG) sowie auf freiberufliche Nebeneinkünfte, die ein ansonsten abhängig Beschäftigter erzielt.

> LG Bochum, Beschl. v. 18.08.2010 – 7 T 433/09, ZVI 2010, 479.

327 Zum anderen werden insbesondere die freiberuflich Tätigen geschützt, die über kein laufendes Arbeitseinkommen verfügen, sondern ihre Leistungen persönlich und aufgrund einzelner Aufträge oder Mandate erbringen und ihre Honorare einmalig und damit nicht wiederkehrend unmittelbar nach Erfüllung ihrer persönlich erbrachten Arbeitsleistung erhalten.

328 Auf diese Weise werden Vergütungsansprüche etwa der Ärzte, Zahnärzte, Tierärzte, Hebammen, Krankengymnasten, Rechtsanwälte, Notare, Architekten, Maler, Komponisten, Schriftsteller und Erfinder den laufenden Arbeitseinkommen gegenüber gleich behandelt, soweit es sich nicht aufgrund vertraglicher Vereinbarung (etwa bei einem Dauermandat nur eines Auftraggebers) um wiederkehrende zahlbare Vergütungen handelt, die schon von den §§ 850c bis f ZPO erfasst werden (vgl. Rz. 199).

Nicht nach § 850i ZPO, sondern gem. § 850c ZPO bestimmt sich der Pfändungsschutz auch für sog. Scheinselbstständige, also für Personen, die ausschließlich für einen Auftraggeber eine nach außen als selbstständig beschriebene Tätigkeit ausüben. 329

Mit seiner ab 01.07.2010 gültigen Fassung erstreckt sich der Schutzbereich des § 850i ZPO auch auf sonstige Einkünfte natürlicher Personen, die kein Arbeitseinkommen sind. Nach der Begründung zum Gesetzentwurf (BT-Drucks. 16/7615, S. 12) sollten damit insbesondere die Einkünfte derjenigen selbständig tätigen Personen umfasst werden, die die Arbeits- oder Dienstleistung nicht persönlich erbringen, sondern durch eigenes Personal erbringen lassen. Angesprochen sind damit die typischen mittelständischen Unternehmer im Produktions- und Dienstleistungsbereich. Ob daneben nunmehr auch (nicht wiederkehrende) Einkünfte aus Kapitalvermögen, wie Zinsen oder Dividenden sowie Miet- und Pachteinnahmen über § 850i ZPO dem Schuldner (teilweise) zu belassen sind, erscheint fraglich. Ebenso fraglich ist, ob etwa Steuererstattungsansprüche, Kautionsrückzahlungsansprüche, Pflichtteilsansprüche oder Kapitalzahlungen aus Lebensversicherungsverträgen als sonstige Einkünfte zu gelten haben. Ausgehend von der mutmaßlichen Intention des Gesetzgebers, nämlich die Schonung der öffentlichen Kassen, ist zu unterstellen, dass möglichst alle dem Schuldner zur Verfügung stehenden Mittel genutzt werden sollen, um dessen Existenzminimum ohne staatliche Leistungen zu sichern. 330

Im Insolvenzverfahren dürfte die Bedeutung der Vorschrift jedoch eher gering sein. Eine selbständige Tätigkeit des Schuldners wird der Insolvenzverwalter/Treuhänder entweder gem. § 35 InsO freigeben (vgl. Rz. 338) oder er wird das Unternehmen des Schuldners unter eigener Regie fortführen. Mieteinnahmen sowie Zinsansprüche dürfte der Schuldner mangels entsprechenden Kapitals kaum erzielen. 331

Die Pfändungsschutzregelung des § 850i ZPO wird im Rahmen eines Insolvenzverfahrens regelmäßig nur für einmalige Abfindungen und ähnliche Ansprüche eines (ehemals) abhängig beschäftigen Insolvenzschuldners Bedeutung erlangen. Hinsichtlich der nicht abhängig beschäftigten Insolvenzschuldner kommt noch eine Anwendung auf nicht wiederkehrend zu leistende Lizenzgebühren und ähnliche Ansprüche in Betracht. 332

Vgl. BGH, Beschl. v. 12.12.2003 – IXa ZB 165/03, ZVI 2004, 243.

c) Umfang des Pfändungsschutzes

aa) Verweis auf § 850c ZPO

Dem Schuldner ist für seine einmaligen Vergütungsansprüche Pfändungsschutz zu gewähren (§ 36 Abs. 1 Satz 2 InsO, § 850i Abs. 1 ZPO). Dabei ist dem Schuldner durch das Insolvenzgericht während eines angemessenen Zeitraums so viel zu belassen, als ihm nach freier Schätzung des Gerichts ver- 333 bleiben würde, wenn sein Einkommen aus laufendem Arbeits- oder Dienstlohn bestünde und sich damit insbesondere aus der Vorschrift des § 850c ZPO ergebe.

334 Bei der Entscheidung sind die wirtschaftlichen Verhältnisse des Schuldners, insbesondere seine sonstigen Verdienstmöglichkeiten, frei zu würdigen. Verfügt der Schuldner demnach über ein geregeltes Einkommen oder erhält er laufende Sozialleistungen, so wird eine Freistellung einmaliger Einkünfte regelmäßig nicht in Betracht kommen.

bb) Angemessener Zeitraum

335 Auch der Begriff des „angemessenen Zeitraums" ist unter Berücksichtigung der im Einzelfall gegebenen Besonderheiten auszulegen. So kann eine Kündigungsabfindung den gesamten bis zum Eintritt des Rentenalters noch verbleibenden Zeitraum umfassen.

LG Essen, Beschl. v. 24.10.1997 – 11 T 619/97, Rpfleger 1998, 297.

336 Bei einem Arzt oder Rechtsanwalt werden die monatlichen Einnahmen der Berechnung zugrunde zu legen sein, wobei Werbungskosten analog zu § 850a Nr. 3 ZPO berücksichtigt werden können (vgl. Rz. 118). Allerdings ist die Vorschrift nicht dazu bestimmt, dem Schuldner eine selbstständige Tätigkeit zu erhalten.

BGH, Beschl. v. 20.03.2003 – IX ZB 388/02, ZVI 2003, 170.

337 Dem Insolvenzgericht steht für seine Entscheidung im Rahmen des § 850i ZPO ein weiter Ermessensspielraum zur Verfügung.

Vgl. Stein/Jonas/*Brehm*, ZPO, § 850i Rz. 12.

Beispiel:

Der Insolvenzschuldner S ist verheiratet und einem Kind zum Unterhalt verpflichtet. Er verfasst als freiberuflicher Journalist für verschiedene Verlage Zeitschriftenbeiträge. Für einen angenommenen Artikel erhält er ein Honorar von 700,00 EUR. Recherche und Abfassung haben etwa eine Woche in Anspruch genommen. Im Rahmen einer Entscheidung nach § 850i ZPO könnte das Insolvenzgericht den Betrag von 700,00 EUR auf einen Monat hochrechnen, was 2.800,00 EUR ergibt. Unter Berücksichtigung der Steuerlast und von Krankenversicherungsbeiträgen ergäbe dies ein fiktives Nettoeinkommen von ca. 1.900,00 EUR, woraus sich unter Anwendung des § 850c ZPO ein pfändbarer Betrag von ca. 100,00 EUR ergäbe. Hinsichtlich der konkreten Vergütung in Höhe von 700,00 EUR ergibt sich damit ein pfändbarer Betrag von ca. 25,00 EUR. Ausgerichtet an den Sozialhilfesätzen und angenommenen Aufwendungen für Wohnung und Heizung von monatlich 900,00 EUR wäre das verdiente Bruttohonorar in Höhe von ca. 100,00 EUR pfändbar.

3. Freigabe des Gewerbebetriebs oder der freiberuflichen Tätigkeit

a) Normaussage

Übt der Schuldner als natürliche Person eine selbstständige Tätigkeit, wie 338
etwa als Freiberufler oder Gewerbetreibender aus oder beabsichtigt er, eine
solche demnächst auszuüben, so hat der Insolvenzverwalter ihm gegenüber
zu erklären, ob Vermögen aus der selbstständigen Tätigkeit zur Masse gehört
und ob (damit) Ansprüche aus der Tätigkeit gegen die Masse geltend gemacht werden können. Auf Antrag des Gläubigerausschusses oder, wenn ein
solcher nicht bestellt ist, der Gläubigerversammlung ordnet das Insolvenzgericht die Unwirksamkeit der Erklärung an (§ 35 Abs. 2 InsO). Die Erklärung
des Insolvenzverwalters ist dem Gericht gegenüber anzuzeigen. Die Anzeige
sowie der Beschluss über die Unwirksamkeit der Freigabe sind vom Insolvenzgericht öffentlich bekannt zu machen (§ 35 Abs. 3 InsO). Zur Vermeidung von Haftungsansprüchen sollte die Erklärung möglichst zeitnah erfolgen, auch wenn sich hierzu im Gesetz keine Regelung findet.

b) Negative Freigabeerklärung

Erklärt der Verwalter, dass das Vermögen, also Einnahme und Leistungsan- 339
sprüche aus der selbstständigen Tätigkeit des Schuldners, zur Insolvenzmasse gehört und folglich Ansprüche aus dieser Tätigkeit im Insolvenzverfahren
als Masseverbindlichkeit geltend gemacht werden können, wird damit die gesetzliche Folge der §§ 35 Abs. 1, 55 Abs. 1 Nr. 1 InsO wiedergegeben. Diese
Erklärung hat deshalb nur klarstellenden Charakter und kann damit auch dadurch zum Ausdruck kommen, dass der Insolvenzverwalter keine gegenteilige Erklärung abgibt.

Die mit der Fortsetzung der selbstständigen Tätigkeit verbundenen Ausga- 340
ben stellen Masseverbindlichkeiten dar, zu denen ggf. auch die Pflichtbeiträge zur Ärzteversorgung gehören.

> Bayer.VGH, Beschl. v. 28.11.2005 – 9 ZB 04.3254, NVwZ-RR
> 2006, 550.

Als Masseverbindlichkeiten gelten auch die Entgeltansprüche, die der „mit- 341
arbeitende" Schuldner für seine Tätigkeit zu beanspruchen hat. Grundlage
hierfür ist das ausdrücklich oder stillschweigend zustande gekommene Vertragsverhältnis zwischen dem Insolvenzverwalter und dem Schuldner.

Die Eingehung eines solchen Vertragsverhältnisses wird regelmäßig eine be- 342
sonders bedeutsame Rechtshandlung i. S. d. § 160 InsO darstellen, so dass
hierfür im Innenverhältnis die Zustimmung des Gläubigerausschusses bzw.
der Gläubigerversammlung erforderlich ist. Dagegen bedarf es keiner Beschlussfassung der Gläubigerversammlung nach § 100 InsO. Es handelt sich
nicht um einen dem Schuldner und seiner Familie aus der Masse zu gewährenden Unterhalt, sondern vielmehr um einen Entgeltanspruch, den der Insolvenzverwalter im Rahmen seiner Verwaltungs- und Verwertungstätigkeit

begründet hat. Dieser Entgeltanspruch des Schuldners stellt zwar einen Neuerwerb i. S. d. § 35 InsO dar. Es kann aber nicht ernsthaft erwogen werden, dass ein solcher Anspruch zur Masse gezogen werden müsste.

343 Auch eine Beschlussfassung des Insolvenzgerichts gem. § 36 Abs. 1 Satz 2 InsO i. V. m. § 850i ZPO erübrigt sich. Das Insolvenzgericht könnte allenfalls im Rahmen seiner sich aus § 58 InsO ergebenden Rechtsaufsicht zum Tätigwerden verlasst sein, wenn dem Insolvenzverwalter ein pflichtwidriges Verhalten vorgeworfen werden müsste.

c) **Positive Freigabeerklärung**

344 Gibt dagegen der Insolvenzverwalter die selbstständige Tätigkeit frei, so fallen erzielte Gewinne nicht in die Masse und sind demnach nicht vom Insolvenzbeschlag umfasst. Erbringt der gutgläubige Drittschuldner in Unkenntnis der Freigabeerklärung des Insolvenzverwalters an diesen eine Leistung zur Erfüllung einer gegenüber dem Schuldner bestehenden Verbindlichkeit, so kann in entsprechender Anwendung von § 82 InsO Befreiung eintreten.

> BFH, Urt. v. 01.09.2010 – VII R 35/08, ZIP 2010, 2359,
> dazu EWiR 2011, 53 *(Kahlert)*;
> BGH, Beschl. v. 16.12.2010 – IX ZA 30/10, ZIP 2011, 234.

345 Umgekehrt können aus der freigegebenen Tätigkeit resultierende Ansprüche im Insolvenzverfahren nicht geltend gemacht werden. Sie stellen weder Insolvenzforderungen noch Masseverbindlichkeiten dar. Die Gläubiger solcher Ansprüche können jedoch als Neugläubiger die Zwangsvollstreckung in das insolvenzfreie Vermögen betreiben; denkbar ist wohl auch die Eröffnung eines Insolvenzverfahrens über dieses Vermögen.

> AG Köln, Beschl. v. 07.06.2010 – 71 IN 509/09, ZVI 2010, 424;
> AG Hamburg, Beschl. v. 18.06.2008 – 67g IN 37/08, ZVI 2008, 295;
> a. A. AG Dresden, Beschl. v. 19.03.2009 – 531 IN 459/09, ZVI 2009, 289.

346 Der Schuldner kann für den Fall, dass auf seine Vergütungsansprüche von einem Neugläubiger im Wege der Zwangsvollstreckung Zugriff genommen wird, Vollstreckungsschutz nach § 850i ZPO beantragen, worüber das Vollstreckungsgericht zu entscheiden hat. Bei der Entscheidung über einen solchen Antrag ist zu berücksichtigen, dass der Schuldner im Falle der Freigabe verpflichtet ist, denjenigen Betrag an die Masse abzuführen, der dem pfändbaren Teil des Einkommens entspricht, das er bei Eingehung eines angemessenen Dienstverhältnisses erzielen würde.

347 Die Freigabeerklärung hat konstitutive Wirkung; sie setzt die genannten Vorschriften über die Entstehung von Masseverbindlichkeiten endgültig und unbedingt außer Kraft. Die Freigabeerklärung kann ebenso wie deren gerichtliche Unwirksamkeitserklärung nur für die Zukunft Wirkung entfalten.

Einmal entstandene Masseverbindlichkeiten können nicht im Wege der Freigabeerklärung beseitigt werden.

> BGH, Urt. v. 02.02.2006 – IX ZR 46/05, ZIP 2006, 583 = ZVI 2006, 156,
> dazu EWiR 2006, 311 *(Henkel)*.

Aufgrund der in § 35 Abs. 2 InsO normierten Anwendbarkeit des § 295 Abs. 2 InsO hat der Schuldner, dessen Tätigkeit durch den Insolvenzverwalter freigegeben wird, denjenigen Betrag an die Masse abzuführen, der dem pfändbaren Einkommen entspricht, das er im Rahmen eines angemessenen Dienstverhältnisses erzielen würde. Ausgehend von einem unter Berücksichtigung der freiberuflich und selbstständig ausgeübten Tätigkeit zu ermittelnden fiktiven Nettoeinkommen ist unter Anwendung des § 850c ZPO der an die Masse abzuführende Betrag zu ermitteln. Geht der selbstständig tätige Schuldner zusätzlich einer abhängigen Beschäftigung nach, muss er die dem Insolvenzverwalter/Treuhänder zufließenden Einkünfte um den Betrag aufstocken, der den Gläubigern zugeflossen wäre, wenn er anstelle der selbstständigen Tätigkeit auch insoweit abhängig beschäftigt gewesen wäre. **348**

> Vgl. BGH, Beschl. v. 05.04.2006 – IX ZB 50/05, ZVI 2006, 257.

Beispiel:

Insolvenzschuldner S ist als niedergelassener Zahnarzt tätig. Er ist verheiratet und einem Kind zum Unterhalt verpflichtet. Der Insolvenzverwalter gibt die freiberufliche Tätigkeit des S in Anwendung des § 35 Abs. 2 InsO frei. Damit ist S verpflichtet, den Betrag zur Insolvenzmasse abzuführen, der sich ergeben würde, wenn S ein angemessenes Dienstverhältnis einginge. Als Zahnarzt in einem öffentlichen Dienstverhältnis würde S nach BAT II a vergütet, was bei den gegebenen Familienverhältnissen einen pfändbaren Betrag in Höhe von 439,01 EUR ergäbe. Diesen Betrag hat S an die Insolvenzmasse abzuführen.

Kommt der Schuldner seiner Verpflichtung zur Abführung der fiktiv pfändbaren Beträge nicht nach, so ist ihm die Restschuldbefreiung zu versagen (§ 296 InsO). **349**

> AG Darmstadt, Beschl. v. 04.10.2005 – 9 IN 2/02, JurBüro 2006, 100.

Eine vergleichbare Sanktion kommt für denjenigen Schuldner, dessen selbstständige oder freiberufliche Tätigkeit durch den Insolvenzverwalter freigegeben wird, nicht in Betracht. Vollstreckungsmaßnahmen des Insolvenzverwalters dürften kaum sinnvoll sein. **350**

XI. Sozialleistungen

1. Laufende Sozialgeldleistungen

Die Pfändbarkeit von Sozialleistungen und damit deren Massezugehörigkeit bestimmt sich nach § 54 SGB I. **351**

352 Nach § 54 Abs. 4 SGB I können laufende Sozialgeldleistungen **wie Arbeitseinkommen** gepfändet werden, soweit nicht durch § 54 Abs. 3 SGB I einzelne Sozialleistungen für unpfändbar erklärt sind. Danach wird die Pfändbarkeit der Sozialleistungsansprüche durch § 850c bzw. § 850d ZPO beschränkt, ohne dass auf die Lohnersatzfunktion oder die Zweckbindung i. S. d. § 851 ZPO der einzelnen Leistung abzustellen ist. Abschläge für Minderbedarf sind auch bei nicht erwerbstätigen Schuldnern nicht vorzunehmen.

BGH, Beschl. v. 12.12.2003 – IXa ZB 207/03, ZVI 2004, 44.

353 Einmalige Sozialleistungen können gem. § 54 Abs. 2 SGB I nur gepfändet werden, soweit nach den Umständen des Falles, insbesondere nach den Einkommens- und Vermögensverhältnissen des Leistungsberechtigten, der Art des beizutreibenden Anspruchs sowie der Höhe und der Zweckbestimmung der Geldleistung, die Pfändung der Billigkeit entspricht. An einer solchen Billigkeit wird es regelmäßig mangeln. Darüber hinaus sind einmalige Sozialleistungen meist zweckgebunden und daher bereits nach § 851 ZPO unpfändbar.

354 Ansprüche auf Dienst- und Sachleistungen können nicht gepfändet werden (§ 54 Abs. 1 SGB I).

2. Unpfändbare laufende Sozialgeldleistungen

355 Von der grundsätzlichen Pfändbarkeit laufender Sozialgeldleistungen ergeben sich u. a. folgende gesetzlich normierte Ausnahmen:

- die **Sozialhilfe**, § 17 Abs. 1 SGB XII;
- das **Wohngeld**, soweit nicht die Pfändung wegen Ansprüchen erfolgt, die Gegenstand der §§ 5 (Miete) und 6 (Belastung) des WoGG sind, § 54 Abs. 3 Nr. 2a SGB I (seit 01.01.2005);
- das **Erziehungsgeld**, § 54 Abs. 3 Nr. 1 SGB I;
- das **Mutterschaftsgeld** nach § 13 Abs. 1 Mutterschutzgesetz, soweit das Mutterschaftsgeld nicht aus einer Teilzeitbeschäftigung während der Elternzeit herrührt, bis zur Höhe des Erziehungsgeldes nach § 5 Abs. 1 des Bundeserziehungsgeldgesetzes; § 54 Abs. 3 Nr. 2 SGB I;
- die **Grundrente**, die als Entschädigung für eine Beeinträchtigung der körperlichen Integrität bezahlt wird, § 54 Abs. 3 Nr. 3 SGB I; hierunter fällt auch das gesetzliche sowie das vertragliche **Pflegegeld**.

3. Elterngeld

356 Das seit 01.01.2007 geltende **Elterngeld** ist bis zur Höhe der nach § 10 BEEG anrechnungsfreien Beträge unpfändbar (§ 54 Abs. 3 Nr. 1 SGB I). Darüber hinausgehende Geldleistungen sind wie Arbeitseinkommen pfändbar (§ 54 Abs. 4 SGB I). Anrechnungsfrei i. S. d. § 10 BEEG sind regelmäßig

300,00 EUR im Monat. Im Fall des § 6 Satz 2 BEEG (Verdoppelung des Bezugszeitraums) vermindert sich der anrechnungsfreie Betrag auf 150,00 EUR monatlich (§ 10 Abs. 3 BEEG). Soweit der Schuldner neben dem Elterngeld über Arbeitseinkünfte oder andere laufende Sozialleistungen verfügt, besteht auf Antrag des Insolvenzverwalters/Treuhänders die Möglichkeit der Zusammenrechnung gem. § 850e ZPO (vgl. Rz. 266). Als Drittschuldner sind die gem. § 12 BEEG zu bestimmenden Stellen zu benennen, die regelmäßig den jetzigen Erziehungsgeldstellen entsprechen.

4. Arbeitslosengelder

Arbeitslosengeld und Arbeitslosengeld II ist im Rahmen des § 850c ZPO pfändbar (vgl. Rz. 289). Dies gilt auch für die Mehraufwandsentschädigung gem. § 16 Abs. 3 SGB II (sog. „Ein-Euro-Job"). 357

LG Görlitz, Beschl. v. 21.03.2007 – 2 T 43/07, JAmt 2007, 328.

5. Nachzahlungen

Bei **Nachzahlungen** auf vorinsolvenzlich entstandene Ansprüche auf Arbeitslosengeld und Krankengeld handelt es sich um rückständige wiederkehrende Leistungen, die in einer Summe ausgezahlt werden. Die Zahlung ist daher keine einmalige Leistung i. S. v. § 54 Abs. 2 SGB I, sondern eine laufende Sozialleistung i. S. d. § 54 Abs. 4 SGB I. 358

Demzufolge kann eine Nachzahlung wie Arbeitseinkommen gepfändet werden. Grundsätzlich ist somit auch bei Nachzahlungen der pfandfreie Betrag für die jeweiligen Abrechnungszeiträume anhand der Tabelle zu § 850c Abs. 3 ZPO zu ermitteln. Da das Verbraucherinsolvenzverfahren aber mehr den Interessen des Schuldners als denen der Gläubiger dient, muss zur Vermeidung unbilliger Ergebnisse eine direkte Anwendung der Vorschriften der ZPO entfallen. Im konkreten Fall scheint es sinnvoller, dem Schuldner eine Quote des Nachzahlungsbetrags (hier: 1/3) zuzubilligen, die sowohl ihm als auch den Gläubigern gerecht wird. 359

LG Lübeck v. 07.12.2004 – 7 T 414/04, ZVI 2005, 275 = ZInsO 2005, 155.

Eine **Rentennachzahlung**, die zweieinhalb Jahre nach dem Antrag auf Erwerbsunfähigkeitsrente erfolgt, ist keine einmalige Geldleistung i. S. v. § 850i ZPO, sondern nach ihrer Anspruchsgrundlage eine wiederkehrende Leistung, die nur in einem Betrag zur Auszahlung ansteht. Die Rentenzahlung ist somit in Höhe der Summe aller monatlichen Freibeträge unpfändbar und fällt in dieser Höhe nicht in die Insolvenzmasse. 360

LG Bielefeld v. 21.10.2004 – 23 T 705/04, ZVI 2005, 138.

6. Überwiesene Sozialleistungen

361 Wird eine Sozialleistung auf das laufende Konto des Schuldners überwiesen, hat er gem. § 55 Abs. 1 SGB I zunächst das Recht, innerhalb von 14 Tagen nach Gutschrift frei über seine Bezüge zu verfügen, und zwar in voller Höhe des jeweils überwiesenen Betrages, unabhängig von den in §§ 850c, 850d ZPO bestimmten Pfändungsgrenzen. Dazu muss der Schuldner gem. § 55 Abs. 3 SGB I nur nachweisen, dass das in Rede stehende Guthaben auf einer Sozialleistung beruht, was durch Vorlage des entsprechenden Leistungsbescheides ohne Weiteres möglich ist.

362 Während der genannten Frist darf das Geldinstitut den geschützten Teil des Guthabens weder an den Insolvenzverwalter abführen noch hinterlegen; bei einem Verstoß behält der Schuldner seine Forderung gegen das Geldinstitut, § 55 Abs. 3 SGB I. Auch eine Verrechnung mit debitorischen Salden ist dem Kreditinstitut innerhalb des genannten Zeitraums verwehrt (§ 394 BGB).

363 Der verlängerte Pfändungsschutz nach Maßgabe von § 55 Abs. 4 SGB I greift sodann ein, wenn der Schuldner gutgeschriebene Sozialleistungen länger als 14 Tage auf dem Konto belassen hat. Danach sind die in § 55 Abs. 1 SGB I genannten Forderungen nach Ablauf von 14 Tagen seit der Gutschrift sowie Bargeld insoweit nicht der Pfändung unterworfen, als ihr Betrag dem unpfändbaren Teil der Leistungen für die Zeit von der Pfändung bis zum nächsten Zahlungstermin entspricht. Die insoweit dem Schuldner zu belassenden Beträge hat jedoch nicht das Kreditinstitut zu ermitteln. Vielmehr obliegt es im Einzelzwangsvollstreckungsverfahren dem Vollstreckungsgericht, in Anwendung des § 850l ZPO auf Antrag des Schuldners die Bestimmung vorzunehmen.

Vgl. BGH, Beschl. v. 20.12.2006 – VII ZB 56/06, ZVI 2007, 64.

364 Die Bestimmung des § 55 Abs. 4 SGB I gilt auch im Insolvenzverfahren. Kontogutschriften aus laufenden Sozialgeldleistungen gehören nur in dem Umfang zur Insolvenzmasse, wie die Ansprüche auf Auszahlung der laufenden Sozialleistung selbst nach § 54 SGB I der Pfändung unterworfen sind (§ 55 Abs. 4 SGB I, § 850l ZPO). Nur insoweit darf der Insolvenzverwalter/Treuhänder darauf Zugriff nehmen.

365 Im Übrigen stehen die Ansprüche dem Schuldner zu, der darüber frei verfügen darf. Einer Beschlussfassung des Insolvenzgerichts nach § 36 Abs. 4 Satz 1 InsO i. V. m. § 850l ZPO bedarf es insoweit nicht (vgl. Rz. 393). Vielmehr hat der Insolvenzverwalter/Treuhänder ohne weitere gerichtliche Anordnung die unpfändbaren Teile der Sozialleistung zu beachten.

Vgl. BGH, Urt. v. 20.07.2010 – IX ZR 37/09, ZIP 2010, 1552 = ZVI 2010, 382,
dazu EWiR 2010, 537 *(Vosberg)*.

366 Werden laufende Sozialleistungen auf einem Pfändungsschutzkonto gutgeschrieben, so findet § 55 SGB I keine Anwendung. Es gelten vielmehr die

Regelungen des § 850k ZPO, die gem. § 36 Abs. 1 Satz 2 InsO auch im Insolvenzverfahren Anwendung finden (vgl. Rz. 379). Die Regelung des § 55 SGB I entfällt mit Wirkung zum 01.01.2012 (BGBl I 2010, 1707). Ab diesem Zeitpunkt kann Pfändungsschutz für Kontoguthaben nur noch im Rahmen eines Pfändungsschutzkontos erlangt werden.

XII. Versicherungsrenten

1. Versicherungsrenten für Selbstständige und Freiberufler

a) Laufende Leistungen

Private Versicherungsrenten von selbstständig oder freiberuflich tätig gewesenen Personen genießen nicht den Pfändungsschutz für Arbeitseinkommen. Derartige Leistungen sind demnach uneingeschränkt pfändbar und fallen deshalb auch ohne Abzüge in die Insolvenzmasse. § 850 Abs. 3 Buchst. b ZPO findet nur dann Anwendung, wenn der Bezugsberechtigte in einem abhängigen Arbeits- oder Dienstverhältnis steht bzw. stand (vgl. Rz. 55). 367

> BGH, Beschl. v. 15.11.2007 – IX ZB 34/06, ZIP 2008, 338 = ZVI 2008, 14,
> dazu EWiR 2008, 383 *(Walker)*.

Nur wie Arbeitseinkommen pfändbar sind dagegen gem. § 851c Abs. 1 ZPO Ansprüche auf Leistungen, die aufgrund von Verträgen gewährt werden, soweit diese Verträge die Voraussetzungen des § 851c Abs. 1 ZPO erfüllen (s. Gesetz vom 26.03.2007 – BGBl I, 368 v. 30.03.2007). 368

Auch wiederkehrende Leistungen, die der Schuldner im Rahmen eines Auszahlungsplans nach dem Altersvorsorge-Zertifizierungsgesetz erhält, unterliegen der Pfändung nach den Vorschriften der Einkommenspfändung (§ 851d ZPO). 369

b) Bildung eines Deckungskapitals

Um dem Schuldner den Aufbau einer angemessenen Alterssicherung zu ermöglichen, kann er unter Berücksichtigung der Entwicklung auf dem Kapitalmarkt, des Sterblichkeitsrisikos und der Höhe der Pfändungsfreigrenzen, nach seinem Lebensalter gestaffelt, jährlich einen bestimmten Betrag unpfändbar auf der Grundlage eines in § 851c Abs. 1 ZPO bezeichneten Vertrags bis zu einer Gesamtsumme von derzeit 238.000,00 EUR ansammeln (§ 851c Abs. 2 Satz 1 ZPO). Die Vorschrift gilt für Selbstständige ebenso wie für abhängig Beschäftigte. Letztere müssen sich jedoch die Rentenanwartschaft anrechnen lassen, die sie im Rahmen der gesetzlichen Rentenversicherung erwerben oder schon erworben haben. 370

c) Anwendungsvoraussetzungen

Der Vertrag, der zur Sicherung der Altersversorgung und/oder zur Absicherung im Falle der Berufsunfähigkeit abgeschlossen wird, muss gem. § 851c 371

Abs. 1 ZPO folgende Voraussetzungen erfüllen:

- Die Leistung (Alters- oder Berufsunfähigkeitsrente) muss lebenslang in regelmäßigen Zeitabständen erfolgen und darf nicht vor Vollendung des 60. Lebensjahres oder nur bei Eintritt der Berufsunfähigkeit gewährt werden. Gewährt ein Vertrag eine lebenslange Leistung in regelmäßigen Abständen, die ab Eintritt der Berufsunfähigkeit gezahlt wird, sind die Voraussetzungen des § 851c Abs. 1 Nr. 1 ZPO erfüllt. Daran ändert sich nichts dadurch, dass ab einem späteren Zeitpunkt, der nicht vor Beginn des 60. Lebensjahres liegen darf, die Leistung als Altersversorgung bezahlt wird, also ab diesem Zeitpunkt unabhängig von den Voraussetzungen der Berufsunfähigkeit.

  BGH, Urt. v. 15.07.2010 – IX ZR 132/09, ZIP 2010, 1656,
  dazu EWiR 2011, 55 *(Lau)*.

- Über die Ansprüche aus dem Vertrag darf nicht verfügt werden können.

- Die Bestimmung eines Dritten als Berechtigten muss mit Ausnahme von Hinterbliebenen des Berechtigten ausgeschlossen sein. Dabei stellt eine Lebensgefährtin keine Hinterbliebene in diesem Sinne dar.

  BGH, Beschl. v. 25.11.2010 – VII ZB 5/08, WM 2011, 128.

- Die Zahlung einer Kapitalleistung, ausgenommen eine Zahlung für den Todesfall, darf nicht vereinbart sein. Wird hinsichtlich der Altersrente ein Kapitalwahlrecht gewährt, lässt dies nach § 851c Abs. 1 Nr. 4 ZPO den Pfändungsschutz auch hinsichtlich einer vor der Altersrente gewährten und mit dieser zusammen der Existenzsicherung dienenden Berufsunfähigkeitsrente entfallen.

  BGH, Urt. v. 15.07.2010 – IX ZR 132/09, ZIP 2010, 1656,
  dazu EWiR 2011, 55 *(Lau)*.

372 Im Übrigen spielt es keine Rolle, in welchem Rahmen ein entsprechender Vertrag abgeschlossen wurde. Es kann sich um zertifizierte Rentenversicherungen, Bank- oder Fondssparpläne handeln. Jedoch sind die genannten Beträge dem Schuldner auch nur einmalig zu belassen, wenn er mehrere privilegierte Verträge abgeschlossen hat.

373 Eine zunächst als Kapitallebensversicherung abgeschlossene Versicherung kann der Schuldner jederzeit in eine dem § 851c Abs. 1 ZPO entsprechende Altersvorsorgeversicherung umwandeln. Darf der Insolvenzschuldner jedoch wegen des durch die Insolvenzeröffnung bewirkten Verfügungsverbots keine Verfügungen mehr vornehmen, die die Masse beeinträchtigen, so kann er nach Verfahrenseröffnung einen Pfändungsschutz für eine Kapitallebensversicherung nicht mehr durch Ausübung des Rentenwahlrechts herbeiführen.

Vgl. BFH, Urt. 31.07.2007 – VII R 60/06, WM 2007, 2332.

d) Tabelle zu § 851c Abs. 2 Satz 2 ZPO

Vollendetes Lebensjahr	Pfandfreies Vorsorgekapital EUR	Vollendetes Lebensjahr	Pfandfreies Vorsorgekapital EUR
18	2.000	44	86.500
19	4.000	45	91.000
20	6.000	46	95.500
21	8.000	47	100.000
22	10.000	48	106.000
23	12.000	49	112.000
24	14.000	50	118.000
25	16.000	51	124.000
26	18.000	52	130.000
27	20.000	53	136.000
28	22.000	54	144.000
29	24.000	55	152.000
30	28.000	56	160.000
31	32.000	57	168.000
32	36.000	58	176.000
33	40.000	59	184.000
34	44.000	60	193.000
35	48.000	61	202.000
36	52.000	62	211.000
37	56.000	63	220.000
38	60.000	64	229.000
39	64.000	65	238.000
40	68.500		
41	73.000		
42	77.500		
43	82.000		

374

Beispiel:

Einem 40-jährigen Schuldner sind demnach bis zu 68.500,00 EUR Altersvorsorgevermögen zu belassen. Übersteigt der Rückkaufwert der Altersicherung den unpfändbaren Betrag, sind drei Zehntel des überschießenden Betrags unpfändbar (§ 851c Abs. 2 Satz 3 ZPO). Hat demnach die Lebensversicherung des o. g. 40-jährigen Schuldners einen Rückkaufswert von derzeit 75.000,00 EUR, kann der Insolvenzverwalter auf einen Betrag von 4.550,00 EUR (7/10 aus dem Unterschiedsbetrag zwischen Rückkaufwert und unpfändbarem Vorsorgevermögen) zugreifen. Ohne Beschränkung pfändbar ist der Teil des Rückkaufswertes, der den dreifachen Wert des dem Schuldner pfandfrei zu belassenden Anlagevermögens übersteigt (§ 851c Abs. 2 Satz 4 ZPO). Hat demnach die Lebensversicherung des o. g. 40-jährigen Schuldners einen Rückkaufswert von derzeit 250.000,00 EUR, so ist davon ein Betrag von 44.500,00 EUR unbeschränkt pfändbar. Von dem Differenzbetrag von 137.000,00 EUR sind 7/10 pfändbar, also 95.900,00 EUR. Insgesamt pfändbar wären damit 140.400,00 EUR. Der Pfändungsschutz des § 851c Abs. 2 ZPO gilt jedoch nur für solche Anlageformen, die den o. g. Vorgaben des § 851c Abs. 1 ZPO entsprechen.

2. Ansprüche gegen berufsständische Versorgungswerke

375   Rentenansprüche gegen berufsständische Versorgungswerke sind auch dann im Rahmen des § 850c ZPO pfändbar und damit zur Masse zu ziehen, wenn diese Ansprüche nicht abtretbar und damit nach § 851 ZPO eigentlich einer Pfändung entzogen sind. Dies hat der BGH hinsichtlich der Rentenansprüche gegen das Versorgungswerk für Rechtsanwälte Baden-Württemberg festgestellt.

BGH, Beschl. v. 25.08.2004 – IXa ZB 271/03, ZVI 2004, 673.

376   Ebenso für Ansprüche gegen die Versorgungsanstalt der deutschen Bezirksschornsteinfegermeister, die trotz ihrer Unabtretbarkeit grundsätzlich wie Arbeitseinkommen in den Grenzen von § 850c ZPO pfändbar sind.

BGH, Beschl. v. 28.03.2007 – VII ZB 43/06, ZVI 2007, 522.

377   Auch die Leistungsansprüche des Schuldners gegen das Versorgungswerk der Rechtsanwälte im Freistaat Sachsen unterliegen der Pfändung und fallen damit in die Insolvenzmasse. Dagegen ist des Stammrecht und damit das Recht des Mitglieds eines Rechtsanwaltsversorgungswerkes, die Mitgliedschaft zu beenden und die Erstattung gezahlter Beträge zu verlangen, unpfändbar und gehört damit nicht zur Insolvenzmasse.

BGH, Urt. v. 10.01.2008 – IX ZR 94/06, ZIP 2008, 417 = ZVI 2008, 60,
dazu EWiR 2008, 311 *(Römermann).*

378   Damit unterscheidet sich die öffentlich-rechtliche Pflichtversicherung insbesondere von einer noch nicht auszahlungsreifen Lebensversicherung, bei welcher der Vollstreckungsgläubiger nach Pfändung und Überweisung der An-

sprüche und der Insolvenzverwalter des Versicherten vorbehaltlich des § 851c ZPO auch die Kündigung erklären und sich aus dem Rückkaufswert der Versicherung befriedigen können, wodurch das im Anwartschaftsstadium befindliche Rentenstammrecht erlischt.

XIII. Überwiesene Bezüge

1. Pfändungsschutzkonto

a) Einrichtung eines Pfändungsschutzkontos

Auf das Konto des Schuldners überwiesene unpfändbare Einkünfte stellen nach deren Gutschrift keine Einkünfte dar. Vielmehr handelt es sich um den Anspruch auf Auszahlung des entstandenen Guthabens, der grundsätzlich auch dann als Neuerwerb in die Masse fällt, wenn das Guthaben einzig durch die Gutschrift unpfändbarer Einkommensteile entsteht. Allerdings ist ein solches Guthaben nach § 36 Abs. 1 Satz 2 InsO i. V. m. § 850k ZPO im dort genannten Umfang unpfändbar und damit nicht massezugehörig, wenn es sich bei dem Konto des Schuldners um ein sog. Pfändungsschutzkonto („P-Konto") handelt. Verfügt der Schuldner nicht über ein Pfändungsschutzkonto, findet die noch bis 31.12.2011 geltende Vorschrift des § 850l ZPO Anwendung (vgl. Rz. 397). 379

Die Möglichkeit, ein Pfändungsschutzkonto einzurichten, besteht auch während des Insolvenzverfahrens. Ein bei Eröffnung des Verfahrens vorhandenes Kontoguthaben kann im Umfang des § 850k ZPO dem Zugriff des Insolvenzverwalters dadurch entzogen werden, dass der Schuldner innerhalb von vier Wochen nach Zustellung des Eröffnungsbeschlusses mit dem kontoführenden Kreditinstitut die Umwandlung seines Kontos in ein Pfändungsschutzkonto vereinbart (vgl. § 850k Abs. 1 Satz 3 ZPO). Um dem Schuldner diese Möglichkeit zu eröffnen, ist davon auszugehen, dass der Insolvenzverwalter/Treuhänder bis zum Ablauf der in § 835 Abs. 3 ZPO genannten Vier-Wochen-Frist auf ein Guthaben, das den in § 850k ZPO genannten Umfang nicht übersteigt, keinen Zugriff hat. Dies entspricht dem sich aus der Vorschrift zu entnehmenden Rechtsgedanken. 380

b) Geschützte Guthaben

Abweichend von der bis zum 30.06.2010 geltenden Regelung des § 850k ZPO, des § 55 SGB I oder des § 76a EStG sind die Vorschriften über das P-Konto unabhängig davon anzuwenden, dass das Guthaben aus überwiesenen wiederkehrenden Einkünften, Sozialleistungen oder einmaligen Zahlungen herrührt. Damit wird auch selbständig tätigen Schuldnern der Pfändungsschutz eröffnet. Ebenso werden einmalige Eingänge, wie etwa Steuererstattungen einbezogen. 381

Soweit pfändbare und damit zur Masse gehörende Zahlungsansprüche, wie etwa Steuererstattungsansprüche, vom Drittschuldner nach Verfahrenseröff- 382 nung auf ein Konto des Insolvenzschuldners überwiesen werden, erlischt damit regelmäßig nicht die Leistungspflicht des Drittschuldners gegenüber der Masse (§ 82 InsO). Er muss auf Verlangen des Insolvenzverwalters/Treuhänder erneut an die Masse leisten, soweit dieser vom Insolvenzschuldner die eingegangenen Gelder nicht erlangen kann. Gegen den Insolvenzschuldner hat der Drittschuldner einen Bereicherungsanspruch, der aus dem insolvenzfreien Vermögen zu erfüllen ist.

BGH, Urt. v. 15.04.2010 – IX ZR 62/09, ZIP 2010, 935 = ZVI 2010, 263,
dazu EWiR 2010, 615 *(Flitsch)*.

c) Umfang des Pfändungsschutzes

383 Von einer Pfändung frei gestellt wird zunächst der sog. Sockelfreibetrag, der dem unpfändbaren Grundbetrag des § 850c Abs. 1 Satz 1 ZPO in Höhe von derzeit 985,15 EUR entspricht. Unter den Voraussetzungen des § 850k Abs. 2 Satz 1 Nr. 1 ZPO sind auch die in § 850c Abs. 1 Satz 2 ZPO genannten Beträge von einer Pfändung nicht umfasst. Dies sind derzeit 370,76 EUR für den ersten Unterhaltsberechtigten und jeweils 206,56 EUR für den zweiten bis fünften Unterhaltsberechtigten, denen der Schuldner Unterhalt gewährt („erhöhter Sockelbetrag"). Ebenso sind gutgeschriebene einmalige Sozialleistung sowie Kindergeld von der Guthabenpfändung nicht umfasst.

Beispiel:

Schuldner S ist verheiratet und einem Kind zum Unterhalt verpflichtet. Am 30.05. wird über das Vermögen des S das Insolvenzverfahren eröffnet. Zu diesem Zeitpunkt weist das P-Konto des S ein Guthaben von 200,00 EUR aus. Am 01.06. wird dem Konto das Arbeitseinkommen des S i.H.v. 1.500,00 EUR gutgeschrieben. Von der Insolvenzbeschlagnahme nicht umfasst sind neben dem Sockelfreibetrag i.H.v. 985,15 EUR die pfandfreien Grundbeträge i. S. v. § 850c Abs. 1 Satz 2 ZPO für die Ehefrau i.H.v. derzeit 370,76 EUR sowie für das Kind i.H.v. derzeit 206,56 EUR, insgesamt also 1.562,47 EUR. Da der Übertrag von 200,00 EUR ebenfalls unpfändbar ist, hat der Insolvenzverwalter/Treuhänder keinen Zahlungsanspruch.

384 Im Einzelzwangsvollstreckungsverfahren ist das Kreditinstitut zur Leistung des erhöhten Sockelbetrags sowie einer einmaligen Sozialleistung oder des Kindergeldes nur dann verpflichtet, wenn der Schuldner entsprechende Nachweise vorlegen kann (§ 850k Abs. 5 Satz 3 ZPO). Ist er hierzu nicht in der Lage, hat auf Antrag das Vollstreckungsgericht die Beträge zu bestimmen (§ 850k Abs. 5 Satz 4 ZPO).

385 Im Insolvenzverfahren findet § 850k Abs. 5 Satz 4 ZPO keine Anwendung. Mit der Vorschrift sollte den Bedürfnissen der Kreditwirtschaft nach Rechtssicherheit Rechnung getragen werden (BT-Drucks. 16/7615, S. 20). Wobei aber an die Bestimmung seitens des Insolvenzgerichts keine dem § 836 Abs. 2 ZPO vergleichbare Schutzfiktion geknüpft ist. Im Insolvenzverfahren

ist es grundsätzlich dem Insolvenzverwalter überlassen, die nach der Tabelle zu § 850c ZPO pfandfreien Einkommensteile zu bestimmen. Die Ermittlung der pfandfreien Beträge ist jedem Insolvenzverwalter geläufig.

>BGH, Urt. v. 20.07.2010 – IX ZR 37/09, ZIP 2010, 1552 = ZVI 2010, 382,
>dazu EWiR 2010, 537 *(Vosberg).*

Dem Insolvenzgericht sind nach § 36 Abs. 4 Satz 1 InsO „Entscheidungen" übertragen, soweit sie im Einzelzwangsvollstreckungsverfahren dem Vollstreckungsgericht obliegen und die Frage zum Gegenstand haben, ob ein Gegenstand der Zwangsvollstreckung unterliegt. Die Feststellung der Anzahl der Personen, denen der Schuldner Unterhalt gewährt, stellt indes keine vollstreckungsrechtliche Entscheidung dar. Die Feststellung, dass es sich bei einem gutgeschriebenen Betrag um eine einmalige Sozialleistung oder um Kindergeld handelt, stellt keine Entscheidung dar. 386

Dem übersteigerten Sicherungsbedürfnis eines Kreditinstituts kann dadurch entsprochen werden, dass zusätzlich zu einer entsprechenden Aussage des Insolvenzverwalters/Treuhänders eine Erklärung des Schuldners beigefügt wird. Zu einer solchen Mitwirkung ist der Schuldner nach § 97 InsO verpflichtet. 387

>Vgl. BGH, Beschl. v. 18.09.2003 – IX ZB 75/03, ZIP 2003, 2123 = ZVI 2003, 666,
>dazu EWiR 2004, 293 *(Vallender).*

Besteht zwischen dem Schuldner und dem Insolvenzverwalter/Treuhänder z. B. Streit darüber, ob der Schuldner einem Unterhaltsberechtigten tatsächlich Unterhalt leistet, so entscheidet hierüber das Prozessgericht. 388

>Vgl. BGH, Beschl. v. 11.05.2010 – IX ZB 268/09, ZIP 2010, 1197 = ZVI 2010, 473,
>dazu EWiR 2011, 57 *(Vosberg/Klawa).*

In Anwendung des § 850k Abs. 4 ZPO kann im Einzelvollstreckungsverfahren das Vollstreckungsgericht auf Antrag bestimmen, dass dem Schuldner letztlich der Betrag zu verbleiben hat, der ihm auch bei einer Pfändung an der Quelle, also etwa gegenüber dem Arbeitgeber nach den Vorschriften der §§ 850 ff. ZPO verbleiben würde. Auch insoweit handelt es sich nicht um eine Entscheidung, sondern um einen Rechenvorgang. 389

Im Insolvenzverfahren wird auf das P-Konto des Schuldners nur noch der unpfändbare Einkommensteil überwiesen. Die Freistellung des sich daraus ergebenden Kontoguthabens setzt keinen Entscheidung des Insolvenzgerichts nach § 36 Abs. 1 Satz 2 i. V. m. § 850k Abs. 4 ZPO voraus. Auch ohne einen solchen Beschluss hat der Insolvenzverwalter/Treuhänder die sich aus § 850k Abs. 4 ZPO ergebenden Freibeträge zu berücksichtigen. 390

>Vgl. BGH, Urt. v. 20.07.2010 – IX ZR 37/09, ZIP 2010, 1552 = ZVI 2010, 382,
>dazu EWiR 2010, 537 *(Vosberg).*

391 Der Insolvenzverwalter/Treuhänder wird demzufolge dem kontoführenden Kreditinstitut gegenüber erklären, dass Guthaben, die sich aus Überweisungen des Arbeitgebers des Schuldners ergeben, von dem Insolvenzbeschlag nicht umfasst sind.

392 Überweist der Arbeitgeber des Schuldners pfändbare und damit zur Masse gehörende Beträge auf das Konto des Schuldners, wird der Arbeitgeber damit von seiner Leistungspflicht gegenüber dem Insolvenzverwalter/Treuhänder nicht befreit (§ 82 InsO). Damit beschränkt sich die Bedeutung des P-Kontos im Insolvenzverfahren wohl auf die zum Zeitpunkt der Verfahrenseröffnung bestehenden Kontoguthaben. Diese kann der Schuldner mit einer fristgerechten Umwandlung seines Kontos in ein P-Konto im Umfang des § 850k Abs. 1 und Abs. 2 ZPO dem Zugriff des Insolvenzverwalters/Treuhänders entziehen. Während des eröffneten Verfahrens hat die Einrichtung oder Führung eines P-Kontos zur Folge, dass sich eine Freigabeerklärung des Insolvenzverwalters/Treuhänders erübrigt.

2. Sonstiges Konto

393 Guthaben auf einem nicht als P-Konto geführten Konto, die aus Überweisungen von wiederkehrenden Einkünften der in §§ 850 bis 850b, 851c und 851d ZPO bezeichneten Art herrühren, können im Einzelzwangsvollstreckungsverfahren bis einschließlich 31.12.2011 in Anwendung des § 850l ZPO durch das Vollstreckungsgericht auf Antrag des Schuldners freigestellt werden. Dabei hat das Vollstreckungsgericht die unpfändbaren Einkommensteile nach §§ 850 ff. ZPO zu bestimmen. Die Regelung entspricht der Vorschrift des § 850k ZPO a. F. und ist grundsätzlich auch im Insolvenzverfahren anwendbar (§ 36 Abs. 1 Satz 2 InsO).

394 Im Insolvenzverfahren hat der Insolvenzverwalter/Treuhänder die sich aus § 850l ZPO ergebende Unpfändbarkeit zu beachten, ohne dass es einer Beschlussfassung des Insolvenzgerichts bedarf (vgl. Rz. 390).

XIV. Pfändungsschutz nach § 765a ZPO

395 Ob der allgemeine Pfändungsschutz des § 765a ZPO über die Regelung des § InsO im Insolvenzverfahren Anwendung findet, ist nicht abschließend geklärt. Der BGH hat die Anwendbarkeit für den Fall bejaht, dass der Insolvenzverwalter gem. § 148 InsO gegen den Schuldner vollstreckt und dadurch Leib und Leben des Schuldners gefährdet wird.

> BGH, Beschl. v. 16.10.2008 – IX ZB 77/08, ZIP 2008, 2441
> = ZVI 2009, 74,
> dazu EWiR 2009, 223 (*Stefan Schmidt*);
> vgl. auch LG Nürnberg-Fürth, Beschl. v. 26.10.2009 – 11 T 3823/09, ZInsO 2009, 2352.

396 Allerdings ist das Insolvenzgericht mit einer Entscheidung nach § 765a ZPO nicht befugt, die kraft Gesetzes der Masse zugewiesenen Einkünfte durch

eine entsprechende Entscheidung der Masse zu entziehen. Auch stellt die Tatsache, dass der Schuldner aufgrund des Insolvenzbeschlags der Sozialhilfe anheimfällt, keine unbillige Härte i. S. d. § 765a ZPO dar.

BGH, Beschl. v. 15.11.2007 – IX ZB 34/06, ZIP 2008, 338 = ZVI 2008, 14,
dazu EWiR 2008, 383 *(Walker)*.

Teil 2 Lohnpfändung contra Einzugsrecht des Insolvenzverwalters/Treuhänders

A. Lohnpfändung vor Verfahrenseröffnung

I. Absonderungsrecht

1. Bedeutung

Eine vor Verfahrenseröffnung wirksam ausgebrachte Pfändung des Arbeitseinkommens oder gleichgestellter Bezüge begründet im eröffneten Verfahren ein **Absonderungsrecht des Pfändungsgläubigers** (§ 50 Abs. 1 InsO). Dieser ist im Umfang des erworbenen Absonderungsrechts auch nach Verfahrenseröffnung berechtigt, unmittelbar vom Drittschuldner die Auszahlung der pfändbaren Einkommensteile an sich zu verlangen. Dem Insolvenzverwalter/Treuhänder steht kein Einzugsrecht zu (§ 166 Abs. 2 InsO). Somit kann auch kein Kostenbeitrag i. S. d. § 170 Abs. 1 InsO geltend gemacht werden.

397

Ebenso können Zahlungen, die seitens des Drittschuldners während des anfechtungsrelevanten Zeitraums an den Pfändungsgläubiger geleistet werden, mangels Gläubigerbenachteiligung nicht angefochten werden (Rz. 522). Aufgrund eines wirksam und insolvenzfest erworbenen Absonderungsrechts in Form des Pfändungspfandrechts werden die Insolvenzgläubiger nicht benachteiligt, wenn der Drittschuldner hierauf an den Pfändungsgläubiger Zahlungen leistet.

398

> BGH, Urt. v. 20.03.2008 – IX ZR 2/07, ZIP 2008, 796
> = ZVI 2008, 399.

Die Wirksamkeit einer Lohnpfändung und damit der Bestand des Absonderungsrechts werden in der Insolvenzordnung zum einen durch die Regelung des § 88 InsO (Rz. 505) und zum anderen mit der Bestimmung des § 114 Abs. 3 InsO begrenzt (Rz. 416). Daneben kann sich die Lohnpfändung bzw. die sich daraus ergebende Befriedigung des Pfändungsgläubigers auch als anfechtbar erweisen (Rz. 613 ff.). Nach Insolvenzeröffnung kann ein Pfändungspfandrecht an den zur Insolvenzmasse gehörenden Einkommensteilen grundsätzlich nur noch durch Massegläubiger wirksam begründet werden (§ 91 InsO; Rz. 544).

399

2. Künftige wiederkehrende Vergütungsansprüche

a) Entstehung der Anspruchs

Die Pfändung zukünftiger Forderungen begründet ein Pfändungspfandrecht und damit ein Absonderungsrecht nicht bereits mit der Zustellung des Pfändungsbeschlusses an den Drittschuldner gem. § 829 Abs. 3 ZPO, sondern erst mit der Entstehung der Forderung.

400

> BGH, Urt. v. 22.01.2004 – IX ZR 39/03, ZIP 2004, 513 = ZVI 2004, 188.

401 Der Anspruch auf Vergütung für geleistete Dienste entsteht nicht bereits mit Abschluss des Arbeits- oder Dienstvertrags, sondern erst mit der Erbringung der Dienstleistung.

>BGH, Urt. v. 30.01.1997 – IX ZR 89/96, ZIP 1997, 513.

402 Vor der Erbringung der Dienstleistung steht auch kein pfändbares Anwartschaftsrecht zur Verfügung.

>BGH, Urt. v. 05.01.1955 – IV ZR 154/54, NJW 1955, 544.

403 Ob dessen ungeachtet bei der Pfändung künftiger Ansprüche aus einem Dienst- oder Arbeitsverhältnis gleichwohl ein Pfandrecht und damit ein Absonderungsrecht an diesen Ansprüchen bereits mit der Zustellung des Pfändungsbeschlusses entstehen, ist fraglich (Rz. 404 ff.).

b) Begründung eines Pfandrechts

404 In seiner Entscheidung vom 26.06.2008 setzt der BGH im Rahmen des § 140 Abs. 1 InsO die Entstehung der jeweiligen Lohnforderung mit der Begründung eines Pfändungspfandrechts hieran gleich. Die Vorschrift des § 832 ZPO stünde insoweit nicht entgegen, da dieser nur die Funktion zukomme, auf die künftig fällig werdenden Einkünfte mit einem einzigen Pfändungsbeschluss Zugriff nehmen zu können, ohne dass dies in dem maßgebenden Pfändungsbeschluss ausdrücklich angeordnet werden muss.

>BGH, Urt. v. 17.07.2008 – IX ZR 203/07, ZVI 2008, 433;
>BGH, Urt. v. 26.06.2008 – IX ZR 87/07, ZIP 2008, 1488 = ZVI 2008, 392 m. Bespr. *Riedel*, S. 420,
>dazu EWiR 2008, 569 *(Koza)*.

405 Zu der mit dem Wortlaut des § 832 ZPO durchaus vergleichbaren Regelung des § 850d Abs. 3 ZPO hat der BGH dagegen festgestellt, dass bereits mit dem Zeitpunkt der Zustellung des Pfändungsbeschlusses ein Pfandrecht auch an künftig fällig werdendem Arbeitseinkommen entsteht.

>BGH, Beschl. v. 31.10.2003 – IXa ZB 200/03, ZVI 2003, 646.

406 Auch nach Ansicht des BSG erstreckt sich das Pfandrecht, das durch die Pfändung von Arbeitslosenhilfe erworben wird, gem. § 832 ZPO auf die nach der Pfändung fällig werdenden Beträge.

>BSG, Urt. v. 12.05.1982 – 7 RAr 63/81, MDR 1983, 86.

407 Letztlich sieht auch der BFH in § 832 ZPO eine Vorschrift, nach der Ansprüche auf fortlaufende Bezüge als ein Ganzes aufzufassen sind, das nur bezüglich der Erfüllung in einzelne Raten zerfällt. So erfasse das Pfandrecht, das durch die Pfändung einer Gehaltsforderung oder einer ähnlichen in fortlaufenden Bezügen bestehenden Forderung erworben wird, auch die nach der Pfändung fällig werdenden Beträge.

>BFH, Urt. v. 12.04.2005 – VII R 7/03, ZIP 2005, 1182 = ZVI 2005, 417.

A. I. Absonderungsrecht

Das BAG stellt fest: „Gemäß § 832 ZPO erstreckt sich das Pfandrecht, das durch die Pfändung einer Gehaltsforderung oder einer ähnlichen in fortlaufenden Bezügen bestehenden Forderung erworben wird, auch auf die nach der Pfändung fällig werdenden Beträge." 408

> BAG, Urt. v. 12.03.2008 – 10 AZR 148/07, ZIP 2008, 979 = ZVI 2008, 401,
> dazu EWiR 2008, 479 (*Holzer*).

Die Annahme, dass ein Pfändungspfandrecht an künftig fällig werdenden Bezügen, erst mit der Entstehung des Lohnanspruchs begründet wird und nicht bereits mit der Zustellung des auf die künftigen Bezüge gerichteten Pfändungsbeschlusses, ist demnach jedenfalls nicht zwingend. Es sprechen im Gegenteil schwer wiegende Argumente für die gegensätzliche Ansicht. Auch die Intention des Gesetzgebers scheint in diese Richtung zu gehen. Selbst wenn der Gesetzgeber hinsichtlich der Wirkungen des § 114 Abs. 1 InsO von unzutreffenden Voraussetzungen ausgegangen sein sollte, was der BGH unterstellt, so wird aus der Bestimmung des § 114 Abs. 3 InsO doch der Wille deutlich, die vor Insolvenzeröffnung und außerhalb der Sperrfrist des § 88 InsO ausgebrachte Lohnpfändung in einem beschränkten Rahmen zu privilegieren oder zumindest einen verbindlichen Zeitpunkt zu bestimmen, zu dem solche Lohnpfändungen ihre Wirkung verlieren. 409

Auch macht § 114 Abs. 3 Satz 3 InsO, wonach § 88 InsO unberührt bleibt, nur Sinn, wenn das Pfändungspfandrecht an einem nach Verfahrenseröffnung fällig werdenden Arbeitsentgelt bereits vor Verfahrenseröffnung erworben werden kann. Dass der Gesetzgeber der InsO auch insoweit einem grundlegenden Irrtum unterlag, lässt sich jedenfalls der Begründung des Regierungsentwurfs zum Gesetz zur Änderung der Insolvenzordnung und anderer Gesetze vom 21.10.2001 nicht entnehmen. Es finden sich insoweit nur Aussagen zum § 114 Abs. 1 InsO, wobei von einer in dieser Regelung enthaltenen Privilegierung des Abtretungsempfängers die Rede ist. 410

> BT-Drucks. 14/5680, S. 17.

Die Beachtung der zitierten Entscheidung des BGH würde im Übrigen zu dem kuriosen Ergebnis führen, dass der Pfändungsgläubiger zwar die im Monat der Insolvenzeröffnung (ggf. auch im Folgemonat) anfallenden pfändbaren Einkommensteile nach § 114 Abs. 3 InsO verlangen kann, auf die davor entstandenen Anteile aber keinen Anspruch hätte. Was dem Pfändungsgläubiger nach Verfahrenseröffnung zusteht, kann ihm für die Zeit vor Verfahrenseröffnung wohl nicht verwehrt werden. Die Entscheidung des BGH müsste deshalb konsequenterweise dazu führen, § 114 Abs. 3 InsO als nicht zu beachtende, weil insgesamt misslungene Bestimmung anzusehen. 411

Der weiteren Feststellung des BGH, dass die Regelung des § 140 Abs. 3 InsO keine Anwendung findet, ist zuzustimmen. Allerdings steht diese Feststellung im Widerspruch zu einer Aussage des BGH, die im Rahmen der §§ 96 Abs. 1 Nr. 3 i. V. m. §§ 130, 131 InsO getroffen wurde. Danach entstün- 412 de eine Mietzinsforderung als befristete Forderung schon mit Abschluss des Mietvertrags, weil die Befristung nach § 140 Abs. 3 InsO unberücksichtigt bleiben müsse.

> BGH, Urt. v. 11.11.2004 – IX ZR 237/03, ZIP 2005, 181,
> Aufgabe dieser Ansicht mit Urt. v. 17.09.2009 – IX ZR 106/08,
> ZIP 2010, 38 = ZVI 2010, 58,
> dazu EWiR 2010, 191 *(Eckardt)*.

413 Nach alledem ist davon auszugehen, dass entgegen der neueren Rechtsprechung des BGH, an den künftig entstehenden Entgeltansprüchen ein Pfandrecht bereits mit der **Zustellung** des Pfändungsbeschlusses an den Drittschuldner begründet wird. Es mag zwar im Hinblick darauf, dass die Lohnpfändung im Gegensatz zur Lohnabtretung nicht besonders schutzwürdig ist, ein Bedürfnis bestehen, die Rechte der Pfändungsgläubiger über § 114 Abs. 3 InsO hinaus einzuschränken, gleichwohl kann der Wortlaut der InsO nicht völlig außer Acht bleiben.

3. Künftige einmalige Vergütungsansprüche

414 Ein einheitliches Pfändungspfandrecht i. S. d. § 832 ZPO entsteht nur an wiederkehrenden Vergütungsansprüchen aus einem abhängigen Dienst- oder Arbeitsverhältnis, das auf Dauer angelegt ist. Anzuwenden ist § 832 ZPO auch auf wiederkehrende Lohnersatzleistungen.

> OLG Celle, Urt. v. 13.02.1998 – 4 U 107/97, OLGR Celle 1998, 212.

415 Dagegen findet § 832 ZPO keine Anwendung auf einmalige Vergütungsansprüche i. S. d. § 850i ZPO, was sich bereits daraus ergibt, dass hier regelmäßig keine einheitliche Drittschuldnerposition gegeben ist.

II. Erlöschen der Pfändung

1. Bedeutung des § 114 Abs. 3 InsO

416 Ist vor Eröffnung des Verfahrens im Wege der Zwangsvollstreckung über die Bezüge für die spätere Zeit verfügt worden, so ist diese Verfügung nur wirksam, soweit sie sich auf die Bezüge für den zur Zeit des Eröffnung des Verfahrens laufenden Kalendermonat bezieht (§ 114 Abs. 3 Satz 1 InsO).

417 Die Wirkungen der Pfändung entfallen hinsichtlich der Bezüge für die späteren Kalendermonate. Damit erlöschen die Rechte des Pfändungsgläubigers zu dem in § 114 Abs. 3 InsO genannten Zeitpunkt.

> BGH, Urt. v. 12.10.2006 – IX ZR 109/05, ZIP 2006, 2276 = ZVI 2007, 27.

418 Die in dieser Weise beschränkte Wirksamkeit von Vorausverfügungen über die Dienstbezüge des Schuldners soll nach dem Willen des Gesetzgebers Gewähr dafür bieten, dass die pfändbaren Einkommensteile zumindest teil-

weise für die Befriedigung der Insolvenzgläubiger insbesondere in der Restschuldbefreiungsphase zur Verfügung stehen (BT-Drucks. 12/2443, S. 151). Dies lässt den Schluss zu, dass eine Pfändung zwar im eröffneten Verfahren gemäß § 91 InsO nicht zu beachten ist, sie aber nicht unwirksam wird, wenn dem Schuldner die Restschuldbefreiung versagt wird (Rz. 437).

Unwirksam wird eine Pfändung auch soweit sie sich auf einen zunächst nicht in die Insolvenzmasse fallenden Einkommensteil (vgl. Rz. 248) bezieht. Der Anwendungsbereich des § 114 Abs. 3 InsO ist abweichend von § 91 InsO nicht auf die zur Insolvenzmasse gehörenden Vermögenswerte begrenzt. Einschränkungen sieht § 114 Abs. 3 InsO nur für die Pfändung wegen Unterhalts- und Deliktsansprüchen vor (vgl. Rz. 434). 419

2. Zeitliche Beschränkung

Eine vor der Insolvenzeröffnung zunächst wirksam ausgebrachte Zwangsvollstreckung in Bezüge aus einem Dienstverhältnis oder an deren Stelle tretender laufender Bezüge entfaltet ihre Wirksamkeit, soweit sie sich auf Einkünfte für die Zeit nach Eröffnung des Verfahrens bezieht (§ 114 Abs. 3 InsO). Sie ist wirksam für den **Monat der Verfahrenseröffnung** bzw. für den folgenden Monat, wenn die Eröffnung des Verfahrens nach dem 15. eines Monats erfolgte. 420

Beispiel:

Über das Vermögen des Schuldners S wurde am 10.02. das Insolvenzverfahren eröffnet. Im Vorfeld der Insolvenzeröffnung und außerhalb der Sperrfrist des § 88 InsO wurde das (zukünftige) Arbeitseinkommen des Schuldners von Gläubiger G gepfändet und diesem zur Einziehung überwiesen. Die gem. § 850c ZPO pfändbaren Anteile des am 15.02. fällig werdende Arbeitsentgelts sind unabhängig von der Verfahrenseröffnung an G auszubezahlen. Das am 15.03. und zu den Folgeterminen fällige Einkommen des Schuldners ist dagegen in Höhe der pfändbaren Anteile an den Insolvenzverwalter/Treuhänder auszuzahlen. Die innerhalb der letzten drei Monate vor dem Eröffnungsantrag und danach bis zur Verfahrenseröffnung an G ausbezahlten Beträge unterliegen – jedenfalls wenn der Ansicht des BGH zu folgen ist – der Anfechtung (vgl. Rz. 525).

In der Wohlverhaltensphase spielt die Lohnpfändung regelmäßig keine Rolle, da bis zu dem Zeitpunkt, zu dem diese Phase beginnt, die Lohnpfändung entsprechend § 114 Abs. 3 InsO ihre Wirksamkeit verloren haben dürfte. Dagegen ist auch ein vorläufiger Insolvenzverwalter/Treuhänder daran gehindert, wirksam gepfändete Einkommensanteile einzuziehen. 421

3. Einbezogene Einkünfte

a) Laufende Arbeitseinkünfte und Lohnersatzleistungen

Die Regelung des § 114 Abs. 3 InsO erfasst die in § 114 Abs. 1 InsO angesprochenen Bezüge aus einem Dienstverhältnis oder an deren Stelle tretende 422 laufende Bezüge. Damit sind zunächst die laufenden Einkünfte aus einem abhängigen Dienst- oder Arbeitsverhältnis dem Anwendungsbereich des § 114 Abs. 3 InsO zugeordnet. Als an die Stelle der Bezüge aus einem Dienstverhältnis tretende laufende Bezüge sind darüber hinaus zweifellos die sog. **Lohnersatzleistungen** zu verstehen. Als solche gelten insbesondere Sozialleistungen in Form von Arbeitslosengeld oder Altersrente. Angesprochen sind aber auch Rentenleistungen aus vertraglichen Versicherungsverhältnissen i. S. d. § 850 Abs. 3 Buchst. b ZPO (vgl. Rz. 55).

423 Damit entspricht der Anwendungsbereich des § 114 Abs. 3 InsO dem des § 832 ZPO, was auch den Regelungszusammenhang der beiden Vorschriften deutlich macht. Allerdings ist der Regelungsbereich des § 114 Abs. 3 InsO enger gefasst als der des § 832 ZPO. Anders als § 832 ZPO bezieht sich § 114 Abs. 3 InsO nicht auf „ähnliche in fortlaufenden Bezügen bestehende Forderungen".

424 Umfasst von den in § 114 Abs. 1 InsO beschriebenen Bezügen aus einem Dienstverhältnis sind auch die Abfindungsansprüche eines abhängig beschäftigten Arbeitnehmers.

BGH, Urt. v. 11.05.2010 – IX ZR 139/09, ZIP 2010, 1186 = ZVI 2010, 261;
dazu EWiR 2010, 499 *(Loof)*.

b) Einkünfte aus freiberuflicher und selbstständiger Tätigkeit

425 Aus der Formulierung des § 114 Abs. 1 InsO könnte gefolgert werden, dass es hinsichtlich der Bezüge aus einem Dienstverhältnis nicht darauf ankommt, dass diese laufend erzielt werden. Damit wären auch die nicht wiederkehrenden Vergütungen i. S. d. § 850i ZPO, wie sie insbesondere von freiberuflich tätigen oder selbstständigen Personen erzielt werden, von § 114 Abs. 3 InsO umfasst. Diese Auslegung scheint indes vom Gesetzgeber nicht gewollt; vielmehr sollen wohl auch mit der ersten Alternative nur die laufenden Bezüge aus einem abhängigen Arbeitsverhältnis angesprochen werden. Abgesehen davon, dass bei freiberuflich und selbstständig tätigen Personen kein Dienstverhältnis i. S. d. § 114 Abs. 1 InsO besteht. Damit scheiden einmalige Vergütungen i. S. d. § 850i ZPO für eine Anwendung des § 114 Abs. 3 InsO aus.

Vgl. BGH, Beschl. v. 17.02.2005 – IX ZB 62/04, ZIP 2005, 722
= ZVI 2005, 200,
dazu EWiR 2005, 571 *(Bork)*.

426 Wird ein einmaliger Vergütungsanspruch i. S. d. § 850i ZPO nach Insolvenzeröffnung fällig, so gehört dieser somit ungeachtet einer vorausgehenden Pfändung auch dann zur Insolvenzmasse, wenn die Fälligkeit des Vergütungsanspruchs innerhalb des in § 114 Abs. 3 InsO genannten Zeitraums eintritt (§ 91 InsO). Nachdem § 832 ZPO auf einmalige Vergütungsansprüche keine Anwendung findet (vgl. Rz. 414), kann an solchen Ansprüchen, die innerhalb der Sperrfrist entstehen, auch dann kein Pfändungspfandrecht erwor-

A. II. Erlöschen der Pfändung

ben werden, wenn der maßgebende Pfändungsbeschluss außerhalb der Sperrfrist des § 88 InsO ausgebracht wurde.

Bezieht ein selbstständig oder freiberuflich tätiger Schuldner seine Vergütungen stets und ausschließlich von demselben Drittschuldner, so handelt es sich insoweit zwar um laufende Leistungen und auch um sonstige Vergütungen für Dienstleistungen aller Art i. S. d. § 850 Abs. 2 ZPO, die die Erwerbstätigkeit des Schuldners vollständig oder zu einem wesentlichen Teil in Anspruch nehmen. 427

> BGH, Urt. v. 28.09.1989 – III ZR 280/88, zitiert nach juris.

Auch fallen derartige Vergütungsansprüche in den Anwendungsbereich des § 832 ZPO. 428

> OLG Nürnberg, Beschl. v. 30.04.2002 – 4 VA 954/02, InVo 2003, 78.

Gleichwohl besteht aber kein Dienstverhältnis i. S. d. § 114 Abs. 1 Alt. 1 InsO. Auch treten derartige laufende Leistungen nicht als laufende Bezüge i. S. d. § 114 Abs. 1 Alt. 2 InsO an die Stelle von Bezügen aus einem Dienstverhältnis. Allein die Verwendung des Begriffs „Bezüge" deutet darauf hin, dass diese nicht mit dem in § 850 Abs. 2 ZPO und § 850i ZPO verwendeten Begriff „Vergütungen" gleichzusetzen sind. 429

Somit findet § 114 Abs. 3 InsO u. a. auf die Vergütungsansprüche eines Kassenarztes gegen die kassenärztliche Vereinigung keine Anwendung. 430

> Vgl. BGH, Urt. v. 11.05.2006 – IX ZR 247/03, ZIP 2006, 1254 = ZVI 2006, 300.

Allerdings hat der BGH dies damit begründet, dass die Vergütungsansprüche eines Arztes unter Begründung von Masseverbindlichkeiten erwirtschaftet werden und demzufolge auch der Masse als Aktivposten zustehen. Im Übrigen hat es der BGH offengelassen, ob § 114 Abs. 1 InsO auch auf die Vergütungsansprüche eines Kassenarztes Anwendung findet. 431

Die fehlende Anwendbarkeit des § 114 Abs. 3 InsO auf Vergütungsansprüche der selbstständig oder freiberuflich tätigen Schuldner führt dazu, dass die mit § 114 Abs. 3 InsO normierte Unwirksamkeit von Lohnpfändungen nicht greift; die Pfändung also nicht unwirksam wird. Die vor Insolvenzeröffnung und außerhalb der Sperrfrist des § 88 InsO ausgebrachte Pfändung zukünftiger Vergütungsansprüche eines Kassenarztes ist wieder zu beachten, sobald das Insolvenzverfahren aufgehoben wird und dem Schuldner keine Restschuldbefreiung erteilt wird (vgl. Rz. 437). Sie bezieht sich auf Forderungen des Schuldners gegen den im Pfändungsbeschluss benannten Drittschuldner. 432

Dieselbe Rechtsfolge ergibt sich aber auch aus § 91 InsO und der Tatsache, dass die wiederkehrenden Vergütungsansprüche eines Kassenarztes gegen die 433 kassenärztliche Vereinigung keine fortlaufenden Bezüge i. S. d. § 832 ZPO darstellen und damit das Pfändungspfandrecht erst in dem Zeitpunkt begründet wird, in dem der Vergütungsanspruch fällig wird.

4. Pfändung wegen Unterhalts- und Deliktsansprüchen

434 Soweit die Bezüge aus einem Dienstverhältnis oder an deren Stelle tretende laufende Bezüge vor Verfahrenseröffnung wegen Unterhalts- oder Deliktsansprüchen gepfändet wurden, wirkt diese Pfändung hinsichtlich derjenigen Einkommensteile, die gem. § 850d oder § 850f Abs. 2 ZPO nur für die privilegierten Unterhalts- und Deliktsgläubiger pfändbar sind (Vorrechtsbereich, Rz. 14), über die Verfahrenseröffnung hinaus ohne zeitliche Beschränkung fort (§ 114 Abs. 3 Satz 3 Halbs. 2 InsO, § 89 Abs. 2 Satz 2 InsO).

> BGH, Beschl. v. 27.09.2007 – IX ZB 16/06, ZIP 2007, 2330
> = ZVI 2008, 17;
> BGH, Beschl. v. 15.11.2007 – IX ZB 4/06, JurBüro 2008, 159.

435 Da die aufgrund § 850d ZPO und § 850f Abs. 2 ZPO pfändbaren Einkommensteile nicht zur Insolvenzmasse gehören, steht diesem Ergebnis die Regelung des § 91 InsO nicht entgegen. Ebenso ist auch § 89 Abs. 1 InsO ohne Einfluss, da die Bestimmung nur auf die nach Verfahrenseröffnung vorgenommenen Vollstreckungsmaßnahmen der Insolvenzgläubiger in die Insolvenzmasse anzuwenden ist.

> LAG Nürnberg, Urt. v. 16.04.2008 – 3 Sa 551/07.

436 Fraglich ist allerdings, ob die in § 114 Abs. 3 Satz 3 Halbs. 2 InsO enthaltene Aussage, wonach § 89 Abs. 2 Satz 2 InsO entsprechend gilt, auch auf Insolvenzforderungen zutrifft; also auf Unterhalts- und Deliktsansprüche, die vor Eröffnung des Verfahrens entstanden sind. In seiner unmittelbaren Anwendung gilt § 89 Abs. 2 Satz 2 InsO nur für Forderungen, die nach Verfahrenseröffnung entstanden sind. Also für Unterhalts- und Deliktsansprüche, die sich für die Zeit nach Verfahrenseröffnung ergeben. Dies muss auch für die Anwendung des § 89 Abs. 2 Satz 2 InsO im Rahmen des § 114 Abs. 3 InsO gelten. Ansonsten wäre zum einen der Grundsatz der Gleichbehandlung der Insolvenzgläubiger verletzt. Zum anderen würde die Regelung des § 87 InsO missachtet werden, wonach vor Insolvenzeröffnung entstandene Ansprüche nur nach den Vorschriften der InsO verfolgt werden können.

> BGH, Beschl. v. 20.12.2007 – IX ZB 280/04, FamRZ 2008, 684;
> BGH, Beschl. v. 15.11.2007 – IX ZB 4/06, ZInsO 2008, 39.

Beispiel:

Insolvenzschuldner S lebt von seiner Ehefrau E getrennt. Das gemeinsame Kind lebt bei E. Nachdem S zwar für das Kind, nicht aber der E Unterhalt leistet, hat E das Arbeitseinkommen des S, das bei 1.700,00 EUR netto monatlich liegt, wegen titulierter Rückstände in Höhe von 2.000,00 EUR und eines titulierten laufenden Unterhaltsanspruchs in Höhe von 400,00 EUR monatlich pfänden und sich zur Einziehung überweisen lassen. Der Pfändungs- und Überweisungsbeschluss wurde am 15.05. dem Drittschuldner zugestellt. Das Vollstreckungsgericht hat im Rahmen der Pfändung durch E angeordnet, dass dem S für sich und für das vorrangig unterhaltsberechtigte Kind ein Betrag von 1.200,00 EUR verbleiben muss. In der Folge wird über das Vermögen des S am 10.10. das Insolvenzverfahren eröffnet. Das am 15.10. fällig werdende Einkommen steht gem. § 114 Abs. 3 InsO in Höhe von 500,00 EUR der E zu. Von dem später fällig werdenden Einkommen fällt der nach § 850c ZPO pfändbare Anteil in Höhe von 55,01 EUR in die Insolvenzmasse. Der verbleibende Vorrechtsbetrag in Höhe von 444,99 EUR gebührt der E. Nach Ablauf des in § 114 Abs. 3 InsO genannten Zeitraums kann E allerdings aus der Pfändung nur noch den laufenden Unterhalt sowie einen eventuell ab Verfahrenseröffnung begründeten Rückstand verlangen. Unterhaltsrückstände aus der Zeit vor Verfahrenseröffnung kann E nur zur Insolvenztabelle anmelden. Soweit ein solcher Rückstand nicht während des Verfahrens oder im Laufe der Wohlverhaltensphase abgetragen wird, ist er von einer erteilten Restschuldbefreiung umfasst.

5. Wiederaufleben der Pfändung

Wird dem Schuldner keine Restschuldbefreiung gewährt, ist kein Grund ersichtlich, eine Gehaltsabtretung oder eine Lohnpfändung über das eröffnete Verfahren hinaus für unwirksam zu erklären. Eine normierte Wirkungslosigkeit würde vielmehr insoweit zu Unbilligkeiten führen, als nunmehr z. B. Neugläubiger durch eine Lohnpfändung einen Rangvorteil erwerben könnten, der nicht gerechtfertigt ist. Auch könnte der Schuldner nunmehr eine (weitere) Lohnabtretung vornehmen und damit seine pfändbaren Lohnanteile dem Zugriff seiner Gläubiger entziehen. Der Eigenantrag eines Schuldners auf Eröffnung des Insolvenzverfahrens wäre für diesen schon allein deshalb erwägenswert, weil er damit bestehende Abtretungen und Pfändungen seiner Einkünfte beseitigen kann. Dies selbst dann, wenn das Verfahren nach kurzer Zeit wegen Masseunzulänglichkeit eingestellt wird. Fällt der Normzweck des § 114 InsO (Rz. 418) weg, ist demzufolge davon auszugehen, dass mit Beendigung des Insolvenzverfahrens eine vor Verfahrenseröffnung bewirkte Abtretung oder Pfändung der Dienstbezüge wieder Geltung erlangt und in dem Umfang zu beachten ist, in dem die der Sicherung oder Pfändung zugrunde liegende Forderung während des Verfahrens nicht getilgt wurde. Dies entspricht der Vorgabe des § 201 Abs. 1 InsO, wonach die Insolvenzgläubiger nach der Aufhebung – wohl auch Einstellung – des Insolvenzverfahrens ihre restlichen Forderungen unbeschränkt geltend machen können. Mit dem Wegfall des Normzwecks ist im Übrigen auch eine Pfändung, die zunächst aufgrund § 88 InsO unwirksam wurde, wieder zu beachten (vgl. Rz. 508).

437

Vgl. BGH, Urt. v. 19.01.2006 – IX ZR 232/04, ZIP 2006, 479
= ZVI 2006, 210,
dazu EWiR 2006, 317 *(Gundlach/Frenzel)*.

438 Ob dem Schuldner die Restschuldbefreiung bereits im Schlusstermin oder erst im Laufe der Wohlverhaltensphase versagt wird, ist nur für die Bestimmung des Zeitpunkts von Bedeutung, zu dem eine Abtretung oder Pfändung wieder Wirkung entfaltet.

III. Wirksamkeit einer vor Verfahrenseröffnung ausgebrachten Pfändung

1. Grundsatz

439 Damit eine vor Verfahrenseröffnung erfolgte Pfändung in Anwendung des § 114 Abs. 3 InsO über den Eröffnungszeitpunkt hinaus Wirkung entfalten kann, ist es erforderlich, dass die Pfändung wirksam ausgebracht wurde und das erworbene Pfändungspfandrecht weder nach § 88 InsO unwirksam wird (vgl. Rz. 483) noch der insolvenzrechtlichen Anfechtung unterliegt (vgl. Rz. 520).

2. Vollstreckungsverbot im Eröffnungsverfahren

a) Anordnung des Insolvenzgerichts

440 Für die Zeit des Insolvenzeröffnungsverfahrens enthält die InsO keine obligatorische Einschränkung der Einzelzwangsvollstreckung. Eine dem § 89 InsO vergleichbare Regelung ist für diesen Verfahrensabschnitt nicht vorgesehen. Mit der sog. Rückschlagsperre des § 88 InsO und der Möglichkeit der Anfechtung nach §§ 129 ff. InsO sind Institute geschaffen, die nur dann zum Tragen kommen, wenn das Insolvenzverfahren letztlich eröffnet wird; dann aber kraft Gesetzes, also ohne weitere gerichtliche Anordnung Wirkung entfalten.

441 Im Gegensatz hierzu kommt das Vollstreckungsverbot im Eröffnungsverfahren nur dann zur Anwendung, wenn das Insolvenzgericht dies ausdrücklich anordnet.

442 Ob der Erlass eines Vollstreckungsverbots sinnvoll ist, ist nach den Gegebenheiten des Einzelfalls zu klären unter Beachtung des Grundsatzes der Verhältnismäßigkeit.

Vgl. BGH, Beschl. v. 20.03.1986 – III ZR 55/85, NJW-RR 1986, 1188.

443 Wo die vollstreckungsrechtliche Verwertung eines zur (späteren) Masse gehörenden Gegenstands droht, den der Verwalter u. U. zur Fortführung des Unternehmens benötigt, ist ein Vollstreckungsverbot sicher sachdienlich. Im Übrigen wird durch die Rückschlagsperre des § 88 InsO gewährleistet, dass das durch eine Zwangsvollstreckung innerhalb des letzten Monats bzw. der letzen drei Monate (§ 312 Abs. 1 Satz 3 InsO) vor der Stellung des Antrags auf Verfahrenseröffnung erworbene Pfändungspfandrecht mit der Eröffnung des Verfahrens unwirksam wird (Rz. 505). Allerdings ist zu beachten, dass die Rückschlagsperre keine Wirkung auf solche Vollstreckungsmaßnahmen entfaltet, die bei Verfahrenseröffnung bereits abgeschlossen sind. Insoweit

obliegt es dem Insolvenzverwalter, die erhaltene Leistung als inkongruente Deckung gem. § 131 InsO anzufechten (Rz. 526). Im Hinblick darauf, dass der Treuhänder im vereinfachten Verfahren grundsätzlich nicht zur Anfechtung berechtigt ist, sollte ein Vollstreckungsverbot im Verbraucherinsolvenzverfahren dann angeordnet werden, wenn das Eröffnungsverfahren, etwa aufgrund eines gerichtlichen Schuldenbereinigungsverfahrens, eine längere Zeitspanne in Anspruch nimmt.

b) Inhalt der Anordnung

Das Insolvenzgericht kann gem. § 21 Abs. 2 Nr. 3 InsO zur Sicherung der Masse Maßnahmen der Zwangsvollstreckung gegen den Schuldner untersagen oder einstweilen einstellen, soweit nicht unbewegliche Gegenstände betroffen sind. 444

Im Gegensatz zur Bestimmung des § 13 VglO, die einen dem § 21 Abs. 2 Nr. 3 InsO vergleichbaren Anwendungsbereich umfasste, beschränkt sich die Möglichkeit der Einstellung bzw. Untersagung nicht auf einzelne Vollstreckungsmaßnahmen. Vielmehr kann das Insolvenzgericht **die Zwangsvollstreckung als solche** einstellen bzw. untersagen. Auch eine zeitliche Begrenzung des Vollstreckungsverbots ist nicht vorgesehen. Eingeschränkt wird die Befugnis des Insolvenzgerichts nur insoweit, als Vollstreckungsmaßnahmen, die das unbewegliche Vermögen betreffen, dem § 21 Abs. 2 Nr. 3 InsO entzogen sind. Diese Einschränkung wurde in Abänderung des Regierungsentwurfs auf Vorschlag des Rechtsausschusses aufgenommen und mit entsprechend modifizierten Fassungen der §§ 30d bis 30f ZVG kompensiert. 445

c) Wirksamwerden der Anordnung

Wirksam wird die Vollstreckungsbeschränkung mit dem Zeitpunkt, der in dem entsprechenden Beschluss des Insolvenzgerichts genannt ist. Fehlt ein solcher, so gilt analog § 27 Abs. 3 InsO die Mittagsstunde des Tages, an dem der Beschluss erlassen wurde. Auf die Kenntnis des Gläubigers, des Schuldners oder des Vollstreckungsorgans von der angeordneten Vollstreckungsbeschränkung kommt es nicht an. 446

Gottwald/*Uhlenbruck*, Insolvenzrechtshandbuch, 2. Aufl., § 14 Rz. 16.

Im **Verbraucherinsolvenzverfahren** (vereinfachtes Verfahren) kann das Vollstreckungsverbot bereits dann angeordnet werden, wenn der Insolvenzeröffnungsantrag aufgrund des durchzuführenden gerichtlichen Schuldenbereinigungsverfahrens ruht (vgl. § 306 Abs. 2 InsO). Während des **außergerichtlichen** Schuldenbereinigungsverfahrens ist dagegen der Erlass eines Vollstreckungsverbots nicht möglich. 447

FG Köln, Beschl. v. 21.12.2000 – 7 V 7490/00, KKZ 2002, 271.

448 Soweit ein Gläubiger die Zwangsvollstreckung betreibt, nachdem ihm der Schuldenbereinigungsplan übersandt wurde, führt dies zur Fiktion des § 305a InsO, wonach die außergerichtliche Schuldenbereinigung als gescheitert gilt.

d) Betroffene Gläubiger

aa) Insolvenzgläubiger

449 Mit der Vollstreckungsbeschränkung des § 21 Abs. 2 Nr. 3 InsO soll verhindert werden, dass sich einzelne Gläubiger einen Vorteil verschaffen und damit aus der gesetzlich normierten Solidargemeinschaft ausscheren. Von einer entsprechenden Anordnung sind demzufolge diejenigen Gläubiger betroffen, die im eröffneten Insolvenzverfahren zu den **Insolvenzgläubigern** i. S. d. §§ 38, 39 InsO gehören. Sie können ihre titulierten Zahlungsansprüche nicht mehr durch eine Zwangsvollstreckung in das bewegliche Vermögen verwirklichen.

bb) Absonderungsgläubiger

450 Darüber hinaus sind auch diejenigen Gläubiger, die als künftige **Absonderungsberechtigte** i. S. d. §§ 50 ff. InsO einen titulierten Anspruch auf Herausgabe von Mobiliarsicherheiten haben, durch eine Anordnung nach § 21 Abs. 2 Nr. 3 InsO daran gehindert, diesen Anspruch zwangsweise zu verwirklichen.

Gerhardt, in: Kölner Schrift zur InsO, 2. Aufl., S. 202 Rz. 20.

451 Dagegen hindert ein angeordnetes Vollstreckungsverbot die absonderungsberechtigten Gläubiger nicht daran, ihre vertraglichen Sicherungsrechte ohne Vollstreckungsmaßnahmen durchzusetzen.

BGH, Urt. v. 20.02.2003 – IX ZR 81/02, ZIP 2003, 632,
dazu EWiR 2003, 425 *(R. Schumacher)*.

452 Wurden einem Gläubiger demnach Forderungen des Schuldners zur Sicherheit abgetreten, so können diese Forderungen ungeachtet eines angeordneten Vollstreckungsverbots auch während des Eröffnungsverfahrens eingezogen werden, soweit der Sicherungsfall eingetreten ist. Dies ungeachtet der Tatsache, dass im eröffneten Verfahren der Einzug sicherungshalber abgetretener Forderung nach § 166 InsO dem Insolvenzverwalter obliegt (vgl. Rz. 551).

cc) Unterhalts- und Deliktsgläubiger

453 Eine angeordnete Vollstreckungsbeschränkung bezieht sich dagegen auch auf die Pfändung von Arbeitseinkommen durch **Unterhalts- bzw. Deliktsgläubiger**. Dass eine solche Pfändung nur den sog. Vorrechtsbereich der §§ 850d bzw. 850f ZPO betrifft, spielt insoweit keine Rolle. Im Gegensatz zu § 89 Abs. 2 InsO enthält § 21 Abs. 2 Nr. 3 InsO keine Einschränkung der gerichtlichen Anordnung zugunsten der Unterhalts- oder Deliktsgläubiger. Im Übrigen gilt die Ausnahmevorschrift des § 89 Abs. 2 InsO nur für die nach

Verfahrenseröffnung anfallenden Unterhaltsansprüche bzw. für die nach diesem Zeitpunkt begründeten Deliktsansprüche.

> LG Heilbronn v. 22.09.2004 – 1 T 291/04, InVo 2005, 197.

Um die Versorgung der Unterhaltsberechtigten zu gewährleisten, kann und sollte das Insolvenzgericht jedoch in seinen Beschluss die Einschränkung aufnehmen, dass laufende Pfändungen durch Unterhaltsgläubiger hinsichtlich des Vorrechtsbereichs des § 850d ZPO von der Einstellung der Zwangsvollstreckung nicht betroffen sind. 454

e) Wirkungen der Anordnung

aa) Wirkungen gegenüber den Vollstreckungsorganen

Die **einstweilige Einstellung** der Zwangsvollstreckung hat zur Folge, dass bis zum Wirksamwerden der Anordnung bereits ausgebrachte Vollstreckungsmaßnahmen zwar bestehen bleiben, aber nicht fortgesetzt werden dürfen. 455

> Vgl. §§ 775 Nr. 2, 776 ZPO;
> vgl. BGH, Urt. v. 19.09.1996 – IX ZR 277/95, ZIP 1996, 1909 zu § 2 Abs. 4 GesO.

Soweit den Vollstreckungsorganen die einstweilige Einstellung der Zwangsvollstreckung bekannt ist, sind deren Folgen **von Amts wegen** zu beachten. Gepfändete Sachen dürfen nicht versteigert, gepfändete Forderungen nicht überwiesen werden, soweit dies nicht bereits mittels eines kombinierten Pfändungs- und Überweisungsbeschlusses geschehen ist. Eine gegen das Vollstreckungsverbot verstoßende Fortsetzung der Zwangsvollstreckung ist wirksam, aber anfechtbar. 456

Weitergehende, von Amts wegen vorzunehmende Maßnahmen des jeweiligen Vollstreckungsorgans werden durch die einstweilige Einstellung der Zwangsvollstreckung nicht ausgelöst. Im Bereich der Forderungspfändung hat das Vollstreckungsgericht auf einen entsprechenden Antrag des vorläufigen Verwalters bzw. des Schuldners einen **klarstellenden Beschluss** zu erlassen, aus dem sich die Folgen der einstweiligen Einstellung der Zwangsvollstreckung ergeben (vgl. Rz. 26). 457

bb) Wirkungen gegenüber dem Drittschuldner

Bei der **Pfändung von Forderungen und Rechten** bewirkt die einstweilige Einstellung der Zwangsvollstreckung, dass der Drittschuldner entgegen des gerichtlichen Überweisungsbeschlusses weder an den Gläubiger noch an den Schuldner bzw. nur an beide zusammen Zahlungen leisten darf. 458

> Vgl. BGH, Urt. v. 17.12.1998 – IX ZR 1/98, Rpfleger 1999, 192.

Der Drittschuldner, der nach erfolgter Einstellung der Zwangsvollstreckung weiter an den Pfändungsgläubiger leistet, handelt auf eigene Gefahr. 459

> Vgl. RG, Urt. v. 28.02.1930 – VII ZS 645/29, RGZ 128, 81, 84.

460 Soweit der Drittschuldner allerdings keine Kenntnis von der Einstellung der Zwangsvollstreckung hat, sind seine Zahlungen an den Gläubiger als befreiende Leistung anzusehen. In entsprechender Anwendung des § 836 Abs. 2 ZPO wird der Drittschuldner im Vertrauen auf den Pfändungs- und Überweisungsbeschluss geschützt. Dieser Schutz endet aber nicht erst mit der Kenntnis des Drittschuldners von der Aufhebung des Überweisungsbeschlusses, die insoweit allenfalls im Hinblick auf die zukünftig von der Pfändung betroffenen Ansprüche möglich wäre, sondern bereits mit dessen Kenntnis von der Einstellung der Zwangsvollstreckung.

> Vgl. BGH, Urt. v. 17.12.1998 – IX ZR 1/98, Rpfleger 1999, 192.

461 Der Gläubiger, der unter Verstoß gegen ein angeordnetes Vollstreckungsverbot befreiende Leistungen des Drittschuldners erhält, ist nach § 816 Abs. 2 BGB zur Herausgabe des Erlangten an den vorläufigen Insolvenzverwalter/Treuhänder, soweit ein solcher eingesetzt ist, verpflichtet.

> Vgl. BGH, Urt. v. 17.12.1998 – IX ZR 1/98, Rpfleger 1999, 192.

462 Aufgrund einer vor Verfahrenseröffnung insolvenzfest ausgebrachten Pfändung ist der Pfändungsgläubiger auch nach Verfahrenseröffnung berechtigt, die pfändbaren Einkommensteile, die bis zum Erlöschen seiner Pfändung nach § 114 Abs. 3 InsO angefallen sind, zu verlangen (Rz. 416). Es macht demnach keinen Sinn, Beträge einzufordern, die spätestens nach Eröffnung des Verfahrens wieder auszubezahlen sind.

Beispiel:

Das Insolvenzgericht ordnet im Eröffnungsverfahren ein Vollstreckungsverbot an. Außerhalb des für die Rückschlagsperre maßgebenden Zeitraums hat ein Gläubiger die gegenwärtigen und künftigen Arbeitseinkünfte des Schuldners gepfändet und sich zur Einziehung überweisen lassen. Während des Eröffnungsverfahrens fallen pfändbare Einkommensanteile von 150,00 EUR an. Diese muss der Drittschuldner zunächst treuhänderisch verwahren. Nach Verfahrenseröffnung steht der Betrag dem pfändenden Gläubiger zu.

cc) Zukünftige Vollstreckungsmaßnahmen

463 Zukünftigen Vollstreckungsmaßnahmen steht die Einstellung der Zwangsvollstreckung als Vollstreckungshindernis bzw. Vollstreckungsverbot entgegen, das von Amts wegen zu beachten ist (vgl. § 112 GVGA). Neue Vollstreckungshandlungen dürfen nicht mehr vorgenommen werden.

> Vgl. BGH, Urt. v. 27.06.1957 – III ZR 51/56, BGHZ 25/60 zu § 775 Nr. 2 ZPO;
> *Kirberger*, Rpfleger 1976, 8.

464 Dies gilt auch für die Ausbringung einer Vorpfändung nach § 845 ZPO. Dennoch vorgenommene Zwangsvollstreckungen sind wirksam, aber anfechtbar.

> Vgl. LG Berlin, Beschl. v. 14.11.1974 – 81 T 512/74, MDR 1975, 672;
> *Bley/Mohrbutter*, VglO, § 13 Anm. 15.

Darüber hinaus wird durch eine solche Vollstreckungshandlung zwar eine Ver- 465
strickung des Pfandgegenstandes, aber kein Pfandungspfandrecht begründet.

> Vgl. BGH, Urt. v. 13.06.1995 – IX ZR 137/94, ZIP 1995, 1200 zu
> § 2 Abs. 4 GesO,
> dazu auch EWiR 1995, 1195 *(Henckel)*.

Eine Aufhebung verbotswidriger Vollstreckungsmaßnahmen von Amts we- 466
gen ist nicht angezeigt; insbesondere finden §§ 775 Nr. 1, 776 ZPO keine
Anwendung, da deren Regelungen nur für bereits getroffene Vollstre-
ckungsmaßregeln einschlägig sind.

> a. A. *Schmerbach*, in: FK-InsO, 2. Aufl., § 21 Rz. 83.

Insoweit, d. h. hinsichtlich zukünftiger Vollstreckungshandlungen, entspre- 467
chen die Wirkungen der Einstellung damit denen der Untersagung der
Zwangsvollstreckung.

Ob auch Maßnahmen, die der **Vorbereitung der Zwangsvollstreckung** die- 468
nen, wie etwa die Klauselerteilung oder die Zustellung des Vollstreckungsti-
tels, unter das Verbot des § 21 Abs. 2 Nr. 3 InsO fallen, ist fraglich. Nach
dem Wortlaut der Regelung ist dies nicht der Fall. Auch ein entsprechendes
Rechtsschutzbedürfnis wird man einem Gläubiger nicht versagen können, da
er z. B. die Möglichkeit hat, ungeachtet des Vollstreckungsverbots in das unbewegliche Vermögen des Schuldners zu vollstrecken.

dd) Rechtsmittel

Eine entgegen dem Vollstreckungsverbot des § 21 Abs. 2 Nr. 3 InsO fortge- 469
führte oder eingeleitete Zwangsvollstreckungsmaßnahme ist wirksam, aber
fehlerhaft und deshalb auf **Erinnerung** gem. § 766 ZPO aufzuheben. Hat die
angegriffene Maßnahme jedoch Entscheidungscharakter, ist nur die **sofortige
Beschwerde** statthaft.

> BGH v. 06.05.2004 – IX ZB 104/04, ZIP 2004, 1379 = ZVI 2004, 625,
> dazu EWiR 2004, 1003 *(Hintzen)*.

Wurde demnach etwa der Schuldner vor dem Erlass eines Pfändungs- und 470
Überweisungsbeschlusses durch das Vollstreckungsgericht angehört und
stellt der darauf folgende Erlass des Beschlusses damit eine Entscheidung
dar, so ist hiergegen die sofortige Beschwerde gegeben, über die das Landgericht zu entscheiden hat.

Die **sachliche Zuständigkeit** für die Entscheidung über Einwendungen, die 471
in der Form der Erinnerung nach § 766 ZPO zu erheben sind, dürfte in analoger Anwendung des § 89 Abs. 3 InsO beim Insolvenzgericht liegen.

> LG Dessau, Beschl. v. 03.11.2006 – 7 T 411/06;
> Kübler/Prütting/*Pape*, InsO, § 21 Rz. 20;
> *Schmerbach*, in: FK-InsO, 2. Aufl., § 21 Rz. 83b;
> AG Dresden v. 06.02.2004 – 532 IN 331/03, ZIP 2004, 778,
> dazu EWiR 2004, 345 *(Fuchs)*.

472 Nach anderer Ansicht ist hierfür das Vollstreckungsgericht zuständig, AG Köln, Beschl. v. 23.06.1999 – 73 IK 1/99, ZInsO 1999, 419, was aus Gründen der fehlenden Sachnähe aber wohl abzulehnen ist.

473 Auch soweit man das Insolvenzgericht als zuständig ansieht, über die Erinnerung zu entscheiden, kann der Rechtspfleger beim Vollstreckungsgericht der Erinnerung abhelfen.

474 Bei der Entscheidung über die Erinnerung ist auf den **Zeitpunkt der Entscheidung** abzustellen. Demzufolge ist die Erinnerung unbegründet, wenn zwischenzeitlich die Verfahrenseröffnung mangels Masse abgelehnt wurde und damit die Vollstreckungsbeschränkung des § 21 Abs. 2 Nr. 3 InsO weggefallen ist. Wird eine Vollstreckungsmaßnahme jedoch aufgehoben, so lebt diese auch dann nicht wieder auf, wenn die Eröffnung des Verfahrens abgelehnt wird.

475 Wird eine Vollstreckungsmaßnahme, die gegen ein angeordnetes Vollstreckungsverbot verstößt im Rahmen eines eingelegten Rechtsmittels aufgehoben, so lebt die Maßnahme auch dann nicht wieder auf, wenn in der Folge das Insolvenzverfahren etwa mangels kostendeckender Masse nicht eröffnet wird.

3. Verfügungsverbot

a) Kein Vollstreckungshindernis

476 Ordnet das Insolvenzgericht zwar ein **Verfügungsverbot** i. S. d. § 21 Abs. 2 Nr. 2 InsO mit Bestellung eines vorläufigen Verwalters, aber kein Vollstreckungsverbot an, so steht dieses Verfügungsverbot einer Einzelzwangsvollstreckung nicht entgegen. Ansonsten wäre auch die Immobiliarvollstreckung gehindert, was ausweislich der Regelung des § 21 Abs. 2 Nr. 3 und den Vorschriften der §§ 30d bis 30f ZVG vom Gesetzgeber nicht gewollt ist.

477 Das Gesetz unterscheidet deutlich zwischen dem Verfügungs- und dem Vollstreckungsverbot. Es besteht mithin keine Notwendigkeit dafür, nicht vorhandene Gesetzeslücken auszufüllen. Darüber hinaus kann es durchaus angezeigt sein, seitens des Insolvenzgerichts zwar ein Verfügungsverbot zu erlassen, aber auf die Anordnung eines Vollstreckungsverbots zu verzichten. So macht gerade im Bereich der Einkommenspfändung die einstweilige Einstellung der Zwangsvollstreckung eigentlich wenig Sinn. Außerhalb der Sperrfrist des § 88 InsO ausgebrachte Pfändungen können durch ein Vollstreckungsverbot nicht beseitigt werden. Innerhalb der Sperrfrist bewirkte Pfändungen verlieren gem. § 88 InsO ihre Wirksamkeit bzw. unterliegen der Anfechtung durch den Verwalter.

478 Allenfalls im vereinfachten Insolvenzverfahren, wo dem einzusetzenden Treuhänder regelmäßig kein Anfechtungsrecht zusteht, ist zur Vermeidung von anfechtbaren Zahlungen des Drittschuldners, die Anordnung einer Voll-

streckungsbeschränkung angezeigt. Daneben ist eine Vollstreckungsbeschränkung dann sinnvoll, wenn die Zwangsvollstreckung in solche bewegliche Sachen droht, die zur Fortführung des schuldnerischen Unternehmens erforderlich sind.

b) Vollstreckung gegen den vorläufigen Insolvenzverwalter/Treuhänder

Zur Zwangsvollstreckung in das der Verfügungsmacht eines vorläufigen „starken" Insolvenzverwalters unterliegende Vermögen ist ein gegen diesen gerichteter Vollstreckungstitel erforderlich. Ein solcher Titel kann ggf. im Wege der **Klauselumschreibung** analog § 727 ZPO erwirkt werden. 479

Wenn schon ein entsprechender Prozess gegen den vorläufigen Verwalter aufgenommen werden kann (§ 24 Abs. 1 i. V. m. § 86 InsO), muss bereits aus Gründen der Prozessökonomie auch eine Titelumschreibung möglich sein. So kann z. B. ein dinglicher Duldungstitel, der gegen den Schuldner besteht, ebenso gegen den vorläufigen Verwalter umgeschrieben werden wie der Herausgabetitel, der von einem Aussonderungsberechtigten gegen den Schuldner erstritten wurde. 480

Dagegen steht der Umschreibung des Herausgabetitels eines absonderungsberechtigten Gläubigers hinsichtlich beweglicher Sachen das nach § 166 InsO im eröffneten Verfahren bestehende Verwertungsrecht des Verwalters entgegen. 481

Der Zahlungstitel eines (künftigen) Insolvenzgläubigers kann weder gegen den vorläufigen noch gegen den endgültigen Verwalter umgeschrieben werden. An die Stelle der Individualvollstreckung tritt insoweit die Teilnahme am Insolvenzverfahren. 482

4. Rückschlagsperre

a) Sperrfrist

Die (rechtskräftige) Eröffnung des Insolvenzverfahrens über das Vermögen des Schuldners hat zur Folge, dass die im **letzten Monat** vor dem Antrag auf Verfahrenseröffnung oder danach durch Zwangsvollstreckung erworbenen Sicherheiten an dem zur Insolvenzmasse gehörenden Vermögen des Schuldners unwirksam werden (§ 88 InsO). Im vereinfachten Verfahren beträgt die maßgebliche Frist **drei Monate**, wenn das Verfahren (auch) auf Antrag des Schuldners eröffnet wurde (§ 312 Abs. 1 Satz 3 InsO). 483

Gesetzgeberische Intention der Regelung des § 88 InsO ist die Vorverlagerung des mit § 89 InsO normierten Vollstreckungsverbots in den Zeitraum der Liquiditätskrise des Schuldners. Die Vorschrift entspricht insoweit den §§ 28, 87 VglO. Diesen Regelungen kann u. a. entnommen werden, dass § 88 InsO nicht den letzten Kalendermonat, sondern den Zeitraum von einem Monat bzw. dreier Monate vor Antragstellung als sog. Sperrfrist ausweist. 484

b) Betroffene Sicherungsrechte

485 Als durch Zwangsvollstreckung erworbene Sicherungsrechte i. S. d. § 88 InsO gelten insbesondere **Pfändungspfandrechte** an beweglichen Sachen, Forderungen und Rechten. Hinsichtlich des unbeweglichen Vermögens kommen die Zwangssicherungshypothek und das durch die Anordnung der Zwangsversteigerung oder der Zwangsverwaltung auf Antrag eines persönlichen Gläubigers erworbene Beschlagnahmerecht in Betracht. Auch die Eintragung einer **Vormerkung**, die in Vollziehung einer einstweiligen Verfügung gem. § 941 ZPO in das Grundbuch erfolgt, stellt eine Sicherung i. S. d. § 88 InsO dar.

> Vgl. BGH, Urt. v. 15.07.1999 – IX ZR 239/98, ZIP 1999, 1490,
> dazu EWiR 2008, 81 *(Gerhardt)*.

486 Im Gegensatz zu §§ 28, 87 VglO bezieht sich § 88 InsO nicht auf **Befriedigungen**, die ein Gläubiger während der Sperrfrist durch Zwangsvollstreckung erlangt hat.

> OLG Frankfurt/M. v. 23.05.2002 – 16 U 182/01, ZIP 2002, 1852,
> dazu EWiR 2002, 1013 *(Plagemann)*.

487 Wurde einem Gläubiger demnach der pfändbare Einkommensanteil bereits vom Drittschuldner ausbezahlt, so ist diese Leistung auch dann als wirksam zu betrachten, wenn sie innerhalb der Sperrfrist des § 88 InsO erbracht wird. Eine solche Zahlung kann nur im Wege der Insolvenzanfechtung rückgängig gemacht werden (Rz. 613 ff.).

488 Ob daneben aufgrund des Wegfalls des Sicherungsrechtes auch ein **Bereicherungsanspruch** aus § 812 BGB gegen den Gläubiger gegeben ist, ist umstritten. Die Frage kann aber letztlich offen bleiben, da der insolvenzrechtliche Rückgewähranspruch, der sich gem. § 143 InsO aus der Anfechtbarkeit der Leistung ableitet, jedenfalls vorrangig ist.

c) Betroffene Gläubiger

489 Nach dem Wortlaut der Regelung sind nur die **Insolvenzgläubiger** (§§ 38, 39 InsO) von der Rückschlagsperre betroffen. Als sonstige Gläubiger, die vor Verfahrenseröffnung durch Zwangsvollstreckungsmaßnahmen Sicherungsrechte erwerben können, kommen solche Gläubiger in Betracht, die im eröffneten Verfahren ein Absonderungsrecht geltend machen können. Hierzu gehören z. B. die Gläubiger von Grundpfandrechten, die an einem Grundstück des Schuldners eingetragen sind. Beantragt ein solcher Gläubiger im Vorfeld des Insolvenzverfahrens die Anordnung einer Zwangsversteigerung oder Zwangsverwaltung, so wird das Beschlagnahmerecht, das dieser Gläubiger durch die Anordnung der Zwangsverwaltung oder der Zwangsversteigerung erworben hat, von der Rückschlagsperre auch dann nicht betroffen, wenn das Vollstreckungsverfahren innerhalb der maßgebenden Sperrfrist angeordnet wurde.

d) Berechnung der Sperrfrist

aa) Maßgebender Eröffnungsantrag

Die in § 88 InsO bestimmte Sperrfrist beginnt mit dem Anfang des Tages, dem durch seine Zahl der Tag entspricht, an dem der Antrag auf Eröffnung des Insolvenzverfahrens beim Insolvenzgericht eingegangen ist (§ 139 Abs. 1 InsO). Bei mehreren zeitlich versetzten Eröffnungsanträgen ist der erste zulässige und begründete Antrag maßgebend, auch wenn er mangels Masse abgewiesen wurde (§ 26 InsO) und das Verfahren aufgrund eines anderen, später gestellten Antrags eröffnet werden konnte (§ 139 Abs. 2 InsO). Dabei kommt es nicht darauf an, dass zwischen den verschiedenen Anträgen ein zeitlicher Zusammenhang besteht. Ein Zeitraum von drei bis vier Jahren, der zwischen den Anträgen liegt, stellt kein Hindernis dar. 490

Ist allerdings nach Abweisung eines Antrags mangels zureichender Masse (§ 26 InsO) der Insolvenzgrund behoben worden und später erneut eingetreten, kann der erste Antrag nicht mehr ausschlaggebend sein. 491

> „Einheitliche Insolvenz", BGH, Urt. vom 14.10.1999 – IX ZR 142/98, ZIP 1999, 1977,
> dazu EWiR 2000, 83 *(Eckardt)*;
> BGH, Urt. v. 15.11.2007 – IX ZR 212/06, ZIP 2008, 235 = ZVI 2008, 213,
> dazu EWiR 2008, 629 *(Freudenberg)*.

Zurückgenommene (§ 4 InsO, § 269 Abs. 1 ZPO), in der Hauptsache erledigte (§ 4 InsO, § 91a ZPO) oder verworfene Anträge sind ebenfalls nicht zu berücksichtigen, soweit die Erledigterklärung nicht wegen prozessualer Überholung erfolgt. 492

> OLG Frankfurt/M., Urt. v. 23.05.2002 – 16 U 182/01, ZIP 2002, 1852,
> dazu EWiR 2002, 1013 *(Plagemann)*;
> BGH, Urt. v. 20.11.2001 – IX ZR 48/01, ZIP 2002, 87,
> dazu EWiR 2002, 219 *(G. Wagner)*;
> BGH, Urt. v. 02.04.2009 – IX ZR 145/08, ZIP 2009, 921 = ZVI 2009, 255.

Dies gilt auch dann, wenn der Schuldner nach der Rücknahme des ersten Antrags seine Zahlungsfähigkeit nicht wiedergewonnen hat. Ein Eröffnungsantrag, der an das unzuständige Gericht gerichtet wird, ist so lange für die Berechnung der Sperrfrist maßgebend, als er nicht endgültig abgewiesen wird. 493

> BayObLG, Beschl. v. 11.05.2000 – 2Z BR 46/00, NZI 2000, 371.

bb) Maßgebender Vollstreckungszeitpunkt

Maßgebender Zeitpunkt hinsichtlich der betroffenen Vollstreckungsmaßnahme ist deren Wirksamwerden i. S. d. § 140 InsO. Hinsichtlich einer 494

Zwangssicherungshypothek ist dabei nicht auf den Zeitpunkt der Antragstellung, sondern auf den Zeitpunkt ihrer Eintragung in das Grundbuch abzustellen.

> LG Bonn, Beschl. v. 02.12.2003 – 4 T 519/03, ZIP 2004, 1374,
> dazu EWiR 2004, 861 *(Gerhardt)*.

495 Dies gilt auch für die Eintragung einer Vormerkung gem. § 941 ZPO.

> LG Berlin, Beschl. v. 25.09.2001 – 86 T 574, 581, 582/01, ZIP 2001, 2293.

496 Vollstreckungsmängel können innerhalb der Sperrfrist nicht mehr geheilt werden.

497 Bei der Pfändung künftiger Forderungen ist nicht der Zeitpunkt der Zustellung des Pfändungsbeschlusses an den Drittschuldner, sondern das Entstehen der Forderung maßgebend.

> BFH, Urt. v. 12.04.2005 – VII R 7/03, ZIP 2005, 1182 = ZVI 2005, 417.

498 Zur Frage, wann insoweit die Pfändung von Steuerrückerstattungsansprüchen wirksam wird, vgl.

> OLG Koblenz, Urt. v. 19.02.2004 – 12 W 36/04, ZVI 2004, 614.

499 Die Pfändung künftiger Kontoguthaben ist erst dann als bewirkt anzusehen, wenn eine entsprechende Gutschrift zu einem Guthaben führt.

> BGH, Urt. v. 22.01.2004 – IX ZR 39/03, ZIP 2004, 513 = ZVI 2004, 188.

500 Nach Ansicht des BGH entsteht auch das Pfandrecht an einem künftigen Lohnanspruch ungeachtet des § 832 ZPO erst mit der Erbringung der Dienste bzw. mit der Entstehung des Lohnanspruchs.

> BGH, Urt. v. 26.06.2008 – IX ZR 87/07, ZIP 2008, 1488
> = ZVI 2008, 392 m. Bespr. *Riedel*, S. 420,
> dazu EWiR 2008, 569 *(Koza)*.

501 Ist dieser Ansicht zu folgen, so führt dies im Anwendungsbereich des § 88 InsO dazu, dass diejenigen Pfandrechte, die innerhalb eines Monats vor dem Eröffnungsantrag dadurch erlangt wurden, dass der gepfändete Lohnanspruch entstand, mit Eröffnung des Verfahrens unwirksam werden.

Beispiel:

Über das Vermögen des Schuldners S wurde am 10.08. das Insolvenzverfahren eröffnet. Den Eröffnungsantrag hat S am 05.06. gestellt. Bereits am 10.02. wurde dem Arbeitgeber A des S der Pfändungs- und Überweisungsbeschluss zugestellt, mittels dessen Gläubiger G das Arbeitseinkommen des S pfänden und sich zur Einziehung hat überweisen lassen. Die pfändbaren Lohnanteile hat A dem G jeweils am 15. eines Monats überwiesen. Aufgrund des gestellten Eröffnungsan-

trags hat A jedoch die pfändbaren Teile des am 15.06. und 15.07. fälligen Arbeitseinkommens zurückbehalten.

Auf die zurückbehaltenen, noch nicht an G ausbezahlten Einkommensteile hat dieser keinen Anspruch, da die hieran am 15.06. und 15.07 entstandenen Pfandrechte mit Eröffnung des Verfahrens gem. § 88 InsO unwirksam wurden. Dagegen kann G die am 15.08. fälligen pfändbaren Einkommensteile nach § 114 Abs. 3 InsO beanspruchen. Ein kurioses Ergebnis.

Die Aussage in § 114 Abs. 3 Satz 3 InsO, wonach § 88 InsO unberührt bleibt, bezieht sich eigentlich nur auf diejenigen Fälle, in denen die Zustellung des Pfändungsbeschlusses an den Drittschuldner innerhalb der Sperrfrist des § 88 InsO erfolgt. In diesem Fall wird die Regelung des § 91 InsO mit der Bestimmung des § 114 Abs. 3 InsO nicht begrenzt. Wäre der Pfändungsbeschluss im obigen Beispiel innerhalb der Sperrfrist an den Drittschuldner zugestellt worden, hätte G auch auf den pfändbaren Teil des am 15.08. fällig gewordenen Einkommens keine Ansprüche. 502

Eine innerhalb der Sperrfrist erfolgte Forderungspfändung unterliegt auch dann den Folgen des § 88 InsO, wenn ihr eine **Vorpfändung** zugrunde lag, die außerhalb der Sperrfrist bewirkt wurde. 503

Vgl. RG, Urt. v. 15.05.1936 – VII 281/35, RGZ 151, 265; LG Detmold, Beschl. v. 15.12.2006 – 3 T 330/06, Rpfleger 2007, 274

Dies ergibt sich aus der Tatsache, dass die vorverlagernde Wirkung der Vorpfändung nur in Bezug auf eine wirksame nachfolgende Pfändung eintreten kann. Ist die Pfändung aber unwirksam, weil sie innerhalb der Sperrfrist erfolgte, kann sie über die Regelung des § 845 ZPO nicht zeitlich vorverlagert werden. 504

e) Wirkungen der Rückschlagsperre

aa) Eintritt der Unwirksamkeit

Eine innerhalb der Sperrfrist durch Zwangsvollstreckung erworbene Sicherheit, wie etwa das Pfändungspfandrecht, wird mit Eröffnung des Insolvenzverfahrens unwirksam. In der Folge verliert der Pfändungsgläubiger das mit dem Pfändungspfandrecht verbundene Recht auf abgesonderte Befriedigung (§ 50 Abs. 1 InsO). Damit ist es dem Gläubiger auch verwehrt, die pfändbaren Einkommensanteile für den in § 114 Abs. 3 InsO genannten Zeitraum zu beanspruchen. Wurde dem Pfändungsgläubiger vom Drittschuldner der pfändbare Einkommensanteil im Vorfeld der Insolvenzeröffnung bereits ausbezahlt, so hat die Rückschlagsperre hierauf keinen Einfluss. 505

bb) Fortbestand der Pfändung

Wurde der Pfändungsbeschluss außerhalb der Sperrfrist des § 88 InsO an den Drittschuldner zugestellt, so wird die Wirksamkeit dieses Beschlusses 506 von der Eröffnung des Verfahrens nicht berührt. Eine solche Pfändung verliert ihre Wirksamkeit aber mit Ablauf der in § 114 Abs. 3 InsO privilegierten Zeiträume (Rz. 416).

507 Die sich aus § 88 InsO oder § 114 Abs. 3 InsO ergebende Unwirksamkeit einer Lohnpfändung ist jedenfalls dann als endgültig aufzufassen, wenn dem Schuldner die Restschuldbefreiung erteilt wird (vgl. Rz. 437). Eine gem. § 88 InsO unwirksame Zwangshypothek lebt nach Ansicht des BGH mit Beendigung des Insolvenzverfahrens wieder auf, wenn sie nicht während des eröffneten Verfahrens gelöscht wurde.

> BGH, Urt. v. 19.01.2006 – IX ZR 232/04, ZIP 2006, 479 = ZVI 2006, 210,
> dazu EWiR 2006, 317 *(Gundlach/Frenzel)*.

508 In dieser Entscheidung hat der BGH beiläufig festgestellt, dass eine Forderungspfändung jedenfalls dann endgültig unwirksam wird, wenn zum "Wiederaufleben" der Forderungspfändung nach § 829 Abs. 3 ZPO eine erneute Zustellung an den Drittschuldner notwendig sein sollte. Im Übrigen hat der BGH die Frage offengelassen.

509 Soweit danach eine entsprechende Anwendung der Entscheidung auf die Forderungspfändung anzunehmen ist, bedeutet dies, dass die Pfändungswirkungen mit dem Zeitpunkt wieder aufleben, in dem das Insolvenzverfahren beendet wird oder die Erwerbstätigkeit des Schuldners nach § 35 InsO freigegeben wird und der Pfändungsbeschluss zuvor nicht aufgehoben worden ist. Schließt sich an die Aufhebung des Verfahrens die Wohlverhaltensperiode an, so bliebe der mit ex-nunc-Wirkung erstandene Pfändungsbeschluss unbeachtlich, da die betroffenen Einkommensteile vorrangig an den Treuhänder abgetreten sind. Auch steht die Regelung des § 294 InsO einer Beachtung der Pfändung in der Wohlverhaltensphase entgegen.

cc) **Aufhebung der Vollstreckungsmaßnahme**

510 Die sich aus § 88 InsO ergebende Unwirksamkeit einer erworbenen Sicherung ist dadurch zum Ausdruck zu bringen, dass die entsprechende Vollstreckungsmaßnahme auf Antrag des Insolvenzverwalters/Treuhänders aufgehoben wird. Eine Aufhebung von Amts wegen ist zulässig, gleichwohl aber systemwidrig.

> *Eickmann*, in HK-InsO, § 88 Rz. 12;
> a. A. *Smid*, InsO, 2. Aufl., § 88 Rz. 11;
> Nerlich/Römermann/*Wittkowski*, InsO, § 88 Rz. 12;
> *Landfermann*, in: Kölner Schrift zur InsO, 1. Aufl., S. 138;
> *Vallender*, ZIP 1997, 1993.

511 Ergibt sich z. B. die Unwirksamkeit eines Pfändungspfandrechts, das dadurch entstanden ist, dass der Gerichtsvollzieher einen beweglichen Gegenstand gepfändet hat, so hat der Gerichtsvollzieher die Pfändung auf Antrag

des Insolvenzverwalters/Treuhänders aufzuheben und damit auch die Verstrickung zu beseitigen (vgl. §§ 91 Nr. 1 Satz 4, 171 Nr. 2 Satz 2 GVGA). Weigert sich der Gerichtsvollzieher einem entsprechenden Antrag des Insolvenzverwalters/Treuhänders nachzukommen, so ist hiergegen die Vollstreckungserinnerung nach § 766 ZPO gegeben. Über die Erinnerung entscheidet entsprechend § 89 Abs. 3 InsO das Insolvenzgericht. Dasselbe gilt für einen Pfändungs- und Überweisungsbeschluss, der durch den Rechtspfleger aufzuheben ist, wenn das erwirkte Pfändungspfandrecht in der Folge des § 88 InsO unwirksam wurde.

Die Ablehnung eines Antrags auf Aufhebung eines Pfändungs- und Überweisungsbeschlusses durch den Rechtspfleger ist allerdings mit der sofortigen Beschwerde entsprechend § 793 ZPO anfechtbar, über die das Landgericht zu entscheiden hat. 512

IV. Insolvenzrechtliche Anfechtung bei vor Verfahrenseröffnung ausgebrachter Pfändung

1. Rückgewähranspruch des Insolvenzverwalters

Auch wenn eine vor Verfahrenseröffnung ausgebrachte Lohnpfändung nicht gegen ein vorläufiges Vollstreckungsverbot nach § 21 Abs. 2 Nr. 3 InsO verstieß und sie auch nicht von der Rückschlagsperre des § 88 InsO betroffen ist, ist der Pfändungsgläubiger gleichwohl dann zur Rückgewähr einer im Vorfeld des Insolvenzverfahrens vom Drittschuldner erhaltenen Zahlung verpflichtet, wenn diese in anfechtbarer Weise erlangt wurde (§ 143 InsO). 513

Die Rückzahlung ist auf Verlangen des Insolvenzverwalters an die Masse zu leisten. Verzugszinsen in Höhe von 5 Prozentpunkten über dem Basiszinssatz schuldet der Anfechtungsgegner ab dem Zeitpunkt der Insolvenzeröffnung. 514

BGH, Urt. v. 01.02.2007 – IX ZR 96/04, ZIP 2007, 488 = ZVI 2007, 185,
dazu EWiR 2007, 313 *(Gundlach/Frenzel)*.

Hinsichtlich des ggf. anfechtbar erworbenen Pfändungspfandrechts ist der Rückgewähranspruch seitens des Anfechtungsgegners dadurch zu erfüllen, dass er von dem damit verbundenen Absonderungsrecht keinen Gebrauch macht. Der Insolvenzverwalter kann aber wohl auch eine Verzichtserklärung i. S. d. § 843 ZPO verlangen. 515

Nach herrschender Meinung gewährt die insolvenzrechtliche Anfechtbarkeit einer Vermögensverschiebung dem Insolvenzverwalter einen schuldrechtlichen Anspruch auf Rückgewähr der betroffenen Vermögenswerte, der automatisch mit Eröffnung des Insolvenzverfahrens entsteht. 516

Vgl. BGH, Urt. v. 03.12.1954 – V ZR 96/53, BGHZ 15, 333;
BGH, Urt. v. 22.12.1982 – VIII ZR 214/81, ZIP 1983, 191.

517 Eine gesonderte Anfechtungserklärung ist nicht erforderlich. Eine gleichwohl erklärte Anfechtung führt indes nicht zur Nichtigkeit des angefochtenen Rechtsgeschäfts.

> BGH, Urt. v. 21.09.2006 – IX ZR 235/04, ZIP 2006, 2176 = ZVI 2006, 582,
> dazu EWiR 2007, 149 *(Homann)*.

518 Die insolvenzrechtliche Anfechtbarkeit stellt vielmehr die Begründung des Rückgewähranspruchs dar, den der Verwalter gegen den Anfechtungsgegner geltend macht.

519 Der Rückgewähranspruch richtet sich gegen den Pfändungsgläubiger als Anfechtungsgegner i. S. d. § 144 InsO. Die Ermittlung und Verfolgung anfechtbarer Vermögensverschiebungen sind ausschließlich Aufgabe des Insolvenzverwalters. Im Verbraucherinsolvenzverfahren ist jeder Gläubiger zur Anfechtung berechtigt. Die Gläubigerversammlung kann jedoch den Treuhänder oder einen Gläubiger mit der Anfechtung beauftragen (§ 313 Abs. 2 InsO). Soll der Treuhänder mit der Anfechtung beauftragt werden, so hat hierüber die Gläubigerversammlung durch Beschluss zu entscheiden. Dies gilt auch für ein vereinfachtes Insolvenzverfahren, an dem nur ein Gläubiger beteiligt ist.

> BGH, Urt. v. 19.07.2007 – IX ZR 77/06, WM 2007, 1795.

2. Allgemeine Anfechtungsvoraussetzungen

520 Als anfechtbare Rechtshandlung i. S. d. § 129 InsO, die der Anfechtung unterworfen werden kann, kommt zum einen die Pfändung als solche und der damit verbundene Erwerb eines Absonderungsrechts in Betracht. Zum anderen stellt jede Zahlung, die der Drittschuldner in Erfüllung der gepfändeten und überwiesenen Ansprüche an den Pfändungsgläubiger leistet, eine Rechtshandlung i. S. d. § 129 InsO dar. Beide Rechtshandlungen sind anfechtungsrechtlich gesondert zu betrachten.

521 Eine vom Drittschuldner geleistete Zahlung oder ein entstandenes Absonderungsrecht gilt dann als in anfechtbarer Weise erworben, wenn

- dadurch die übrigen Insolvenzgläubiger hinsichtlich der Befriedigungsaussichten beeinträchtigt werden, d. h. wenn die spätere, zur Verteilung gelangende Insolvenzmasse verkürzt wurde (§ 129 InsO);
- die Tatbestandsvoraussetzungen eines Anfechtungsgrundes i. S. d. §§ 130 ff. InsO erfüllt sind.

522 Hat der Pfändungsgläubiger das mit dem Pfändungspfandrecht verbundene Absonderungsrecht anfechtungsfest erworben, so werden die Insolvenzgläubiger durch die Zahlungen an den Pfändungsgläubiger nicht beeinträchtigt, da der Insolvenzgläubiger dabei nur das erhält, was er auch gegenüber den Insolvenzgläubigern verlangen kann. Eine Anfechtung geleisteter Zahlungen macht dem-

A. IV. Insolvenzrechtliche Anfechtung bei vor Verfahrenseröffnung

nach nur dann Sinn, wenn das Pfändungspfandrecht seinerseits der Anfechtung unterliegt oder es innerhalb der Sperrfrist des § 88 InsO erworben wurde.

Werden die pfändbaren Einkommensteile im Vorfeld der Verfahrenseröffnung einem Pfändungsgläubiger ausbezahlt, so werden die übrigen Insolvenzgläubiger dadurch benachteiligt, wenn durch diese Zahlung die spätere zur Verfügung stehende Masse verkürzt wird. Nach Ansicht des BGH ist dies immer dann der Fall, wenn der Pfändungsgläubiger die Zahlungen erhalten hat, obwohl kein insolvenzfestes Absonderungsrecht erworben wurde. 523

BGH, Urt. v. 21.03.2000 – IX ZR 138/99, ZIP 2000, 898,
dazu EWiR 2000, 687 *(M. Huber)*.

Dabei wird stillschweigend unterstellt, dass die Zahlungen, wären sie nicht an den Pfändungsgläubiger geleistet, sondern an den Schuldner ausgereicht worden, der späteren Insolvenzmasse uneingeschränkt zur Verfügung stünden. Es wird mithin unterstellt, dass der Schuldner eingegangene Gelder nicht etwa verbraucht, sondern auf seinem Konto oder im Sparstrumpf für das kommende Insolvenzverfahren aufbewahrt. Dies mag zu bezweifeln sein. Gleichwohl ist es müßig, sich mit der Frage weiter zu beschäftigen. 524

3. Deckungsanfechtung nach § 131 InsO

a) Inkongruente Deckung

Hat der Pfändungsgläubiger innerhalb der letzten drei Monate vor dem Antrag auf Insolvenzeröffnung oder danach durch Zwangsvollstreckung eine Befriedigung oder eine Sicherung erlangt, so stellt dies eine inkongruente Deckung i. S. d. § 131 InsO dar. 525

BGH, Urt. v. 09.09.1997 – IX ZR 14/97, ZIP 1997, 1929,
dazu EWiR 1998, 37 *(Gerhardt)*.

Das die Einzelzwangsvollstreckung beherrschende Prioritätsprinzip wird durch das System der insolvenzrechtlichen Anfechtungsregeln eingeschränkt, wenn für die Gesamtheit der Gläubiger nicht mehr die Aussicht besteht, aus dem Vermögen des Schuldners volle Deckung zu erhalten. Dann tritt die Befugnis des Gläubigers, sich mit Hilfe hoheitlicher Zwangsmittel eine rechtsbeständige Sicherung oder Befriedigung der eigenen fälligen Forderungen zu verschaffen, hinter den Schutz der Gläubigergesamtheit zurück. 526

BGH, Urt. v. 11.04.2002 – IX ZR 211/01, ZIP 2002, 1159.

Für die Berechnung der Frist ist auf die Regelungen der §§ 139 und 140 InsO abzustellen. Danach kommt es hinsichtlich des maßgebenden Eröffnungsantrags auf den ersten zulässigen und begründeten Antrag an, auch wenn das Verfahren aufgrund eines später gestellten Antrags eröffnet wird (Rz. 490 ff.). Hinsichtlich der anzufechtenden Vollstreckungsmaßnahme kommt es auf deren Wirksamwerden an (Rz. 494 ff.). 527

BGH, Urt. v. 17.07.2008 – IX ZR 203/07, ZVI 2008, 433.

528 Wird eine Vorpfändung früher als drei Monate vor Eingang des Insolvenzantrags ausgebracht, fällt die Hauptpfändung dagegen in den von § 131 InsO erfassten Bereich, so richtet sich die Anfechtung insgesamt nach der Vorschrift des § 131 InsO.

> BGH, Urt. v. 23.03.2006 – IX ZR 116/03, ZIP 2006, 916 = ZVI 2006, 248,
> dazu EWiR 2006, 537 *(Eckardt)*.

529 Eine vor der Verfahrenseröffnung durch Zwangsvollstreckung erlangte Befriedigung eines Insolvenzgläubigers unterliegt nicht der Rückschlagsperre des § 88 InsO (vgl. Rz. 486).

b) Erwerb des Absonderungsrechts und erhaltene Zahlungen

530 Lässt ein Gläubiger eine Forderung des Schuldners pfänden und sich zur Einziehung überweisen (§§ 828, 835 ZPO) und zahlt der Drittschuldner danach auf die gepfändete Forderung an den Gläubiger, so liegt kein einheitlicher – mehraktiger – Erwerbstatbestand vor. Vielmehr sind einerseits die Pfändung und Überweisung und andererseits die Zahlung jeweils selbstständige Rechtshandlungen i. S. d. § 129 InsO.

> BGH, Urt. v. 20.03.2003 – IX ZR 166/02, ZIP 2003, 808,
> dazu EWiR 2003, 533 *(Hölzle)*.

531 Durch die Pfändung und Überweisung erwirbt der pfändende Gläubiger ein Pfändungspfandrecht, also eine dingliche Sicherheit, die ihm im Insolvenzverfahren ein Absonderungsrecht an der ihm überwiesenen Forderung verschafft (§ 50 Abs. 1 InsO). Durch die Zahlung des Drittschuldners erlangt der Gläubiger in entsprechender Höhe Befriedigung für seine Forderung, derentwegen er vollstreckt.

532 Sowohl die Erlangung des Pfändungspfandrechts als auch die Befriedigung können jeweils selbstständig angefochten werden. Die Anfechtung der Befriedigung ist aber nicht Erfolg versprechend, wenn die Pfändung und Überweisung wirksam und insolvenzbeständig sind. Denn in diesem Falle wird die Gläubigergesamtheit durch die Erlangung der Befriedigung nicht benachteiligt. Der Pfändungspfandgläubiger erhält dadurch nur das, was ihm bereits aufgrund des Pfändungspfandrechts zusteht.

> Vgl. BGH, Urt. v. 21.03.2000 – IX ZR 138/99, ZIP 2000, 898,
> dazu EWiR 2000, 687 *(M. Huber)*.

Beispiel:

Der von Gläubiger G erwirkte Pfändungs- und Überweisungsbeschluss, mit der die gegenwärtigen und zukünftigen Ansprüche des Schuldners S auf Arbeitsentgelt gepfändet und dem Gläubiger zur Einziehung überwiesen wurden, wurde am 03.04. dem Drittschuldner zugestellt. Der Drittschuldner zahlte am 15.04., 15.05., 15.06. und 15.07. die pfändbaren Einkommensteile an G aus. Am 01.08. stellte S Antrag auf Eröffnung des Verbraucherinsolvenzverfahrens, das am 04.08. eröffnet wurde. Die Zahlungen vom 15.05., 15.06. und 15.07. fallen in den anfechtungsrelevanten Zeitraum. Die Pfändung und Überweisung selbst sowie die Zahlung vom 15.04. sind nicht nach § 131 InsO der Anfechtung unterworfen, da sie nicht in den anfechtungsrelevanten Zeitraum fallen. Aufgrund des mit der Pfändung wirksam erworbenen Absonderungsrechts in Form eines Pfändungspfandrechts sind mangels Gläubigerbenachteiligung aber auch die späteren Zahlungen nicht anfechtbar (a. A. BGH, Urt. v. 26.06.2008 – IX ZR 87/07, ZIP 2008, 1488).

Für die Pfändung künftiger Ansprüche auf Auszahlung eines Kontoguthabens hat der BGH festgestellt, dass das Pfändungspfandrecht nicht bereits mit der Zustellung des Pfändungsbeschlusses an den Drittschuldner, sondern erst mit der Entstehung der Forderung erwächst. Erst mit diesem Zeitpunkt gilt die Pfändung gem. § 140 InsO als vorgenommen. 533

BGH, Urt. v. 20.03.2003 – IX ZR 166/02, ZIP 2003, 808, dazu EWiR 2003, 533 (G. Hölzle).

Ebenso im Falle der Pfändung in die offene Kreditlinie. 534

BGH, Urt. v. 22.01.2004 – IX ZR 39/03, ZIP 2004, 513 = ZVI 2004, 188.

Dass dies für die Pfändung des künftigen Arbeitseinkommens entgegen der Ansicht des BGH keine Geltung hat, ergibt sich aus § 832 ZPO und § 114 Abs. 3 InsO (vgl. Rz. 413). Folgt man allerdings der Ansicht des BGH, so ergibt sich die kuriose Situation, dass der Pfändungsgläubiger die innerhalb der letzten drei Monate vor der Antragstellung und bis zur Verfahrenseröffnung erlangten Beträge zurückerstatten muss, die innerhalb des ersten oder der ersten beiden Monate nach Verfahrenseröffnung anfallenden pfändbaren Einkommensteile aber behalten darf. Ebenfalls behalten kann der Pfändungsgläubiger diejenigen Beträge, die ihm aufgrund der Pfändung vor dem Drei-Monats-Zeitraum des § 131 InsO zugeflossen sind. 535

Nicht anfechtbar ist die Befriedigung oder Sicherung, die durch Pfändung des Arbeitseinkommens erzielt wurde, soweit sich diese Pfändung wegen Unterhalts- oder Deliktsansprüchen auf den Teil des Arbeitseinkommens beschränkt, der nur nach § 850d ZPO bzw. § 850f Abs. 2 ZPO der Pfändung unterliegt. Dies ergibt sich u. a. aus § 143 InsO, wonach die Anfechtung zur Folge hat, dass Vermögenswerte an die Masse zurückgegeben werden müssen. Da die nach § 850d ZPO oder § 850f Abs. 2 ZPO pfändbaren Einkommensteile nicht zur Masse gehören, besteht kein Anspruch auf Rückgewähr zur Masse (vgl. Rz. 434). 536

4. Vorsatzanfechtung nach § 133 InsO

Bis zu zehn Jahren vom Eröffnungsantrag zurückreichend können Rechtshandlungen des Schuldners angefochten werden, wenn diese in der Absicht vorgenommen wurden, die Insolvenzgläubiger zu benachteiligen und der andere Teil (= Anfechtungsgegner) diese Absicht kannte (§ 133 InsO). 537

538 Für den Benachteiligungsvorsatz reicht auch bei kongruenten Deckungsgeschäften die Feststellung aus, der Schuldner habe sich eine Benachteiligung nur als möglich vorgestellt, sie aber in Kauf genommen, ohne sich durch die Vorstellung dieser Möglichkeit von seinem Handeln abhalten zu lassen.

> BGH, Urt. v. 17.07.2003 – IX ZR 272/02, ZIP 2003, 1799,
> dazu EWiR 2004, 25 *(Gerhardt)*.

539 Wenn ein Schuldner zur Vermeidung einer unmittelbar bevorstehenden Zwangsvollstreckung an einen einzelnen Gläubiger leistet, obwohl er weiß, dass er nicht mehr alle seine Gläubiger befriedigen kann und infolge der Zahlung an einen einzelnen Gläubiger andere Gläubiger benachteiligt werden, so ist in aller Regel die Annahme gerechtfertigt, dass es dem Schuldner nicht in erster Linie auf die Erfüllung seiner vertraglichen oder gesetzlichen Pflichten ankommt.

> BGH, Urt. v. 27.05.2003 – IX ZR 169/02, ZIP 2003, 1506 = ZVI 2003, 410,
> dazu EWiR 2003, 1097 *(G. Hölzle)*.

540 Nach der Beweislastregelung des § 133 Abs. 1 Satz 2 InsO wird die Kenntnis des anderen Teils von dem Benachteiligungsvorsatz des Schuldners vermutet, wenn der andere Teil wusste, dass die Zahlungsunfähigkeit des Schuldners drohte und dass die Handlung die Gläubiger benachteiligte. Davon ist bereits dann auszugehen, wenn die Verbindlichkeiten des Schuldners bei dem späteren Anfechtungsgegner über einen längeren Zeitraum hinweg ständig nicht ausgeglichen wurden und jenem den Umständen nach bewusst ist, dass es noch weitere Gläubiger mit ungedeckten Ansprüchen gibt.

> BGH, Urt. v. 17.02.2004 – IX ZR 318/01, ZIP 2004, 669 = ZVI 2004, 186,
> dazu EWiR 2004, 669 *(O'Sullivan)*.

541 Ein Zusammenwirken zwischen dem Schuldner und dem Anfechtungsgegner ist nicht erforderlich.

542 Die Befriedigung oder Sicherung des Gläubigers durch eine **Zwangsvollstreckungsmaßnahme** ist, da sie keine Handlung des Schuldners darstellt, nicht nach § 133 InsO anfechtbar. Demnach ist der Gläubiger, der im Rahmen der Zwangsvollstreckung Leistungen erhält, privilegiert gegenüber solchen Gläubigern, die freiwillige Leistungen des Schuldners entgegennehmen. Der Einwand, es sei nicht einzusehen, dass der Gläubiger, der sich den Vermögensvorteil durch eigenen Zugriff verschaffe, anfechtungsrechtlich günstiger gestellt werde als derjenige, der einen ihm vom Schuldner zugewandten Vermögensvorteil entgegennehme, vermag nach Ansicht des BGH diese Abgrenzung nicht in Frage zu stellen.

> BGH, Urt. v. 10.02.2005 – IX ZR 211/02, ZIP 2005, 494 = ZVI 2005, 204,
> dazu EWiR 2005, 607 *(Eckardt)*.

Er berücksichtige nicht hinreichend die vom Schutzzweck der §§ 130 bis 132 **543**
InsO grundlegend abweichende Zielrichtung des § 133 Abs. 1 InsO. Diese
setze ein verantwortungsgesteuertes Handeln gerade des Schuldners voraus.
Nur wer darüber entscheiden könne, ob er die angeforderte Leistung erbringt oder verweigert, nimmt eine Rechtshandlung i. S. d. § 129 InsO vor.
Diese Voraussetzungen seien zu bejahen, wenn der Schuldner zur Abwendung einer ihm angedrohten, demnächst zu erwartenden Vollstreckung leistet. In diesem Falle sei er noch in der Lage, über den angeforderten Betrag
nach eigenem Belieben zu verfügen. Er könne, statt ihn an den Gläubiger zu
zahlen, ihn auch selbst verbrauchen, ihn Dritten zuwenden oder Insolvenzantrag stellen und den Gläubiger davon in Kenntnis setzen. Habe der
Schuldner dagegen nur noch die Wahl, die geforderte Zahlung sofort zu leisten oder die Vollstreckung durch die bereits anwesende Vollziehungsperson
zu dulden, ist jede Möglichkeit zu einem selbstbestimmten Handeln ausgeschaltet. Dann fehle es an einer willensgeleiteten Rechtshandlung des Schuldners, wie sie § 133 Abs. 1 InsO voraussetzt.

BGH, Urt. v. 10.02.2005 – IX ZR 211/02, ZIP 2005, 494.

B. Lohnpfändung nach Verfahrenseröffnung

I. Vollstreckungsverbot im eröffneten Verfahren

1. Wirksamwerden des Vollstreckungsverbots

Die Eröffnung des Insolvenzverfahrens hat gem. § 89 Abs. 1 InsO für die **544**
Insolvenzgläubiger ein allgemeines Vollstreckungsverbot für die Dauer des
Insolvenzverfahrens zur Folge. Danach darf in das Arbeitseinkommen des
Schuldners während des eröffneten Insolvenzverfahrens nicht vollstreckt
werden.

Wirksam wird dieses Verbot in dem Zeitpunkt, in dem das Insolvenzverfahren **545**
durch den Beschluss des Insolvenzgerichts eröffnet wird, ohne dass das
Verbot ausdrücklich angeordnet werden muss. Ist im Eröffnungsbeschluss
der genaue Eröffnungszeitpunkt nicht genannt, gilt als solcher die Mittagsstunde des Tages, an dem der Beschluss erlassen wird (§ 27 Abs. 3 InsO).
Auf die Kenntnis des Gläubigers, des Vollstreckungsorgans oder des Schuldners von der Eröffnung des Verfahrens kommt es nicht an.

2. Betroffene Gläubiger

a) Insolvenzgläubiger

Das Vollstreckungsverbot betrifft grundsätzlich nur die Insolvenzgläubiger. **546**
Also diejenigen Gläubiger, die zum Zeitpunkt der Verfahrenseröffnung eine
persönliche Forderung gegen den Schuldner haben (§§ 38, 39 InsO). Diese
dürfen während der Dauer des Insolvenzverfahrens weder in das zur Masse

gehörige noch in das sonstige Vermögen des Schuldners die Zwangsvollstreckung betreiben.

> BGH, Beschl. v. 27.09.2007 – IX ZB 16/06, ZIP 2007, 2330
> = ZVI 2008, 17.

547 Dies gilt sowohl für das bewegliche als auch für das unbewegliche Vermögen sowie für Vermögenswert, die der Insolvenzverwalter/Treuhänder aus der Masse freigegeben hat.

> BGH, Beschl. v. 12.02.2009 – IX ZB 112/06, ZIP 2009, 818
> = ZVI 2009, 205,
> dazu EWiR 2009, 545 *(Kexel)*.

b) **Massegläubiger**

548 Massegläubiger (§ 55 InsO) fallen dagegen nicht unter § 89 InsO. Für sie gilt jedoch die Beschränkung des § 90 InsO, wonach Masseforderungen, die nicht durch eine Rechtshandlung des Insolvenzverwalters begründet wurden (sog. oktroyierte Masseschulden), erst nach Ablauf von **sechs Monaten** nach Insolvenzeröffnung im Wege der Zwangsvollstreckung verfolgt werden dürfen. Eine weitere Einschränkung erfahren die Massegläubiger im Falle der Masseunzulänglichkeit. Ist diese angezeigt, besteht für die sog. Altmassegläubiger ein Vollstreckungsverbot nach § 210 InsO (vgl. Rz. 570).

c) **Absonderungsgläubiger**

549 Absonderungsberechtigte Gläubiger (vgl. §§ 49 ff. InsO) können durch Zwangsversteigerung oder Zwangsverwaltung ihre Absonderungsrechte an **unbeweglichen Gegenständen** verwirklichen. Die Pfändung gem. § 1123 BGB mithaftender Miet- oder Pachtzinsansprüche scheidet dagegen aus.

> BGH, Beschl. v. 13.07.2006 – IX ZB 301/04, ZIP 2006, 1554
> = ZVI 2006, 448,
> dazu EWiR 2007, 281 *(Freudenberg)*.

550 Dies gilt auch für einen persönlichen Gläubiger, der im Vorfeld des Insolvenzverfahrens die Anordnung der Zwangsversteigerung betrieben und dadurch in Form der Beschlagnahme ein dingliches Absonderungsrecht erworben hat, soweit die Beschlagnahme nicht gem. § 88 InsO, weil es innerhalb der Sperrfrist erworben wurde, unwirksam wird.

551 Eine im Vorfeld der Insolvenzeröffnung wirksam gepfändete Forderung kann der Pfändungsgläubiger nach Überweisung zur Einziehung im eigenen Namen im Wege der Drittschuldnerklage und anschließender Zwangsvollstreckung gegen den Drittschuldner geltend machen. Besteht zugunsten des Insolvenzschuldners bereits ein Vollstreckungstitel kann dessen Umschreibung auf den Pfändungsgläubiger gem. § 727 ZPO verlangt werden. Das Vollstreckungsverbot des § 89 InsO steht dem nicht entgegen.

Dagegen obliegt der zwangsweise Einzug von Forderungen, die vor der In- 552
solvenzeröffnung wirksam zur Sicherung abgetreten wurden, dem Insolvenzverwalter (§ 166 Abs. 2 Satz 1 InsO).

Nach Abzug der Kostenpauschale in Höhe von 9 % des Erlöses (§ 171 In- 553
sO) hat der Verwalter die erzielten Erlöse an den Gläubiger auszuzahlen
(§ 170 InsO). Im vereinfachten Verfahren hat der **Treuhänder** gem. § 313
Abs. 3 InsO kein Verwertungsrecht hinsichtlich solcher Gegenstände, an denen Pfandrechte oder andere Absonderungsrechte bestehen. Insoweit ist also stets der Pfändungsgläubiger zur Verwertung berechtigt.

Wie der Pfändungsgläubiger nach Überweisung zur Einziehung ist auch der 554
Pfandrechtsgläubiger nach Pfandreife berechtigt, die im Vorfeld der Insolvenzeröffnung wirksam verpfändete Forderung geltend zu machen. Der Insolvenzverwalter hat kein Einzugsrecht (§ 166 Abs. 2 InsO). Damit steht der Insolvenzmasse auch kein Kostenbeitrag i. S. d. § 170 InsO zu.

d) Neugläubiger

Gläubiger von Ansprüchen, die erst nach Verfahrenseröffnung entstanden 555
sind (Neugläubiger), können wegen dieser Ansprüche ungeachtet des Insolvenzverfahrens in das Vermögen des Schuldners vollstrecken, das nicht in die Masse fällt. Nachdem aber gem. § 35 InsO auch das nach Verfahrenseröffnung vom Schuldner erworbene, pfändbare Vermögen zur Masse gehört, ist de facto kein Vermögen vorhanden, in das diese Gläubiger vollstrecken können. Ein Rechtsschutzbedürfnis der Neugläubiger auf Eröffnung eines weiteren Insolvenzverfahrens hat der BGH für die Zeit des laufenden Insolvenzverfahrens verneint.

> BGH, Beschl. v. 18.05.2004 – IX ZB 189/03, ZVI 2004, 518,
> dazu EWiR 2004, 987 *(G. Hölzle)*.

Hinsichtlich der Zwangsvollstreckung in **künftige Forderungen** auf Bezüge 556
aus einem Dienstverhältnis des Schuldners oder an deren Stelle tretender laufender Lohnersatzleistungen gilt das Vollstreckungsverbot auch für solche Gläubiger, die keine Insolvenzgläubiger sind, also insbesondere für Neugläubiger (§ 89 Abs. 2 Satz 1 InsO). Davon wiederum ausgenommen ist gem. § 89 Abs. 2 Satz 2 InsO die Zwangsvollstreckung wegen eines Unterhaltsanspruchs oder einer Forderung aus einer vom Schuldner vorsätzlich begangenen unerlaubten Handlung in den Teil der Einkünfte, der für andere Gläubiger nicht pfändbar ist.

> § 89 Abs. 2 InsO; §§ 850d, 850f ZPO;
> OLG Zweibrücken, Beschl. v. 14.05.2001 – 3 W 36/01, NZI 2001, 423.

Mithin kann wegen **Unterhaltsansprüchen**, die für die Zeit nach Verfahrenseröffnung 557
beansprucht werden (§ 40 InsO), die Zwangsvollstreckung in den Teil des Arbeitseinkommens betrieben werden, der für „Normalgläubiger" nicht pfändbar ist (vgl. Rz. 434 und Rz. 14). Dieser Vorrechtsbereich steht auch dann

zur Verfügung, wenn ein übergeleiteter Unterhaltsanspruch durch den Sozialhilfeträger oder durch den Träger der Jugendhilfe geltend gemacht wird.

> Vgl. BGH, Urt. v. 05.03.1986 – IVb ZR 25/85, NJW 1986, 1688.

558 Dagegen sind Unterhaltsansprüche aus der Zeit vor Verfahrenseröffnung nicht privilegiert.

> BGH, Beschl. v. 15.11.2007 – IX ZB 226/05, FamRZ 2008, 257.

559 Auch **Deliktsgläubiger**,

> zu den Gläubigern i. S. d. § 89 Abs. 2 Satz 2 InsO gehören nicht Gläubiger von Schadensersatzansprüchen nach § 844 Abs. 2 BGB aus fahrlässig begangener unerlaubter Handlung, BGH, Beschl. v. 28.06.2006 – VII ZB 161/05, ZVI 2006, 347, dazu EWiR 2006, 725 *(App)*,

deren Ansprüche nach der Verfahrenseröffnung begründet werden, können in den nach § 850f ZPO pfändbaren Einkommensteil vollstrecken. Dagegen betrifft das Vollstreckungsverbot auch den Teil des Arbeitseinkommens, der erst aufgrund einer Entscheidung des Vollstreckungsgerichts bzw. der Vollstreckungsbehörde pfändbar wird (§§ 850c Abs. 4, 850e Nr. 2 ZPO), da § 89 InsO insoweit keine Einschränkung enthält und sich auf diese Einkommensteile selbst dann erstrecken würde, wenn diese nicht zur Masse gehören würden.

Beispiel:

Der Schuldner S ist verheiratet und zwei Kindern zum Unterhalt verpflichtet. Er hat ein monatliches Nettoeinkommen von 1.900,00 EUR. Am 02.05. wird über das Vermögen des S das Insolvenzverfahren eröffnet. Am 04.08. wird dem Drittschuldner der von der Ehefrau des S beantragte Pfändungs- und Überweisungsbeschluss zugestellt. Mit diesem werden die Lohnansprüche des S wegen eines Unterhaltsrückstandes seit Insolvenzeröffnung in Höhe von 900,00 EUR und eines laufenden Unterhalts in Höhe von 300,00 EUR monatlich gepfändet. Das Vollstreckungsgericht ordnet an, dass dem Schuldner 600,00 EUR zzgl. 2/3 des diesen Betrag übersteigenden Nettoeinkommens verbleiben müssen.

An den Insolvenzverwalter hat der Drittschuldner den aus 1.900,00 EUR nach der Pfändungstabelle zu § 850c ZPO bei drei Unterhaltsberechtigten zu entnehmenden Betrag von 39,29 EUR auszuzahlen.

Um den an die Ehefrau auszuzahlenden Betrag bestimmen zu können, ist vom Nettoeinkommen zunächst der vom Vollstreckungsgericht dem Schuldner selbst vorbehaltene Einkommensanteil abzuziehen (1.900,00 EUR ./. 600,00 EUR = 1.300,00 EUR). Von dem verbleibenden Betrag ist dann der nach der Tabelle zu § 850c ZPO pfändbare Betrag abzuziehen (1.300,00 EUR ./. 39,29 EUR = 1.260,71 EUR = Vorrechtsbereich). Von dem so errechneten Betrag erhält die Ehefrau 1/3 (= 420,23 EUR). Ist der Unterhaltsrückstand getilgt, sind an die Ehefrau nur noch 300,00 EUR auszuzahlen. Die Höhe des an den Insolvenzverwalter abzuführenden Betrags ändert sich hierdurch jedoch nicht.

3. Wirkungen des Vollstreckungsverbots

Das Vollstreckungsverbot des § 89 InsO ist von Amts wegen zu beachten. Soweit dem jeweiligen Vollstreckungsorgan die Eröffnung des Verfahrens bekannt ist, darf es keine weiteren Vollstreckungshandlungen vornehmen. 560

Auch die **Vollziehung eines Arrestes** oder einer einstweiligen Verfügung nach § 928 ZPO ist als Zwangsvollstreckungsmaßnahme nicht mehr zulässig. Nach Eröffnung des Insolvenzverfahrens darf keine Arrestpfändung nach § 930 ZPO erfolgen und auch keine Arresthypothek nach § 932 ZPO in das Grundbuch eingetragen werden. 561

Eine Vollstreckungsmaßnahme, die entgegen § 89 InsO ausgebracht wird, ist nicht unwirksam, jedoch können der Insolvenzverwalter bzw. der Treuhänder im vereinfachten Verfahren und wohl auch ein beteiligter Drittschuldner gegen sie Einwendungen erheben, was der Vollstreckungserinnerung des § 766 ZPO entspricht (§ 89 Abs. 3 InsO). Dabei kann sich der Insolvenzverwalter/Treuhänder auch gegen eine Pfändung zur Wehr setzen, die ausschließlich den Vorrechtsbereich betrifft. 562

> BGH, Beschl. v. 12.07.2007 – IX ZB 280/04, FamRZ 2008, 684.

Soweit sich eine Pfändung auf Einkommensteile bezieht, die nach § 850c ZPO unpfändbar sind, fehlt dem Schuldner die Befugnis, Einwendungen gegen eine solche Pfändung zu erheben. Dagegen könnte der Schuldner ungeachtet des Insolvenzverfahrens gegen eine Pfändung vorgehen, die ein Unterhalts- oder Deliktsgläubiger in den sog. Vorrechtsbereich ausgebracht hat (vgl. Rz. 14). 563

Über die Einwendungen entscheidet das Insolvenzgericht. Dessen Entscheidung ist entsprechend § 793 ZPO mit der sofortigen Beschwerde anfechtbar. 564

> Zur Zulässigkeit der Rechtsbeschwerde, vgl. BGH, Beschl. v. 17.02.2004 – IX ZB 306/03, ZInsO 2004, 441.

§ 89 Abs. 3 InsO begründet keine Zuständigkeit des Insolvenzgerichts für eine Vollstreckungsabwehrklage. 565

> OLG Düsseldorf, Beschl. v. 23.01.2002 – 19 Sa 113/01, NZI 2002, 388.

Hat die angefochtene Vollstreckungsmaßnahme Entscheidungscharakter, so ist hiergegen nicht die Erinnerung nach § 89 Abs. 3 InsO, sondern die sofortige Beschwerde statthaft, über die das Landgericht entscheidet. 566

> BGH, Beschl. v. 06.05.2004 – IX ZB 104/04, ZIP 2004, 1379
> = ZVI 2004, 625,
> dazu EWiR 2004, 1003 *(Hintzen)*.

Eine bereits **vor Verfahrenseröffnung** vollzogene Vollstreckungshandlung wird durch § 89 InsO nicht beeinträchtigt, auch wenn diese noch nicht abgeschlossen ist, also insbesondere noch keine Zahlung an den Gläubiger erfolgt ist. Vielmehr gewährt das erworbene Pfändungspfandrecht, soweit es nicht 567 der Rückschlagsperre des § 88 InsO unterfällt, gegen ein angeordnetes Vollstreckungsverbot nach § 21 InsO verstößt oder aufgrund Anfechtung (§§ 129 ff. InsO) in Wegfall kommt, dem Gläubiger ein Absonderungsrecht (§ 50 InsO), dessen Verwirklichung im Bereich der Forderungspfändung auch durch das Verwertungsrecht des Verwalters nicht tangiert wird. Die Verwertung gepfändeter beweglicher Gegenstände ist dagegen Sache des Verwalters, soweit sich diese in seinem Besitz befinden.

568 Wurde vor der Verfahrenseröffnung eine wirksame **Vorpfändung** nach § 845 ZPO ausgebracht, so kann deren vorverlagernde Wirkung nach Verfahrenseröffnung nicht mehr eintreten, da die hierzu notwendige Pfändung gegen das Vollstreckungsverbot des § 89 InsO verstößt.

> Vgl. BGH, Urt. v. 23.03.2006 – IX ZR 116/03, ZIP 2006, 916
> = ZVI 2006, 248,
> dazu EWiR 2006, 537 *(Eckardt)*.

569 Das Vollstreckungsverbot des § 89 InsO führt nicht zum Wegfall einer außerhalb der Sperrfrist des § 88 InsO ausgebrachten Pfändung künftiger Ansprüche. Damit unterscheidet sich § 89 InsO von der Regelung des § 114 Abs. 3 InsO, wonach Pfändungen künftiger Arbeitsbezüge mit Ablauf der in § 114 Abs. 3 InsO genannten Zeiträume unwirksam werden.

II. Vollstreckungsverbot nach Anzeige der Masseunzulänglichkeit

570 Massegläubiger i. S. d. § 55 InsO sind von dem Vollstreckungsverbot des § 89 InsO nicht betroffen. Sie können mit einem gegen den Insolvenzverwalter oder Treuhänder gerichteten Titel in die Insolvenzmasse vollstrecken. Sobald der Insolvenzverwalter jedoch dem Insolvenzgericht gem. § 208 InsO anzeigt, dass die Masse nicht reicht, um die Masseverbindlichkeiten zu befriedigen, ist es den sog. Altmassegläubigern verboten, wegen ihrer Ansprüche in die Masse zu vollstrecken (§ 210 InsO). Als Altmassegläubiger gelten gem. § 209 Abs. 1 Nr. 3 InsO diejenigen Massegläubiger, deren Ansprüche vor der Anzeige der Masseunzulänglichkeit begründet wurden.

571 Will sich der Insolvenzverwalter nach Anzeige der Masseunzulänglichkeit auf § 210 InsO berufen, so steht ihm im Vollstreckungsverfahren die Erinnerung gem. § 766 ZPO zu. Darüber entscheidet in analoger Anwendung des § 89 Abs. 3 InsO das Insolvenzgericht.

> LG Trier, Beschl. v. 18.01.2005 – 4 T 26/04, NZI 2005, 170.

572 Alternativ kann sich der Insolvenzverwalter aber wohl auch mit der Vollstreckungsabwehrklage gegen die Zwangsvollstreckung eines Altmassegläubigers zur Wehr setzen.

> OLG Koblenz, Beschl. v. 19.03.2008 – 5 W 167/08, JurBüro 2008, 427.

573 Aufgrund des Vollstreckungsverbots des § 210 InsO kann nach Anzeige der Masseunzulänglichkeit mangels Rechtsschutzbedürfnisses kein Vollstre-

ckungstitel mehr gegen die Masse erworben werden. Soweit der Insolvenzverwalter den Bestand einer Altmasseverbindlichkeit bestreitet, kann noch auf die Feststellung der Forderung geklagt werden. Dies gilt auch hinsichtlich der **Kostenfestsetzung** zugunsten eines Altmassegläubigers gegen den Insolvenzverwalter. Mangels Rechtsschutzbedürfnisses kann nach Anzeige der Masseunzulänglichkeit kein Kostenfestsetzungsbeschluss zugunsten eines Altmassegläubigers gegen den Insolvenzverwalter erlassen werden.

BGH, Beschl. v. 17.03.2005 – IX ZB 247/03, ZIP 2005, 817.

Altmassegläubiger ist der obsiegende Prozessgegner dann, wenn die maßgebliche Klage vor dem Eintritt der Masseunzulänglichkeit zugestellt wurde. Ob zu diesem Zeitpunkt die Masseunzulänglichkeit angezeigt worden war, ist nicht ausschlaggebend. 574

Vgl. BGH, Beschl. v. 19.11.2009 – IX ZB 261/08, ZIP 2010, 145
= ZVI 2010, 36,
dazu EWiR 2010, 127 *(Weitzmann)*.

III. Vollstreckungsverbot während der Wohlverhaltensphase

1. Insolvenzgläubiger

Wird dem Schuldner im Schlusstermin die Restschuldbefreiung angekündigt und werden damit die Wirkungen der sog. Wohlverhaltensphase ausgelöst, so besteht auf deren Dauer ein Vollstreckungsverbot für die Insolvenzgläubiger (§ 294 Abs. 1 InsO). Sie dürfen weder in das Arbeitseinkommen noch in sonstiges Vermögen des Schuldners vollstrecken. Insbesondere ist demnach eventuell vom Schuldner neu erworbenes Vermögen für die Insolvenzgläubiger nicht erreichbar. Dies gilt auch für Unterhalts- und Deliktsgläubiger, soweit sie ihre Ansprüche gegen den Schuldner vor der Eröffnung des Insolvenzverfahrens erworben haben. 575

Das Vollstreckungsverbot während der Laufzeit der Abtretungserklärung gilt auch für Insolvenzgläubiger, die am Insolvenzverfahren nicht teilgenommen haben und die der Schuldner nicht in das Vermögensverzeichnis aufgenommen hat. 576

BGH, Beschl. v. 13.07.2006 – IX ZB 288/03, ZVI 2006, 403.

Die Wohlverhaltensperiode erstreckt sich grundsätzlich auf einen Zeitraum von **sechs Jahren** und beginnt rechnerisch bereits mit dem Zeitpunkt der Verfahrenseröffnung (§ 287 Abs. 2 InsO). In Verfahren, die vor dem 01.12.2001 eröffnet wurden, beträgt die Wohlverhaltensperiode **sieben Jahre** und beginnt erst mit der rechtskräftigen Aufhebung bzw. Einstellung des Insolvenzverfahrens (Art. 103a EGInsO). Wurde das Verfahren vor dem 01.12.2001 über das Vermögen eines Schuldners eröffnet, der bereits am 01.01.1997 überschuldet war, so beträgt die Wohlverhaltensphase nur **fünf Jahre** (Art. 107 EGInsO). 577

BGH, Beschl. v. 21.10.2004 – IX ZB 73/03, ZVI 2005, 47.

2. Neugläubiger

578 Gläubiger, die ihre Forderungen erst nach Eröffnung des Insolvenzverfahrens gegen den Schuldner erworben haben (sog. **Neugläubiger**), sind vom Vollstreckungsverbot des § 294 ZPO nicht betroffen. Sie können die Zwangsvollstreckung ohne Einschränkung betreiben. Allerdings dürfte zu diesem Zeitpunkt kaum pfändbares Vermögen vorhanden sein, soweit dem Schuldner nicht nach der Aufhebung des Insolvenzverfahrens etwa durch Erbfall Vermögen zufällt, das er nicht dem Treuhänder überlassen muss. Der allgemein nach § 850c ZPO pfändbare Teil des Arbeitseinkommens des Schuldners ist für die Zeit der Wohlverhaltensphase an den Treuhänder abgetreten. Eine Pfändung des Arbeitseinkommens oder gleich gestellter Bezüge ist deshalb nur für (neue) **Unterhalts- und Deliktsgläubiger** im Rahmen der §§ 850d bzw. 850f ZPO hinsichtlich des sog. Vorrechtsbereichs Erfolg versprechend.

3. Massegläubiger

579 Die Zwangsvollstreckung durch **Massegläubiger** i. S. d. § 55 InsO ist zwar grundsätzlich durch die Vorschrift des § 294 InsO nicht beeinträchtigt. Jedoch haftet der Schuldner nach Beendigung des Insolvenzverfahrens für Masseverbindlichkeiten nur soweit, als ihm aus der Masse Vermögensteile überlassen wurden. Im Übrigen haftet der Schuldner nach Verfahrensbeendigung nicht für **unerfüllte Masseverbindlichkeiten**. Dies ergibt sich aus der Tatsache, dass der Verwalter nicht den Schuldner, sondern nur die Masse vertritt und demzufolge nur diese verpflichten kann.

580 Mithin können Massegläubiger während der Wohlverhaltensphase (und auch darüber hinaus) wegen ihrer nicht erfüllten Ansprüche gegen den früheren Insolvenzschuldner nur in die Vermögensteile vollstrecken, die dem Schuldner aus der Masse überlassen werden, was wohl nur sehr selten vorkommen dürfte.

581 Etwas anderes gilt für die Gläubiger sog. **oktroyierter Masseansprüche** i. S. d. § 55 Abs. 1 Nr. 2 Alt. 2 InsO, also etwa für Mietzinsanspruch in Bezug auf einen unbeweglichen Gegenstand aus der Zeit vor Eröffnung des Insolvenzverfahrens. Diese Ansprüche stellen nicht nur Masseverbindlichkeiten dar, sondern verwirklichen auch den Tatbestand des § 38 InsO, sind also gleichzeitig auch **Insolvenzforderungen**. Für die Erfüllung dieser Ansprüche haftet der Schuldner demnach auch über die Beendigung des Insolvenzverfahrens hinaus fort.

BGH, Urt. v. 28.06.2007 – IX ZR 73/06, WM 2007, 1844.

582 Als Insolvenzforderung unterliegen die genannten Ansprüche aber wiederum dem Vollstreckungsverbot des § 294 InsO, so dass derentwegen während der Wohlverhaltensphase keine Zwangsvollstreckung in das Vermögen des Schuldners erfolgen darf.

Teil 3 Abtretung und Verpfändung contra Einzugsrecht des Insolvenzverwalters/Treuhänders

I. Absonderungsrecht

Ist das Arbeitseinkommen vor Eröffnung des Insolvenzverfahrens wirksam abgetreten oder verpfändet worden, so wird damit im eröffneten Verfahren ein Absonderungsrecht gem. § 51 Nr. 1 InsO bzw. § 50 Abs. 1 InsO begründet. Aus diesem ist der Pfandgläubiger bzw. Zessionar bei Eintritt des Sicherungsfalles bzw. bei Pfandreife berechtigt, die Auszahlung des verpfändeten/abgetretenen Einkommensteils zu verlangen. 583

Die wirksam verpfändeten/abgetretenen Einkommensteile können nicht zur Insolvenzmasse gezogen werden. Jedoch steht dem Insolvenzverwalter – nicht dem Treuhänder – gem. § 166 Abs. 2 InsO hinsichtlich der zur Sicherheit abgetretenen Lohnansprüche das Einzugsrecht zu. Von dem beim Drittschuldner eingezogenen Einkommen gebührt der Masse damit ein Kostenbeitrag gem. § 170 InsO in Höhe von insgesamt 9 %. Kein Einzugsrecht besteht hinsichtlich der verpfändeten Lohnansprüche. 584

Beispiel:

Der spätere Insolvenzschuldner S hat seine gegenwärtigen und künftigen Lohnansprüche an die A-Bank zur Sicherung eines gewährten Darlehens am 10.05. abgetreten. Die A-Bank hat die Abtretung zunächst nicht offengelegt, so dass der Drittschuldner D die gesamten Lohnansprüche an S ausbezahlte. Nachdem S am 11.11. den Antrag auf Eröffnung des Insolvenzverfahrens stellte, zeigte die A-Bank dem D die Abtretung an. Am 20.11. wurde das Verbraucherinsolvenzverfahren eröffnet. Aus dem Einkommen des S bei D ergibt sich ein abtretbarer Teil in Höhe von 200,00 EUR. Diesen Betrag kann die A-Bank unmittelbar bei D einfordern. Der bestellte Treuhänder hat kein Einzugsrecht.

Erfolgte eine Abtretung des Arbeitseinkommens nicht zu Sicherungszwecken, sondern z. B. an Zahlung statt, so sind die abgetretenen Ansprüche aus dem Vermögen des Schuldners ausgeschieden. Der Abtretungsempfänger kann die auf ihn übergegangenen Ansprüche ungeachtet des eröffneten Verfahrens gegen den Drittschuldner geltend machen. Ein Einzugsrecht des Insolvenzverwalters besteht nicht. 585

II. Wirksamkeit der Abtretung/Verpfändung

1. Bedeutung des § 114 Abs. 1 InsO

Wie die Pfändung künftiger Ansprüche wird auch deren Verpfändung oder Abtretung erst mit Entstehung der künftigen Ansprüche wirksam. 586

> BGH, Urt. v. 22.04.2010 – IX ZR 8/07, NZI 2010, 682;
> BGH, Urt. v. 30.01.1997 – IX ZR 89/96, ZIP 1997, 513.

587 Entsteht der künftige Anspruch demnach erst nach Verfahrenseröffnung, so kann hieran gem. § 91 InsO kein Recht erworben werden. Mangels einer der Regelung des § 832 ZPO entsprechenden Vorschrift für die Verpfändung oder Abtretung von Lohnansprüchen, wäre demnach die Lohnabtretung oder die Lohnverpfändung im eröffneten Insolvenzverfahren nicht zu berücksichtigen.

588 Nach § 114 Abs. 1 InsO ist die vor Insolvenzeröffnung vorgenommene Abtretung oder Verpfändung einer Forderung auf Bezüge aus einem Dienstverhältnis oder an deren Stelle tretender laufender Bezüge jedoch wirksam, soweit sie sich auf die Bezüge für die Zeit vor Ablauf von zwei Jahren nach dem Ende des zurzeit der Eröffnung des Verfahrens laufenden Kalendermonats bezieht. Die Berechnung der Jahresfrist erfolgt nach §§ 187, 188 BGB. Unter Einschluss des Eröffnungsmonats ergeben sich damit 24 Monate, für die die Abtretung oder Verpfändung der Arbeitseinkünfte Geltung hat.

a. A. MünchKomm-InsO/*Löwisch/Caspers*, § 114 Rz. 20, wonach auf 25 Monate abzustellen sei.

Beispiel:

Der spätere Insolvenzschuldner S hat sein gegenwärtiges und zukünftiges Arbeitseinkommen an die A-Bank zur Sicherung eines Darlehens am 10.05.2010 abgetreten. Am 11.11.2011 wird das Insolvenzverfahren über das Vermögen des S eröffnet. Die Abtretung erstreckt sich auf die Bezüge, die bis einschließlich Oktober 2013 entstehen.

589 § 114 Abs. 1 InsO stellt eine Ausnahmevorschrift zu § 91 Abs. 1 InsO dar.

BGH, Urt. v. 11.05.2006 – IX ZR 247/03, ZIP 2006, 1254 = ZVI 2006, 300.

590 Entgegen der in § 91 Abs. 1 InsO enthaltenen Aussage, dass nach Verfahrenseröffnung keine Rechte mehr an den zur Masse gehörenden Gegenständen erworben werden können, ist mit § 114 Abs. 1 InsO die Möglichkeit eröffnet, aufgrund einer vor der Verfahrenseröffnung vorgenommenen Abtretung oder Verpfändung auch an solchen Ansprüchen auf Arbeits- und Dienstleistungsentgelt Absonderungsrechte zu begründen, die erst nach Verfahrenseröffnung fällig werden.

591 Mit der Regelung des § 114 Abs. 1 InsO soll es auch demjenigen Personenkreis ermöglicht werden, sich einen Kredit zu beschaffen, der in der Regel nur die Abtretung oder Verpfändung von Bezügen aus abhängiger Tätigkeit als Sicherheit anbieten kann.

BT-Drucks. 14/5680, S. 17.

2. Anwendungsbereich des § 114 Abs. 1 InsO

592 Aus der Formulierung des § 114 Abs. 1 InsO könnte gefolgert werden, dass es hinsichtlich der Bezüge aus einem Dienstverhältnis nicht darauf ankommt, dass diese laufend erzielt werden. Diese Auslegung scheint indes vom Ge-

setzgeber nicht gewollt; vielmehr sollen wohl auch mit der ersten Alternative des § 114 Abs. 1 InsO nur die laufenden Bezüge aus einem abhängigen Arbeitsverhältnis angesprochen werden. Abgesehen davon, dass bei freiberuflich und selbstständig tätigen Personen kein Dienstverhältnis i. S. d. § 114 Abs. 1 InsO besteht. Damit scheiden einmalige Vergütungen wie sie etwa von Selbstständigen oder freiberuflich Tätigen erzielt werden für eine Anwendung des § 114 Abs. 1 InsO aus. Dagegen werden einmalige Abfindungszahlungen eines abhängig Beschäftigten von einer Abtretung des Einkommens i. S. d. § 114 Abs. 1 InsO umfasst.

> BGH, Urt. v. 11.05.2010 – IX ZR 139/09, ZIP 2010, 1186 = ZVI 2010, 261,
> dazu EWiR 2010, 499 *(Loof)*.

Bezieht ein selbstständig oder freiberuflich tätiger Schuldner seine Vergütungen stets und ausschließlich von demselben Drittschuldner, so handelt es sich insoweit zwar um laufende Leistungen und auch um sonstige Vergütungen für Dienstleistungen aller Art i. S. d. § 850 Abs. 2 ZPO, die die Erwerbstätigkeit des Schuldners vollständig oder zu einem wesentlichen Teil in Anspruch nehmen. 593

> BGH, Urt. v. 28.09.1989 – III ZR 280/88, zitiert nach juris.

Gleichwohl besteht aber kein Dienstverhältnis i. S. d. § 114 Abs. 1 Alt. 1 InsO. Auch treten derartige laufende Leistungen nicht als laufende Bezüge i. S. d. § 114 Abs. 1 Alt. 2 InsO an die Stelle von Bezügen aus einem Dienstverhältnis . 594

Somit findet § 114 Abs. 1 InsO u. a. auf die Vergütungsansprüche eines Kassenarztes gegen die kassenärztliche Vereinigung keine Anwendung. 595

> BGH, Beschl. v. 18.02.2010 – IX ZR 61/09, ZIP 2010, 587 = ZVI 2010, 267;
> BGH, Urt. v. 11.05.2006 – IX ZR 247/03, ZIP 2006, 1254 = ZVI 2006, 300.

Allerdings hat der BGH dies damit begründet, dass die Vergütungsansprüche eines Arztes unter Begründung von Masseverbindlichkeiten erwirtschaftet werden und demzufolge auch der Masse als Aktivposten zustehen. Im Übrigen hat es der BGH offengelassen, ob § 114 Abs. 1 InsO auch auf die Vergütungsansprüche eines Kassenarztes Anwendung findet. 596

3. Abtretung/Verpfändung trotz Pfändung – Mehrfache Abtretung

Die Abtretung oder Verpfändung einer Forderung auf künftige Bezüge aus einem Dienstverhältnis ist auch dann für die Zeit bis zum Ablauf von zwei Jahren nach dem Ende des zur Zeit der Eröffnung des Insolvenzverfahrens laufenden Monats wirksam, wenn die Forderung vor der Abtretung von einem anderen Gläubiger gepfändet worden war. 597

> BGH, Urt. v. 12.10.2006 – IX ZR 109/05, ZIP 2006, 2276 = ZVI 2007, 27.

598 Dies hat der BGH damit begründet, dass zwar die Abtretung zunächst aufgrund der vorgehenden Pfändung ins Leere ging. Mit dem Wegfall der Pfändung infolge der Insolvenzeröffnung lebt die Abtretung jedoch auf und kann im Umfang des § 114 Abs. 1 InsO geltend gemacht werden. Dasselbe gilt bei **mehrfacher Abtretung** mit der Folge, dass eine zeitlich später erfolgte Abtretung zu berücksichtigen ist, wenn die zeitlich frühere Abtretung vor Ablauf der Zwei-Jahres-Frist des § 114 Abs. 1 InsO etwa deshalb wegfällt, weil die gesicherte Forderung getilgt wurde.

4. Abtretung/Verpfändung trotz Vollstreckungsverbot

599 Das Vollstreckungsverbot, das gem. § 21 Abs. 2 Nr. 3 InsO im Eröffnungsverfahren angeordnet werden kann, steht der Wirksamkeit einer Vorausabtretung oder einer Vorausverpfändung hinsichtlich der nach der Anordnung entstehenden Forderungen nicht entgegen (vgl. Rz. 440). Ein solches Vollstreckungsverbot hat nicht die Wirkung einer Unpfändbarkeit i. S. d. § 400 BGB. Entsprechendes gilt für eine im Eröffnungsverfahren angeordnete **Verfügungsbeschränkung**.

> BGH, Urt. v. 22.10.2009 – IX ZR 90/08, ZIP 2009, 2347,
> dazu EWiR 2010, 121 *(Wilkens/Siepmann)*.

5. Wirksamkeit der Abtretung/Verpfändung bei Wechsel des Arbeitgebers

600 Auf Entgeltansprüche, aus Arbeits- oder Dienstverhältnisse herrühren, die der Insolvenzschuldner erst nach Verfahrenseröffnung begründet hat, soll § 114 Abs. 1 InsO keine Anwendung finden. Da § 114 Abs. 1 InsO als Ausnahmevorschrift eng auszulegen sei, sei sie nur begrenzt einer analogen Anwendung zugänglich. Lediglich Vorausabtretungen aus Arbeitsverhältnissen, die zum Zeitpunkt der Eröffnung des Insolvenzverfahrens bereits bestanden, könnten Gegenstand der Privilegierung sein.

> LG Mosbach, Urt. v. 10.12.2008 – 5 S 46/08, ZVI 2009, 29.

601 Nach anderer Ansicht sind von der Ausnahmeregelung in § 114 Abs. 1 InsO, die als lex specialis im Verhältnis zu § 91 InsO anzusehen sei, auch solche Vergütungsansprüche erfasst, die aufgrund eines nach Eröffnung des Insolvenzverfahrens begründeten Arbeitsverhältnisses entstehen.

> LG Trier, Urt. v. 20.08.2010 – 2 O 11/10, ZInsO 2010, 1941.

III. Umfang der Abtretung/Verpfändung

1. Allgemein pfändbare Bezüge

602 Nach § 400 BGB können nur die nach § 850c ZPO pfändbaren Bezüge wirksam abgetreten werden. Dasselbe gilt über § 1274 Abs. 2 BGB ebenso für die Verpfändung. Beträge, die erst aufgrund einer gerichtlichen Entscheidung pfändbar werden, können regelmäßig nicht abgetreten oder verpfändet werden.

III. Umfang der Abtretung/Verpfändung

Erfolgte eine Lohnabtretung oder -verpfändung an einen Unterhaltsberechtigten, um dessen Unterhaltsansprüche abzudecken, so bleibt diese Abtretung über die Frist des § 114 Abs. 1 InsO hinaus wirksam, soweit sie sich auf Einkommensteile bezieht, die nach § 850d ZPO nur für Unterhaltsgläubiger pfändbar sind (Vorrechtsbereich, Rz. 434) und damit nach § 400 BGB nur an Unterhaltsgläubiger abgetreten werden können. Solche Einkommensteile gehören nicht zur Masse (§ 35 InsO). 603

2. Erweiterung der Abtretbarkeit/Verpfändbarkeit

Umstritten ist, ob die Vorschriften der ZPO zur Erweiterung und Reduzierung des pfändbaren Lohnanteils auf die Abtretung/Verpfändung entsprechend anwendbar sind. Der BGH tendiert eher dazu, eine analoge Anwendung auszuschließen, soweit es sich nicht um die Erweiterung der Pfändungsfreigrenzen nach § 850f Abs. 1 ZPO handelt (vgl. Rz. 281 ff.). 604

BGH, Beschl. v. 28.05.2003 – IXa ZB 51/03, WM 2003, 1346.

Er sieht aber die Möglichkeit, durch Vereinbarung auf Vorschriften, die wie etwa § 850e Nr. 2 ZPO nicht dem Schutz des Schuldners dienen, seitens des Schuldners zu verzichten. Ob eine solche Vereinbarung als Inhalt einer Abtretungserklärung oder Verpfändung gewollt sein soll, ist ggf. durch Auslegung zu ermitteln. Diese ist im Streitfall durch das Prozessgericht vorzunehmen. 605

BGH, Beschl. v. 31.10.2003 – IXa ZB 194/03, WM 2003, 2483.

Dasselbe gilt für eine Erweiterung der Pfändbarkeit und damit der Abtretbarkeit durch Außerachtlassung eines Unterhaltsberechtigten, der über eigenes Einkommen verfügt (§ 850c Abs. 4 ZPO, vgl. Rz. 248 ff.). Auch diese Vorschrift ist keine Regelung, die dem Schutz des Schuldners dient. 606

BGH, Urt. v. 19.05.2009 – IX ZR 37/06, ZIP 2009, 2120 = ZVI 2009, 374.

Dagegen kann sich eine Abtretung grundsätzlich nicht auf die in § 850b ZPO bezeichneten, bedingt pfändbaren Ansprüche beziehen (vgl. Rz. 143 ff.). Insoweit handelt es sich um eine den Schuldner schützende Norm, die auch das Interesse der Allgemeinheit daran umfasst, dass der Schuldner nicht öffentlichen Kassen zur Last fällt. So sind die Ansprüche aus einer Berufsunfähigkeitsversicherung i. S. d. § 850b Abs. 1 Nr. 1 ZPO grundsätzlich nicht abtretbar. 607

BGH, Urt. v. 18.11.2009 – IV ZR 134/08, VersR 2010, 375.

Die Ansprüche aus einem Altenteil, die gem. § 850b Abs. 1 Nr. 3 ZPO nur bedingt pfändbar sind, können dann ausnahmsweise abgetreten werden, wenn der Abtretungsempfänger dem Abtretenden ohne Rechtspflicht laufend Bezüge zu dem jeweiligen Fälligkeitstermin in Höhe der jeweiligen fällig gewordenen abgetretenen Ansprüche gewährt, wenn der Abtretende vor 608 der Abtretung den vollen Gegenwert erhalten hat und auch behält, oder wenn die Abtretung durch die jeweils termingerecht zu leistende Zahlung bedingt ist.

BGH, Urt. v. 04.12.2009 – V ZR 9/09, FamRZ 2010, 367.

609 Der Streit zwischen dem Abtretungsempfänger und dem Insolvenzverwalter/Treuhänder über die Frage, ob eine Abtretung weitere Einkommensteile erfasst, ist vor dem Prozessgericht auszutragen.

Beispiel:

Der Schuldner hat seine Arbeitseinkünfte wirksam zur Sicherung eines Darlehens abgetreten. Nach Eröffnung des Insolvenzverfahrens ergeht auf Antrag des Insolvenzverwalters der Beschluss des Insolvenzgerichts, wonach die Ehefrau des Schuldners bei der Berechnung des pfändbaren Einkommens außer Betracht bleibt. Infolge dieser Beschlussfassung ergibt sich ein pfändbarer Betrag der um 60,00 EUR über dem Betrag liegt, der bei Berücksichtigung der Ehefrau pfändbar ist. Der Betrag in Höhe von 60,00 EUR steht ungeachtet der wirksamen Abtretung der Insolvenzmasse zur Verfügung. Dies jedenfalls dann, wenn sich die Abtretungsvereinbarung nicht auch auf solche Einkommensteile bezieht, die sich unter Außerachtlassung der Ehefrau ergeben.

3. Abtretung an den Treuhänder in der Wohlverhaltensphase

610 Aufgrund der in § 292 Abs. 1 Satz 3 InsO enthaltenen Verweisung auf § 36 Abs. 1 Satz 2 und Abs. 4 InsO wird klargestellt, dass auf die Abtretung an den Treuhänder in der Wohlverhaltensphase die Vorschriften über die Erweiterung und Reduzierung des pfändbaren Lohnanteils entsprechend anwendbar sind. Aus der Tatsache, dass eine entsprechende Verweisung in den Vorschriften der §§ 398 ff. BGB nicht enthalten ist, könnte geschlossen werden, dass der Gesetzgeber davon ausgeht, dass eine analoge Anwendung der genannten Vorschriften auf die Abtretung ansonsten nicht möglich ist. Zum Umfang der Abtretung an den Treuhänder in der Wohlverhaltensphase, vgl. im Übrigen Rz. 321.

IV. Wirkungen eines vereinbarten Abtretungsverbots

611 Eine gegen ein vereinbartes Abtretungsverbot oder Verpfändungsverbot verstoßende Abtretung oder Verpfändung ist unwirksam (§ 399 BGB). Dabei spielt es keine Rolle, ob das Abtretungsverbot oder das Verpfändungsverbot in einer einzelvertraglichen Bestimmung zwischen Schuldner und Arbeitgeber oder in einer Betriebsvereinbarung enthalten ist. Ein Abtretungsausschluss oder ein Verpfändungsausschluss ist auch dann zu beachten, wenn die nicht abtretbare/nicht verpfändbare Lohnforderung erst nach der Abtretung oder Verpfändung entsteht.

BAG, Urt. v. 05.09.1960 – I AZR 509/57, DB 1960, 1309.

Beispiel:

Der Schuldner hat sein gegenwärtiges und zukünftiges Einkommen an einen Gläubiger zu Sicherungszwecken abgetreten. Anschließend wechselt er zu einem neuen Arbeitgeber. Der maßgebliche Arbeitsvertrag enthält den Ausschluss einer Abtretung der Einkünfte. Dieser Ausschluss ist auch gegenüber der im Vorfeld erfolgten Abtretung wirksam, so dass die in der Folge anfallenden Entgeltansprüche von der Abtretung nicht erfasst werden.

Auf die Abtretung der Lohnansprüche an den Treuhänder in der Wohlverhaltensperiode hat ein vereinbarter Abtretungsausschluss keinen Einfluss (§ 287 Abs. 3 InsO). 612

V. Folgen der Abtretung/Verpfändung

Die wirksam abgetretenen oder verpfändeten Einkommensansprüche können vom Insolvenzverwalter/Treuhänder nicht zur Masse gezogen werden. Für den Insolvenzverwalter – nicht für den Treuhänder (§ 313 Abs. 3 InsO) – ergibt sich hinsichtlich einer Sicherungsabtretung jedoch aus § 166 Abs. 2 InsO das Verwertungsrecht, so dass zumindest die Kostenpauschalen des § 171 InsO der Masse zufließen. Der Drittschuldner kann jedenfalls dann, wenn er von der Insolvenzeröffnung Kenntnis erlangt hat, nicht mehr mit befreiender Wirkung an den Abtretungsempfänger leisten. 613

> BGH, Urt. v. 23.04.2009 – IX ZR 65/08, ZIP 2009, 1075 = ZVI 2009 333
> dazu EWiR 2009, 515 *(Neußner)*;
> BGH, Urt. v. 24.03.2009 – IX ZR 112/08, ZIP 2009, 768 = ZVI 2009, 256;
> vgl. OLG Celle, Urt. v. 27.03.2008 – 13 U 160/07, ZIP 2008, 749 = ZVI 2008, 338,
> dazu EWiR 2008, 631 *(M. Köster)*.

Bei der Verpfändung eines Lohnanspruchs besteht kein Verwertungsrecht des Insolvenzverwalters. § 166 Abs. 2 InsO beschränkt sich auf die Fälle der Sicherungsabtretung einer Forderung. 614

Es obliegt dem Abtretungsempfänger oder dem Pfandgläubiger, das sich aus der Abtretung oder Verpfändung ergebende Absonderungsrecht unverzüglich nach Verfahrenseröffnung gegenüber dem Insolvenzverwalter geltend zu machen (§ 28 Abs. 2 Satz 1 InsO). Dabei ist der Gegenstand, an dem das Sicherungsrecht beansprucht wird, die Art und der Entstehungsgrund des Sicherungsrechts sowie die gesicherte Forderung zu bezeichnen (§ 28 Abs. 2 Satz 2 InsO). Wer die Mitteilung schuldhaft unterlässt oder verzögert, haftet für den daraus entstehenden Schaden (§ 28 Abs. 2 Satz 3 InsO). 615

Beispiel:

Sechs Monate nach Eröffnung des Insolvenzverfahrens über das Vermögen des Schuldners wendet sich ein Abtretungsempfänger an den Insolvenzverwalter und verlangt, die von diesem während der letzten sechs Monate eingezogenen pfändbaren Einkommensteile heraus. Diesem Verlangen muss der Insolvenzverwalter allenfalls dann nachkommen, wenn ihm, etwa aufgrund einer entsprechenden Mitteilung des Drittschuldners, die Abtretung bekannt war. Ansonsten stehen dem Gläubiger nur die ab der Geltendmachung des Absonderungsrechts entstehenden Einkommensansprüche zu.

616 In der Wohlverhaltensphase bewirkt die wirksame Abtretung oder Verpfändung, dass für den maßgebenden Zeitraum keine Einkünfte des Schuldners zur Verfügung stehen, die an die im Schlussverzeichnis genannten Gläubiger ausbezahlt werden könnten.

VI. Anfechtbarkeit der Abtretung/Verpfändung

1. Deckungsanfechtung

617 Die Abtretung oder Verpfändung des Arbeitseinkommens sowie ggf. die Zahlungen des Drittschuldners an den Zessionar oder Pfandgläubiger unterliegen der Anfechtung durch den Insolvenzverwalter, wenn die Abtretung/Verpfändung oder die Zahlung die Insolvenzgläubiger in ihrer Gesamtheit benachteiligt (§ 129 InsO) und ein Anfechtungstatbestand i. S. d. §§ 130 ff. InsO gegeben ist (Rz. 525 ff.). Der Treuhänder im vereinfachten Verfahren ist nicht anfechtungsberechtigt (Rz. 519).

>Vgl. BGH, Urt. v. 21.09.2006 – IX ZR 235/04, ZIP 2006, 2176
>= ZVI 2006, 582,
>dazu EWiR 2007, 149 *(Homann)*.

618 Die einzelnen Zahlungen des Drittschuldners an den Zessionar oder an den Pfandgläubiger sind mangels Gläubigerbenachteiligung nicht anfechtbar, wenn die Abtretung der künftigen Arbeitsbezüge anfechtungsfest erfolgte und damit der Zedent nur das erhält, worauf er aufgrund des durch die Abtretung begründeten Absonderungsrechts einen Anspruch hat.

619 Die Abtretung künftiger Ansprüche wird erst wirksam, wenn der abgetretene Anspruch entsteht (Rz. 586). Bei der Abtretung künftiger Arbeitseinkünfte ist dies jeweils dann der Fall, wenn die zu vergütende Arbeitsleistung erbracht wurde. Zahlungen des Drittschuldners, die ein Abtretungsempfänger innerhalb der letzten drei Monate vor dem Eröffnungsantrag oder danach bis zur Verfahrenseröffnung erlangt, unterliegen damit der Anfechtung nach § 130 InsO. Dies führt zu dem kuriosen Ergebnis, dass der Abtretungsempfänger zwar nach Verfahrenseröffnung für einen Zeitraum von zwei Jahren die abgetretenen Einkommensteile erhält, die an ihn bereits im Vorfeld der Insolvenzeröffnung geleistete Zahlungen aber auskehren muss. Behalten darf er die vor dem Drei-Monats-Zeitraum des § 130 InsO an ihn geflossenen Beträge.

620 Auch wenn der Abtretungsvertrag oder die Verpfändungsabsprache weit vor dem Eröffnungsantrag geschlossen wurde, ist die Abtretung bzw. Verpfän-

VI. Anfechtbarkeit der Abtretung/Verpfändung

dung zumindest als kongruente Deckung der auf die drei Monate vor dem Eröffnungsantrag und danach entfallenden Einkommensteile anfechtbar.

Vgl. BGH, Beschl. v. 18.03.2010 – IX ZR 111/08, ZIP 2010, 1137, dazu EWiR 2010, 575 *(Mitlehner)*.

Somit kann die Abtretung oder die Verpfändung des künftigen Arbeitseinkommens nicht nur dann angefochten werden, wenn die Abtretungsvereinbarung oder die Verpfändungsabsprache selbst innerhalb des anfechtungsrelevanten Zeitraums getroffen wird und die übrigen Anfechtungsvoraussetzungen vorliegen. Ob es sich dabei um ein kongruentes oder ein inkongruentes Deckungsgeschäft handelt, hängt davon ab, ob der Zessionar nach der ursprünglich zwischen ihm und dem Zedenten getroffenen Vereinbarung auf diese Form der Sicherung oder Befriedigung einen Anspruch hat. 621

Beispiel:

Der spätere Insolvenzschuldner S hat am 10.05. mit Gläubiger G einen Vertrag über den Kauf eines Wohnzimmerschrankes geschlossen. G lieferte am 10.06. mit Zahlungsziel von zwei Wochen. S versäumte diesen Termin und trat dem G am 20.06. anstelle der vereinbarten Zahlung sein Arbeitseinkommen ab, das er bei Drittschuldner D erzielt. D zahlte nach Anzeige der Abtretung am 30.06., 30.7. und 30.08. die pfändbaren Einkommensteile an G. Damit war der Kaufpreis abgegolten. S beantragte am 10.10. die Eröffnung des Insolvenzverfahrens; es wurde am 20.10. eröffnet.

Die Abtretung der Forderung stellt sich als inkongruente Deckung i. S. d. § 131 InsO dar. G hatte darauf ursprünglich keinen Anspruch. Jedoch erfolgte die Abtretung außerhalb des anfechtungsrelevanten Zeitraums.

Die Behandlung einer Abtretung künftiger Einkommensansprüche als Bargeschäft i. S. d. § 142 InsO scheidet regelmäßig aus. Wenn die Abtretung künftiger Bezüge erst mit der Entstehung der künftigen Ansprüche wirksam wird, fehlt es regelmäßig an dem notwendigen zeitlichen Zusammenhang zwischen der Abtretung und der erbrachten Gegenleistung. 622

2. Anfechtung aufgrund vorsätzlicher Gläubigerbenachteiligung

Rechtshandlungen, die der Schuldner vor Eröffnung des Insolvenzverfahrens mit dem Vorsatz vorgenommen hat, seine Gläubiger zu benachteiligen, sind anfechtbar, wenn der andere Teil zur Zeit der Handlung den Vorsatz des Schuldners kannte (§ 133 Abs. 1 Satz 1 InsO; vgl. Rz. 537). Diese Kenntnis wird vermutet, wenn der andere Teil wusste, dass die Zahlungsunfähigkeit des Schuldners drohte und dass die Handlung die Gläubiger benachteiligt (§ 133 Abs. 1 Satz 2 InsO). Bis zu zehn Jahren zurückreichend kann demnach eine Lohnabtretung oder Lohnverpfändung angefochten werden, wenn sie mit der Absicht erfolgte, die Gläubiger zu benachteiligen. 623

BGH, Urt. v. 12.07.2007 – IX ZR 235/03, ZIP 2007, 2084.

624 Im Gegensatz zu den Tatbeständen der Deckungsanfechtung der §§ 130 und 131 InsO stellt die Regelung des § 133 InsO, vergleichbar mit der des § 132 InsO, nicht darauf ab, dass ein Insolvenzgläubiger eine Sicherung oder Befriedigung seiner Forderung erhalten hat. Vielmehr genügt es, dass der Schuldner eine Rechtshandlung mit dem Vorsatz vornimmt, dadurch seine Gläubiger zu benachteiligen. Die sich ergebende Vermögensmehrung kann auch bei einer sonstigen Person eintreten.

625 Eine Gläubigerbenachteiligung liegt in diesem Sinne und in Übereinstimmung mit § 129 InsO immer dann vor, wenn die Insolvenzmasse durch die Handlung des Schuldners verkürzt worden ist, wenn sich also die Befriedigungsmöglichkeiten der Insolvenzgläubiger ohne die fragliche Handlung bei wirtschaftlicher Betrachtungsweise günstiger gestaltet hätten.

BGH, Urt. v. 11.11.1993 – IX ZR 257/92, ZIP 1994, 40, dazu EWiR 1994, 169 *(U. Haas)*.

626 Eine Anfechtung nach § 133 InsO scheidet demnach aus, wenn die Insolvenzgläubiger in ihrer Gesamtheit nicht benachteiligt werden.

Beispiel:

Der spätere Insolvenzschuldner S tritt sein künftiges Arbeitseinkommen an eine Schuldnerberatungsstelle ab, um so im Rahmen eines außergerichtlichen Schuldenbereinigungsverfahrens alle Gläubiger quotenmäßig zu befriedigen. Eine solche Abtretung ist nicht nach § 133 InsO anfechtbar.

LG Frankfurt/M., Urt. v. 21.09.2000 – 2/18 O 143/00, ZVI 2002, 369.

627 Wenn dagegen ein Insolvenzschuldner Ratenzahlungen an einen Rechtsanwalt leistet, der mit der Vorbereitung und Stellung eines Insolvenzantrags beauftragt wurde, liegt darin eine vorsätzliche Gläubigerbenachteiligung, die gem. § 133 Abs. 1 InsO anfechtbar ist, sofern vereinbarte, sofort fällige Vorschüsse auf Rechtsanwaltskosten in Form monatlich zu leistender Teilzahlungen gestundet werden und schon bei Mandatserteilung der Schuldner den pfändbaren Teil seiner Ansprüche gegenüber seinem jeweiligen Arbeitgeber an den Anwalt abgetreten hat. Die Kenntnis des Rechtsanwalts vom Benachteiligungsvorsatz des Schuldners folgt aus der Mandatierung und den zur unangemessenen Bevorzugung gegenüber anderen Gläubigern führenden Mandatsbedingungen. Die mit der Mandatserteilung erfolgte Sicherheitsabtretung des pfändbaren Teils des Arbeitseinkommens des Schuldners an den mit der Insolvenzantragstellung beauftragten Rechtsanwalt ist ebenfalls als vorsätzliche Gläubigerbenachteiligung gem. § 133 Abs. 1 InsO anfechtbar.

OLG München v. 06.04.2005 – 3 U 3488/04, ZInsO 2005, 496.

Teil 4 Aufrechnung contra Einzugsrecht des Insolvenzverwalters/Treuhänders

I. Grundsätze

Das Einzugsrecht des Insolvenzverwalters/Treuhänders geht ins Leere, wenn und soweit der Drittschuldner gegen die von ihm an die Masse abzuführenden Entgeltansprüche wirksam aufrechnen kann. Während des eröffneten Insolvenzverfahrens regelt sich die Zulässigkeit einer Aufrechnung nach den §§ 94 ff. InsO. Danach wird eine gegebene Aufrechnungslage durch die Eröffnung des Insolvenzverfahrens nicht beeinträchtigt. Im Übrigen sind die Voraussetzungen einer wirksamen Aufrechnung den §§ 387 ff. BGB zu entnehmen. Haupt- und Gegenforderung müssen sich danach gleichartig gegenüberstehen. Die Hauptforderung muss erfüllbar, die Gegenforderung fällig sein. **628**

Ist dagegen die Aufrechnungslage zum Zeitpunkt der Insolvenzeröffnung nicht gegeben, kann sie grundsätzlich nach Insolvenzeröffnung zugunsten eines Insolvenzgläubigers nicht mehr eintreten (vgl. § 96 Abs. 1 Nr. 1 und Nr. 2 InsO). **629**

Gegen Ansprüche auf Arbeitsentgelt kann grundsätzlich nur in der Höhe aufgerechnet werden, in der die Entgeltansprüche nach § 850c ZPO pfändbar sind (§ 394 BGB). Damit muss dem Arbeitnehmer auch nach einer Aufrechnung mit Gegenansprüchen des Arbeitgebers der unpfändbare Betrag verbleiben. Über den nach § 850c ZPO pfändbaren Betrag hinaus kann der Arbeitgeber dann aufrechnen, wenn er gegen den Schuldner Ansprüche hat, die aus einer vorsätzlich begangenen unerlaubten Handlung herrühren. **630**

> BAG, Urt. v. 28.08.1964 – 1 AZR 414/76, NJW 1965, 70.

Einer solchen Aufrechnung gegen unpfändbare Bezüge steht weder die Insolvenzeröffnung noch die laufende Wohlverhaltensperiode entgegen. **631**

Ein im Eröffnungsverfahren angeordnetes Vollstreckungsverbot bewirkt kein Verbot der Aufrechnung i. S. d. § 394 BGB (vgl. Rz. 441). **632**

> OLG Rostock v. 21.08.2003 – 1 U 197/01, ZIP 2003, 1805 = ZVI 2004, 34,
> dazu EWiR 2004, 447 *(Runkel)*.

II. Erweiterung der Aufrechnungsmöglichkeit

1. Aussage des § 114 Abs. 2 InsO

Nach § 96 Abs. 1 Nr. 1 InsO ist die Aufrechnung unzulässig, wenn ein Insolvenzgläubiger erst nach der Eröffnung des Insolvenzverfahrens etwas zur Masse schuldig geworden ist. Besonderheiten ergeben sich hierzu aus § 114 Abs. 2 InsO. Danach kann der Verpflichtete gegen die Forderung auf die Bezüge aus einem Dienstverhältnis oder an deren Stelle tretender laufender Be- **633** züge für den in § 114 Abs. 1 InsO genannten Zeitraum mit einer Forderung aufrechnen, die ihm gegen den Schuldner zusteht (vgl. Rz. 588).

Beispiel:

Dem späteren Insolvenzschuldner S wurde durch seinen Arbeitgeber A ein Darlehen gewährt, dessen Rückzahlung vereinbarungsgemäß durch entsprechende Lohnabzüge erfolgen sollte. Diese Vereinbarung ist gem. § 114 Abs. 2 InsO über die Insolvenzeröffnung hinaus für einen Zeitraum von zwei Jahren wirksam und hat zur Folge, dass A auf diesen Zeitraum hin die pfändbaren Lohnanteile nicht an den Insolvenzverwalter/Treuhänder abführen muss, sondern mit den Lohnsprüchen des S verrechnen kann.

634 Keine Erweiterung bringt die Vorschrift des § 114 Abs. 2 InsO im Hinblick darauf, dass es sich um die Forderung eines Insolvenzgläubigers handeln muss, mit der gegen die Entgeltansprüche des Schuldners aufgerechnet werden kann. Die Gegenansprüche des Arbeitgebers müssen also vor Insolvenzeröffnung begründet worden sein.

2. Anwendungsbereich des § 114 Abs. 2 InsO

635 Die Regelung des § 114 Abs. 2 InsO ist seiner systematischen Anordnung entsprechend auf die in § 114 Abs. 1 InsO genannten Bezüge aus einem Dienstverhältnis oder an deren Stelle tretende laufende Bezüge anzuwenden. Nicht anzuwenden ist die Vorschrift demnach auf die Vergütungsansprüche der selbstständig oder freiberuflich Tätigen.

a. A. MünchKomm-InsO/*Löwisch/Caspers*, § 114 Rz. 30.

Beispiel:

Der Patient P hat eine fällige Forderung aus Werkvertrag gegen den Arzt A, über dessen Vermögen das Insolvenzverfahren eröffnet wurde. P lässt sich von A behandeln, der unter der Rigide des Insolvenzverwalters und unter Begründung von Masseverbindlichkeiten weiterhin praktiziert. Gegen die Behandlungskosten erklärt P die Aufrechnung mit seinem Anspruch aus Werkvertrag.

Eine Aufrechnung scheitert an § 96 Nr. 1 InsO, der mangels Dienstverhältnis nicht durch die Vorschrift des § 114 Abs. 2 InsO verdrängt wird.

3. Anwendung in der Wohlverhaltensperiode

636 Entsprechende Anwendung findet die Vorschrift während der Wohlverhaltensperiode (§ 294 Abs. 3 InsO). Wobei damit aber keine Erweiterung der Aufrechnungsmöglichkeiten, sondern vielmehr deren Einschränkung verbunden ist.

BGH, Urt. v. 21.07.2005 – IX ZR 115/04, ZVI 2005, 437.

637 Soweit die Zwei-Jahres-Frist des § 114 Abs. 1 InsO zum Zeitpunkt des Beginns der Wohlverhaltensperiode noch nicht abgelaufen ist, kann der Arbeit-

III. Verrechnung nach § 52 SGB I

geber des Schuldners auch gegenüber dem Treuhänder in der Wohlverhaltensphase die Auszahlung des abgetretenen Einkommensteils mit dem Hinweis auf die zulässige Aufrechnung verweigern.

III. Verrechnung nach § 52 SGB I

Nach § 52 SGB I kann der für eine Geldleistung zuständige Leistungsträger mit Ermächtigung eines anderen Leistungsträgers dessen Ansprüche gegen den Berechtigten mit der ihm obliegenden Geldleistung verrechnen, soweit nach § 51 SGB I die Aufrechnung zulässig ist. Nach § 51 Abs. 2 SGB I kann der zuständige Leistungsträger mit Ansprüchen auf Erstattung zu Unrecht erbrachter Sozialleistungen gegen die Ansprüche auf laufende Geldleistungen bis zu deren Hälfte aufrechnen, wenn der Leistungsberechtigte nicht nachweist, dass er dadurch hilfebedürftig im Sinne der Vorschriften des Zwölften Buches über die Hilfe zum Lebensunterhalt oder der Grundsicherung für Arbeitsuchende nach dem Zweiten Buch wird.

638

Nach dem Inhalt der sozialrechtlichen Regelungen ist der Leistungsträger zur Verrechnung auch dann befugt, wenn über das Vermögen des Leistungsberechtigten ein Insolvenzverfahren eröffnet ist. § 114 Abs. 2 InsO ist unmittelbar anwendbar, weil § 52 SGB I die Verrechnung der Aufrechnung der Sache nach gleich stellt, somit § 94 InsO analog eingreift.

639

BGH, Urt. v. 12.07.2007 – IX ZR 120/04, ZIP 2007, 1467 = ZVI 2007, 419.

Nach § 114 Abs. 2 InsO kann der Verpflichtete gegen die Forderung auf Bezüge aus einem Dienstverhältnis oder an deren Stelle tretender laufender Bezüge für die Zeit vor Ablauf von zwei Jahren nach dem Ende des zur Zeit der Eröffnung des Verfahrens laufenden Kalendermonats eine Forderung aufrechnen, die ihm gegen den Schuldner zusteht.

640

Beispiel:

Der Schuldner bezieht seit 1994 Altersrente. Aus einer zuvor betriebenen selbstständigen Tätigkeit schuldet er Sozialversicherungsbeiträge in Höhe von 700.000,00 EUR. Im Jahre 2004 wurde das Insolvenzverfahren über das Vermögen des Schuldners eröffnet. Der bestellte Insolvenzverwalter verlangt, den pfändbaren Teil der Altersrente an ihn abzuführen. Der Rentenversicherungsträger verweigert die Auszahlung mit dem Hinweis auf die vorzunehmende Verrechnung mit den offenen Sozialversicherungsbeiträgen.

Nach § 52 SGB I kann der für eine Geldleistung zuständige Leistungsträger mit Ermächtigung eines anderen Leistungsträgers dessen Ansprüche gegen den Berechtigten mit der ihm obliegenden Geldleistung verrechnen, soweit nach § 51 die Aufrechnung zulässig ist. Dies hat das BSG im Rahmen des § 114 Abs. 2 InsO bejaht.

BSG, Urt. v. 10.12.2003 – B 5 RJ 18/03 R, ZIP 2004, 1327 = ZVI 2004, 411,
dazu EWiR 2004, 927 *(Gagel)*.

641 Um die Aufrechnungsmöglichkeit des § 52 Abs. 1 SGB I im Insolvenzverfahren über das Vermögen eines Leistungsberechtigten wahrnehmen zu können, muss die notwendige Ermächtigung des anderen Leistungsträgers vor Insolvenzeröffnung erteilt worden sein.

> BGH, Beschl. v. 29.05.2008 – IX ZB 51/07, ZIP 2008, 1334 = ZVI 2008, 422,
> dazu EWiR 2008, 537 *(Loof)*.

IV. Sonstige Aufrechnungsmöglichkeiten

642 Unabhängig vom laufenden Insolvenzverfahren und damit auch unbeeinflusst von § 114 Abs. 2 InsO kann der Arbeitgeber bei einer Verletzung der arbeitsvertraglichen Pflichten und wegen seiner daraus resultierenden Ersatzansprüche Lohnzahlungen zurückhalten bzw. gegen die Lohnzahlungsansprüche des Schuldners aufrechnen. Dies ergibt sich bereits daraus, dass der Arbeitgeber keine Nachteile aufgrund der Tatsache erfahren darf, dass über das Vermögen seines Arbeitnehmers das Insolvenzverfahren eröffnet wurde.

> Zur vergleichbaren Rechtslage bei Pfändung der Lohnansprüche:
> BGH, Urt. v. 18.12.2003 – VII ZR 315/02, WM 2004, 796.

643 Jede andere Interpretation hätte zur Folge, dass ein Arbeitnehmer, über dessen Vermögen das Insolvenzverfahren eröffnet wird, mit seiner sofortigen Kündigung rechnen müsste. Dass diese Folge nicht im Sinne des Gesetzgebers liegen kann, dürfte keinen Zweifeln begegnen.

Beispiel:

Über das Vermögen des Gabelstaplerfahrers S ist das Insolvenzverfahren eröffnet worden. S verdient bei Arbeitgeber A 1.500,00 EUR netto monatlich. Er ist verheiratet und hat keine Kinder. In angetrunkenem Zustand beschädigt S mit seinem Gabelstapler einen zu beladenden Lkw des A. Er verursacht dabei einen Schaden von 2.000,00 EUR.

Hier kann A das Einkommen des S im Rahmen des nach § 850c ZPO pfändbaren Betrags also um 72,05 EUR monatlich kürzen. Bis der Schaden abbezahlt ist, erhält die Masse keine Zuflüsse.

644 Ausnahmsweise kann mit Ansprüchen aus einer vorsätzlich begangenen unerlaubten Handlung auch gegen unpfändbare Einkommensteile aufgerechnet werden.

> BAG, Urt. v. 18.03.1997 – 3 AZR 756/95, ZIP 1997, 935,
> dazu EWiR 1997, 445 *(H.-H. Schumann)*.

645 In diesem Fall muss dem Schuldner jedoch zumindest der Betrag verbleiben, den er unbedingt benötigt, um sich selbst und die ihm gegenüber Unterhaltsberechtigten zu versorgen.

V. Anfechtbar erworbene Aufrechnungslage

Die Aufrechnung ist unzulässig, wenn ein Gläubiger die Möglichkeit der 646
Aufrechnung durch eine anfechtbare Handlung erlangt hat (§ 96 Abs. 1
Nr. 3 InsO). Dies setzt voraus, dass die Aufrechnungslage in einer von
§§ 130 ff. InsO beschriebenen Weise anfechtbar erworben worden ist.

> Vgl. BGH, Urt. v. 14.06.2007 – IX ZR 56/06, ZIP 2007, 1507,
> dazu EWiR 2008, 83 *(H.-G. Eckert)*.

Macht sich ein Gläubiger innerhalb des anfechtungsrelevanten Zeitraums vor 647
dem Antrag auf Eröffnung des Insolvenzverfahrens oder danach seinerseits
zum Schuldner seines Schuldners, so ist die Aufrechnungslage in anfechtbarer Weise herbeigeführt worden.

> BGH, Urt. v. 28.09.2000 – VII ZR 372/99, ZIP 2000, 2207,
> dazu EWiR 2000, 1167 *(Paulus)*.

Der für die Anfechtbarkeit maßgebliche Zeitpunkt bemisst sich nach § 140 648
Abs. 1 InsO. Danach ist entscheidend, wann das Gegenseitigkeitsverhältnis
begründet worden ist. Um eine Aufrechnungslage als insolvenzfest ansehen
zu können, muss sowohl die Haupt- als auch die Gegenforderung außerhalb
der kritischen Zeit erworben worden sein.

Nach der systematischen Anordnung der Vorschrift könnte davon ausgegangen 649
werden, dass sie nur dann zum Tragen kommt, wenn die Herstellung der
Aufrechnungslage vor und die Aufrechnung selbst nach Verfahrenseröffnung
erfolgt. Der BGH wendet die Regelung jedoch auch in Fällen an, in denen
die Aufrechnung vor Verfahrenseröffnung erklärt wird.

Eine Anfechtung der Aufrechnung findet neben der Bestimmung des § 96 650
Abs. 1 Nr. 3 InsO nicht statt, weil die damit erreichbare Rückgewähr der
Aufrechnungslage durch § 96 Abs. 1 Nr. 3 InsO schon von Gesetzes wegen
erreicht ist. Der Insolvenzverwalter kann sich unmittelbar auf die Unwirksamkeit der Aufrechnung berufen.

> BGH, Urt. v. 11.11.2004 – IX ZR 237/03, ZIP 2005, 181;
> BGH, Urt. v. 28.02.2008 – IX ZR 177/05, ZIP 2008, 650,
> dazu EWiR 2008, 503 *(Hofmann/Würdinger)*.

Nachdem es sich somit nicht um eine Insolvenzanfechtung handelt, ist wohl 651
auch der Treuhänder in der Wohlverhaltensphase berechtigt, sich auf die
Unzulässigkeit einer erklärten Aufrechnung zu stützen. Die Regelung des
§ 313 Abs. 2 InsO steht nicht entgegen.

Beispiel:

Der spätere Insolvenzschuldner S hat das Arbeitsverhältnis mit seinem Arbeitgeber A gekündigt. Zum Zeitpunkt der Beendigung des Arbeitsverhältnisses hat A noch Ansprüche gegen S aus Lohnvorschüssen in Höhe von 2.000,00 EUR. Als A erfährt, dass S die Eröffnung des Verbraucherinsolvenzverfahrens beantragt hat, kauft A das gebrauchte Fahrzeug des S. Den Kaufpreis bleibt A zunächst schuldig. Später erklärt A die Aufrechnung mit seinen gegen den S bestehenden Forderungen.

Die von A erklärte Aufrechnung ist gem. § 96 Abs. 1 Nr. 3 InsO unzulässig.

652 Ist eine der gegenseitigen, durch Rechtsgeschäft entstandenen Forderungen von einer Bedingung abhängig, so kommt es für die Anfechtbarkeit des Erwerbs der Aufrechnungslage nicht darauf an, wann die Aufrechnung zulässig wurde, sondern auf den Zeitpunkt, zu dem das Gegenseitigkeitsverhältnis begründet wurde; dasselbe gilt für befristete Ansprüche (§ 140 Abs. 3 InsO).

> BGH Urt. v. 29.06.2004 – IX ZR 195/03, ZIP 2004, 1558 = ZVI 2004, 741.

Beispiel:

Die spätere Insolvenzschuldnerin S hat im Jahre 2002 mit dem Gläubiger G einen Vermarktungsvertrag geschlossen. Danach sollte S für die Vermittlung von Hotelzimmern Provisionszahlungen erhalten. Mit Schreiben vom August 2003 vermittelte S dem G mehrere Buchungen für Dezember 2003. Im November 2003 stellte die Schuldnerin Antrag auf Insolvenzeröffnung. Das Verfahren wurde im Januar 2004 eröffnet. Der Insolvenzverwalter verlangt die verdiente Provision. Gläubiger G erklärte die Aufrechnung mit Gegenansprüchen, die seit Mai 2003 fällig sind.

Der BGH hat die Aufrechnung als wirksam anerkannt. § 96 Abs. 1 Nr. 3 InsO stehe der Aufrechnung nicht entgegen.

653 Die Unzulässigkeit der Aufrechnung bzw. Verrechnung nach § 96 Abs. 1 Nr. 3 InsO kann vom Insolvenzverwalter/Treuhänder nicht mehr durchgesetzt werden, wenn er die Frist des § 146 Abs. 1 InsO zur gerichtlichen Geltendmachung des anfechtbar aufgerechneten Anspruchs versäumt hat.

> BGH, Urt. v. 12.07.2007 – IX ZR 120/04, ZIP 2007, 1467 = ZVI 2007, 419.

654 Da § 96 Abs. 1 Nr. 3 InsO eine anfechtbar herbeigeführte Aufrechnung oder Verrechnung insolvenzrechtlich für unwirksam erklärt, besteht die Forderung, die durch die Verrechnung erloschen ist, für die Zwecke des Insolvenzverfahrens fort. Nur sie ist der anfechtungsrechtlichen Frist des § 146 Abs. 1 InsO unterstellt. Dies hat zur Folge, dass der Insolvenzverwalter die insolvenzrechtliche Wirkung des § 96 Abs. 1 Nr. 3 InsO nur innerhalb der Frist des § 146 Abs. 1 InsO durchsetzen kann. Er muss deshalb den Anspruch aus der Hauptforderung vor Ablauf der Verjährungsfrist des § 146 Abs. 1 InsO durch Erhebung der Klage gerichtlich geltend machen.

Stichwortverzeichnis

Abfindung 52, 319, 335
Abgangsentschädigung 319
Abschlagszahlung 226
Absonderungsgläubiger 401, 499
Absonderungsrecht
– Abtretungsempfänger 531
– Pfändungsgläubiger 16, 398
Abtretungsempfänger 531
– Einzugsrecht 19
Abtretungsverbot 555
Allgemeinverbindlichkeitserklärung 301
Altenteil 174
Altersrente 55, 155
Altersvorsorge 136
Altmassegläubiger 518
Anfechtungsgegner 471, 487
Anfechtungsgrund 473
Anfechtungsvoraussetzungen 472, 646
Ankündigungsbeschluss 87
Anwartschaftsrecht 73
Arbeitgeberdarlehen 228
Arbeitseinkommen
– Kontogutschrift 84, 379
– Legaldefinition 36
– Massezugehörigkeit 36
– Unpfändbarkeit 94
Arbeitslosengeld 357
– Regelleistung 289
Arbeitsmaterial 47
Arbeitsverhältnis 40
– Beendigung 53
Arrest 509
Aufrechnung 570
Aufrechnungslage 571, 646
Aufwandsentschädigung 116
– unpfändbare 23
Ausbildungsbedarf 299
Auszahlungsplan 368

Bargeldloser Zahlungsverkehr 84, 361
Bargeschäft 562
Beamtenverhältnis 43

Bedingte Pfändbarkeit 143
Beihilfe 138
Berufsunfähigkeitsversicherung 158
Besondere Bedürfnisse 296
Bezüge
– einmalig 318
– überwiesene 379
Bezugsberechtigung 195
Bonuszahlungen 115
Bürgermeister 121

Deckungsanfechtung 475, 561
Deckungskapital 60, 370
Deliktsansprüche 389
Deliktsgläubiger 387, 404
– Vorrechtsbereich 11
Dienstbezüge 41
Dienstwagen 234
Direktversicherung 72
Drittschuldner
– Hinterlegung 25
– Leistungspflicht 5
– Vollstreckungsverbot 409

Einkommen (s. a. Arbeitseinkommen)
– Zahlung an Dritte 315
Einkommensteile
– Unpfändbarkeit 94
Einzugspflicht 33
Einzugsrecht
– Umfang 23
Elterngeld 356
Entlassungsgeld 319
Eröffnungsverfahren 391
Erziehungsgeld 355

Feststellungsklage 24
Fixum 41
Freiberufler 46
Freigabeerklärung 338
Freizeitausgleich 101

Stichwortverzeichnis

Gage 42
Gefangenenbezüge 79
Gelegenheitsarbeiter 41
Geschäftsführer 41
Gewerbebetrieb
– Freigabe 338
Gläubigerbenachteiligung 474, 562, 567
Gläubigerversammlung 338, 471
Gratifikation 42
Grundrente 355

Handelsvertreter 41
Handwerker 45
Heimarbeiter 43
Hinterlegung
– Drittschuldner 25

Inkongruente Deckung 475
Insolvenzforderung 389
Insolvenzgericht
– Aufsicht 85, 343
– Zuständigkeit 26
Insolvenzgläubiger 400, 441, 496
Insolvenzgrund 443
Insolvenzverwalter 462
– Einzugspflicht 33
Invaliditätsrente 143, 153

Jahressonderzahlung 108

Kapitalabfindung 157
Kapitalbetrag
– Versicherung 58
Kapitalvermögen 67
Karenzentschädigung 52
Kassenarzt 117, 383
Kindergeld 70
Klarstellende Beschlussfassung 26
Klauselumschreibung 431
Kontogutschrift 84, 183, 361, 451
Kostenpauschale 5013, 613
Krankenhaustagegeld 184
Krankenversicherung 182
– Beitragsrückerstattung 183
– Bonusprogramm 183
Kreditlinie 484

Landwirtschaftliche Einkünfte 61
Lebensversicherung
– Todesfall 188
Leibgeding 174
Lizenzgebühren 46, 201
Lohnersatzleistungen 82, 422
Lohnschiebung 315
Lohnverschleierung 301

Massegläubiger 498, 527
Masseunzulänglichkeit 518
Masseverbindlichkeit 339
Massezugehörigkeit
– streitige 23
Mehrarbeit (Überstunden) 96
Mehrfache Abtretung 597
Miet- und Pachteinnahmen 77, 299
Mutterschaftsgeld 355

Nachtragsverteilung 61
Nachzahlung 229
– Sozialleistungen 358
Naturalleistung 231
Nebentätigkeit 102
Nettoeinkommen 211
Neugläubiger 555, 578

Pfändungsbeschluss 404
Pfändungsgläubiger 397
– Einzugsrecht 16
Pfändungspfandrecht 398, 400, 465, 485
Pfändungsschutzkonto 379
Pfändungstabelle 204
Pflegeversicherung 187
Prätendentenstreit 25
Provision 39

Rechtsbehelf
– Insolvenzgericht 30, 264, 276
– Vollstreckungsorgan 420
Rentenzahlungen
– Versicherungsvertrag 55
Restschuldbefreiung
– Ankündigung 87
Riester-Rente 136

Stichwortverzeichnis

Rückgewähranspruch 465
Rückkaufswert 58, 195, 378
Rückschlagsperre 435

Sachbezüge 45, 231
Scheinselbstständigkeit 329
Schmerzensgeld 156
Schuldenbereinigungsplan 29, 399
Schuldenbereinigungsverfahren 398
Sitzungsgeld 123
Sofortige Beschwerde 420, 464
Sozialhilfe 355
Sozialleistungen 351
– Kontogutschrift 361
– Nachzahlung 358
Sozialplanabfindung 52, 319
Sozialversicherungsentgeltverordnung 233
Steuerabzug 212
Steuererstattungsanspruch 63, 450
Steuerklasse 218
Steuerveranlagung 66
Stiftung 173
Streit
– Massezugehörigkeit 23

Tantiemen 42
Taschengeldanspruch 169
Treugelder 115
Treuhänder 501
– Einzugspflicht 33
Trinkgeld 81

Übergangsgelder 52
Überstundenvergütung 96
Unentgeltliche Arbeitsleistung 301
Unpfändbares Einkommen 94
– Erhöhung 281
– kein Einzugsrecht des Insolvenzverwalters 2
Unterhaltsberechtigte 505
– Außerachtlassung 248
Unterhaltsgläubiger
– Privilegierte Pfändung 387
– Vollstreckungsverbot 404
– Vorrechtsbereich 11
Unterhaltspflicht 235

Unterhaltsrente 167
Urlaubsabgeltung 109
Urlaubsgeld 105

Verbraucherinsolvenzverfahren 398
Verdienstausfall 185
Verfügungsverbot 428
Vergütungen
– einmalig 318
Vermögenswirksame Leistungen 135
Verpfändung 502, 531
Verpflegung 233
Versicherungsrente 367
Versicherungsvertrag
– Rentenzahlungen 55
Versorgungsbezüge 41
Versorgungswerk 375
Vollstreckungserinnerung 422, 463, 510, 519
Vollstreckungsgegenklage 572
Vollstreckungsverbot
– Eröffnungsverfahren 391
– Stellung des Drittschuldners 17
Volontär 43
Vorläufiger Insolvenzverwalter
– Einzugsrecht 1
Vorpfändung (vorläufiges Zahlungsverbot) 455, 478, 516
Vorrechtsbereich 11, 505
Vorsatzanfechtung 487, 565
Vorschuss 225

Wehrpflichtiger 52
– Entlassungsgeld 319
Weihnachtsgeld 126
Witwenrente 180
Wohlverhaltensphase 578, 525
– Beginn 87
– Einzugsrecht des Treuhänders 12
– Vollstreckungsverbot 523
Wohngeld 355

Zeitsoldat 52
Zusammenrechnung 266, 231
Zusatzversicherung 186

www.kpb-inso.de
Über 7.000 Seiten online!

Kübler/Prütting/Bork (Hrsg.), Kommentar zur InsO

Einer der umfassendsten Kommentare zur Insolvenzordnung, zum Internationalen Insolvenzrecht und zur InsVV. Praxisnah, stets aktuell und mit wissenschaftlichem Anspruch – ein Standardwerk, das sich seit langem in der Fachwelt etabliert hat.

KPB-InsO.de

- **Schnell:** Recherchieren Sie in Sekundenschnelle in den nahezu 7.000 Seiten des Kommentars
- **Komfortabel:** Eine umfangreiche und bequeme Suchfunktion über Volltext, Stichwort, Autor, Randnummer oder Aktenzeichen sorgt für eine einfache Handhabung
- **Präzise:** Die Suchergebnisse sind voll zitierfähig, da die Randnummern der gedruckten Ausgabe exakt übernommen werden
- **Mobil:** Überall einsatzbereit. Ob am PC, auf dem Notebook oder mit dem Smartphone unterwegs – KPB-InsO.de ist immer dabei

Und der Preis dafür?

Für Bezieher der gedruckten Ausgabe ist die vollumfängliche Nutzung im regulären Abo-Preis enthalten. Sie erhalten den Zugangscode mit jeder Ergänzungslieferung. Ansonsten ist der Erwerb einzelner Beiträge und Kommentierungen durch Click & Buy möglich.

RWS Verlag Kommunikationsforum GmbH

Was Ihr wollt.

Von 1980 bis heute: Alle Jahrgänge online verfügbar!

Die ZIP.
Jede Woche neu.

Die ZIP ist eine der führenden wirtschaftsrechtlichen Zeitschriften in Deutschland mit den thematischen Schwerpunkten Insolvenz- und Sanierungsrecht, Gesellschafts- und Kapitalmarktrecht, Bank- und Kreditsicherungsrecht sowie Wirtschaftsvertragsrecht.

Nutzen Sie den Informationsvorsprung, den Ihnen die Aktualität der ZIP verschafft, halten Sie sich mit der ZIP auf dem Laufenden und profitieren Sie von dem Know-how erfahrener Praktiker und Wissenschaftler.

ZIP-Letter.
Ihr Wissensvorsprung.

Vor Erscheinen der gedruckten Ausgabe der ZIP erhalten registrierte Bezieher den ZIP-Letter per E-Mail. Er vermittelt Ihnen vorab einen Überblick über die Themen des neuen Heftes.
Per Mausklick sind diese Inhalte zudem bereits auf ZIP-online abrufbar. Registrieren Sie sich noch heute auf www.zip-online.de für den ZIP-Letter. Unverbindlich und kostenfrei.

ZIP-online.
Sämtliche Jahrgänge im Netz.

Unter www.zip-online.de finden Sie im Netz ein Archiv aller Jahrgänge von 1/1980 bis heute mit Volltexten und Inhaltsverzeichnissen.

Durch die komfortable Suchfunktion über Volltext, Stichwort, Autor, Seitenzahl, Aktenzeichen oder Heftnummer ist ein gesuchter Beitrag schnell auffindbar und voll zitierfähig: Bei der Darstellung werden die Seitenangaben der gedruckten Ausgabe 1:1 übernommen. Für Abonnenten der ZIP ist der Online-Zugang kostenfrei; ansonsten können Beiträge durch Click & Buy auch einzeln erworben werden.

ZIP-online Mobil.
Umfassende Recherche in Sekundenschnelle. Überall.

Überall einsatzbereit: Ob am PC am Arbeitsplatz, auf dem Notebook oder dem Smartphone unterwegs – ZIP-online ist immer dabei.

ZIP-online auf Twitter

ZIP-online bei Facebook

Noch kein Abo?

Testen Sie jetzt die ZIP: 5 Ausgaben als kostenfreies Probeabo inkl. 5 Wochen kostenfreie ZIP-online-Nutzung. **Gleich online bestellen: www.zip-online.de/testabo**

Das Probeabonnement geht in ein Festabonnement zum Jahrespreis von z.Zt. € 657,90 zzgl. Versandkosten über, sofern es nicht nach Erhalt des 4. Heftes schriftlich abbestellt wird. Ein Jahresabonnement ist 6 Wochen vor zum Kalenderjahresende kündbar.

RWS Verlag Kommunikationsforum GmbH